Educação e Serviço Social

FUNDAÇÃO EDITORA DA UNESP

Presidente do Conselho Curador
Herman Jacobus Cornelis Voorwald

Diretor-Presidente
José Castilho Marques Neto

Editor Executivo
Jézio Hernani Bomfim Gutierre

Conselho Editorial Acadêmico
Alberto Tsuyoshi Ikeda
Áureo Busetto
Célia Aparecida Ferreira Tolentino
Eda Maria Góes
Elisabetge Maniglia
Elisabeth Criscuolo Urbinati
Ildeberto Muniz de Almeida
Maria de Lourdes Ortiz Gandini Baldan
Nilson Ghirardello
Vicente Pleitez

Editores Assistentes
Anderson Nobara
Fabiana Mioto
Jorge Pereira Filho

ELIANA BOLORINO
CANTEIRO MARTINS

Educação e serviço social
Elo para a construção da cidadania

© 2012 Editora UNESP

Direitos de publicação reservados à:
Fundação Editora da UNESP (FEU)
Praça da Sé, 108
01001-900 – São Paulo – SP
Tel.: (0xx11) 3242-7171
Fax: (0xx11) 3242-7172
www.editoraunesp.com.br
feu@editora.unesp.br

CIP – Brasil. Catalogação na fonte
Sindicato Nacional dos Editores de Livros, RJ

B675e

Bolorino, Eliana
Educação e serviço social: elo para a construção da cidadania / Eliana Bolorino, Canteiro Martins. São Paulo: Editora Unesp, 2012.

Inclui bibliografia
ISBN 978-85-393-0243-7

1. Serviço social escolar – São Paulo (Estado). 2. Serviço social – Orientação profissional. 3. Educação e Estado. 4. Política social – São Paulo (Estado). I. Martins, Canteiro II. Título.

12-2833   CDD: 361.388161
                                           CDU: 364.4:37(815.6)

Este livro é publicado pelo projeto Edição de Textos de Docentes e Pós-Graduados da UNESP – Pró-Reitoria de Pós-Graduação da UNESP (PROPG) / Fundação Editora da UNESP (FEU)

Editora afiliada:

Asociación de Editoriales Universitarias
de América Latina y el Caribe

Associação Brasileira de
Editoras Universitárias

A você, minha mãe e melhor amiga, dedico este livro, confortada pela certeza de que "as pessoas não morrem, ficam encantadas."

(Guimarães Rosa)

(Inês Bolorino Canteiro – in memoriam)

A meu marido João e meu filho Guilherme, amores da minha vida.

De tudo ficam três coisas:
A certeza de que estamos sempre começando...
A certeza de que precisamos continuar...
A certeza de que seremos interrompidos antes de terminar...
Portanto, devemos:
Fazer da interrupção um caminho novo...
Da queda, um passo de dança...
Do medo, uma escada...
Do sonho, uma ponte...
Da procura, um encontro...

Fernando Pessoa

Sumário

Prefácio   11
Apresentação   15
Introdução   19

1 Os assistentes sociais e a educação no estado
   de São Paulo: processo de construção da pesquisa   31
2 Perfil dos sujeitos pesquisados   51
3 A política de educação brasileira:
   uma leitura sob a óptica do serviço social   75
4 Os espaços sócio-ocupacionais do serviço social
   no âmbito da política de educação paulista   115
5 Perspectivas do serviço social
   no âmbito da política de educação   209

Tecendo considerações: limites e possibilidades
do serviço social no âmbito da política de educação   253
Referências bibliográficas   265

Prefácio

Este é um livro que trata de uma questão de fundamental importância, pois, conforme anunciado em seu próprio título, analisa as mútuas implicações entre a educação e o serviço social como um elo para a construção da cidadania. Estabelecendo como campo empírico de sua análise a prática profissional dos assistentes sociais no âmbito da política de educação em municípios paulistas, a autora procura evidenciar como os profissionais utilizam os espaços sócio-ocupacionais que se colocam no atual ordenamento jurídico que fundamenta a referida política.

Na abordagem do tema, articula-a com o Estatuto da Criança e do Adolescente (ECA), que delineia a política de atendimento para tal segmento, bem como com o próprio projeto ético-político da profissão, em cujo âmbito a educação como prática da liberdade ocupa lugar central.

Apoiada teoricamente no intelectual marxista italiano Antonio Gramsci, no grande educador brasileiro Paulo Freire e em outros que compartilham da mesma perspectiva, a autora parte do reconhecimento da importância da educação, em suas mais diferenciadas formas, como essencial para a organização da cultura e para a formação do homem na direção de sua emancipação.

Reconhece, também, o papel estratégico da educação na elaboração de uma cultura contra-hegemônica, contribuindo, conforme Gramsci, para a elevação cultural das massas e para superação de diferentes formas de opressão e alienação.

Como, porém, o cerne de seu estudo é a política de educação, área estratégica de atuação do Estado, a autora nos chama a atenção para o claro tensionamento presente nesse espaço. Como toda política social, a política de educação é também um espaço contraditório de luta de classes, um embate entre poderes diversos que se legitimam historicamente, conforme se estabelece a correlação de forças na diversidade de projetos societários existentes.

Indo ao âmago da própria Constituição Federal de 1988, que pela primeira vez na história brasileira assegura os direitos sociais, e entre eles o direito à educação, que é regulamentado pela Lei de Diretrizes e Bases da Educação, de 1996, a autora, ao mesmo tempo que desvenda os resíduos neoliberais presentes em tal legislação, procura evidenciar que há espaços para a intervenção profissional do serviço social, sobretudo na interação com o Estatuto da Criança e do Adolescente.

Segundo sua exaustiva análise desses marcos legais, além de contatos com representantes de todos os segmentos que compõem a comunidade escolar, três são os eixos nucleares das demandas pertinentes ao serviço social:
• o processo de democratização da educação;
• a prestação de serviços socioassistenciais e socioeducativos;
• a articulação da política de educação com as demais políticas sociais.

O rigor metodológico da pesquisa realizada por Eliana Martins, cobrindo 37 municípios paulistas, que naquele momento possuíam assistentes sociais atuando na educação básica, aliado à densidade de suas análises teóricas, faz deste livro uma leitura indispensável para todos aqueles que se preocupam com a educação, e especialmente com a intervenção do serviço social nessa área, na perspectiva dos direitos.

Não se constitui em tarefa de pequena envergadura, pois há uma luta por direitos a ser empreendida, sobretudo nesse contexto em que a educação passa a ser vista e assumida como um novo nicho de acumulação do capital.

Lutar por direitos é lutar contra o capital, e o projeto ético-político do serviço social brasileiro traz importantes balizamentos nesse sentido.

A pesquisa de Eliana Martins, desenvolvida no âmbito de seu doutoramento em Serviço Social na Pontifícia Universidade Católica de São Paulo, revela que há um longo caminho a percorrer, pois há ainda um descompasso entre os espaços de intervenção para o serviço social existentes na legislação e a concretização desses na realidade objetiva da prática profissional.

Há, porém, esforços importantes no sentido de trabalhar a tríade escola-família-sociedade, e especialmente em mobilizar redes locais e articular a política de educação às demais políticas sociais, fortalecendo a identidade do município como ente político.

Outro resultado auspicioso desta pesquisa é a relevância da dimensão socioeducativa da prática profissional, em consonância com o projeto ético-político da profissão.

Nas palavras da própria autora, a dimensão socioeducativa subentende um processo de reflexão que produz efeitos na maneira de pensar, sentir e agir dos indivíduos, ou seja, interfere na formação da subjetividade e nas normas de conduta, elementos constituintes de um determinado modo de vida ou cultura que se expressa na realidade concreta vivida pelos sujeitos.

É substantiva, como se vê, a contribuição da autora para pensar-se na intervenção do serviço social, na perspectiva socioeducativa, na área da educação.

É, também, bastante oportuna, especialmente neste momento em que as instâncias organizativas da categoria profissional, em seus diferentes níveis, e os próprios assistentes sociais estão mobilizados na luta pelo serviço social no âmbito da educação, não de modo corporativo ou visando à ampliação do mercado de trabalho profissional, mas com o objetivo de unir esforços e ser um protagonista, entre outros, na política e na prática de educação como possibilidade de emancipação humana, como um elo na construção da cidadania.

Maria Lúcia Martinelli

Apresentação

O presente livro oferece ao leitor um importante e singular estudo sobre a inserção do assistente social na política de educação, pautado por uma investigação rigorosa e teoricamente fundamentada sobre a realidade do trabalho profissional no estado de São Paulo. Trata-se de uma reflexão inaugural sobre vários aspectos, mas indubitavelmente, seu grande mérito é o de sistematizar num único documento informações e dados que se encontravam dispersos nas memórias profissionais e institucionais. Constituindo-se, desse modo, numa produção que abre possibilidades para futuras pesquisas, servindo de fonte secundária da maior relevância.

Diferentemente de outras produções correlatas sobre o tema, Eliana Bolorino Martins não anuncia o que não cumpre, ao contrário, estrutura sua obra de forma a oferecer ao leitor exatamente o que consta de sua metodologia de exposição, traduzida em temas que introduzem as principais questões de ordem metodológica de sua pesquisa, passando pela caracterização da política educacional no país até a fecunda problematização sobre os limites e possibilidades da atuação do assistente social na área de educação.

Em sua primeira parte a autora aborda o percurso da pesquisa revelando de imediato o sentido exploratório de sua investigação, dada a ausência de referências anteriores sobre a inserção dos assistentes sociais na área de Educação no estado de São Paulo. Já nessa parte do livro se anuncia o enorme esforço de levantamento de informações que não se encontravam previamente sistematizadas, revelando o talento da autora para tecer diferentes aproximações ao objeto de estudo e organização da base empírica de sua pesquisa. Os dados apresentados sobre as condições de inserção dos assistentes sociais indicam tendências presentes no campo educacional apreendidas pela autora ao tratar da descentralização da educação e suas particularidades nesse estado da federação.

A análise dos dados vai desvelando como os níveis e modalidades que particularizam a organização da política de educação no Brasil a partir da Lei de Diretrizes e Bases da Educação Nacional de 1996 são decisivos para a compreensão não só da inserção dos assistentes sociais nos distintos municípios levantados, mas, sobretudo, para se pensar o conjunto de requisições postas para os assistentes sociais.

A abordagem da política educacional a partir de um prisma peculiar ao serviço social encontra-se alicerçada nas principais ideias desenvolvidas pelo autor sardo Antonio Gramsci que fortemente influenciou o debate no serviço social sobre a dimensão política e pedagógica de sua atuação junto às classes dominadas que demandam os serviços sociais com os quais operam os assistentes sociais no interior de diferentes políticas sociais. A reflexão sobre a função social do serviço social numa sociedade dividida em classes e com fortes traços de reprodução da desigualdade social em vários espaços sócio-ocupacionais ressalta, no texto produzido por Eliana, sua preocupação em ultrapassar a mera descrição de rotinas, atribuições e competências, abordando a relações dessas com a dinâmica das lutas sociais, tendo a política de educação como mediação histórica e institucional das mais relevantes.

O livro não fecha em seu terço final, ao contrário, abre perspectivas para a reflexão sobre a atuação dos assistentes sociais considerando-se como que as particularidades da política de educação na esfera municipal estão atravessadas por contradições que devem ser observadas pelos assistentes sociais em seu cotidiano institucional. Valendo-se, agora, de uma abordagem sobre a dimensão qualitativa de seu processo de aproximação à realidade, a autora dialoga com as assistentes sociais que compõem o universo de sua pesquisa, de modo a interrogar sobre a função educativa de sua prática a partir de diferentes possibilidades da atuação profissional: trabalho com famílias, fortalecimento da gestão democrática, articulação com as demais políticas sociais, entre outras. As questões tratadas em sua análise ainda encontram-se pulsantes, apesar da diferença temporal existente entre o momento de realização da pesquisa e o de sua publicação neste livro. Muito em virtude de que a autora aborda elementos pertinentes ao trabalho do assistente social na área de educação ainda extremamente atuais e plenos de contradições e tensões, e que clamam por novas e instigantes problematizações. Eliana abriu essa possibilidade, nos mostrando um caminho e um modo de caminhar que não necessariamente precisam ou devam ser repetidos, mas, com certeza, precisam ser conhecidos.

Ney Luiz Teixeira de Almeida
Professor-adjunto da Faculdade de Serviço Social
da Universidade do Estado do Rio de Janeiro (Uerj)

Introdução

Este texto apresenta uma análise sobre a prática do profissional do serviço social no âmbito da política de educação pública nos municípios paulistas e verifica se os assistentes sociais utilizam-se dos espaços sócio-ocupacionais engendrados no atual ordenamento jurídico que fundamenta essa política social. Para fundamentação teórica, o tratamento desse tema articula o serviço social à educação, partindo da concepção de educação, da dinâmica e da particularidade do desenvolvimento da política de educação, e do processo de amadurecimento teórico e político do serviço social, tendo como ancoradouro o projeto ético-político hegemônico da profissão, expresso no Código de Ética Profissional de 1993.

Fundamentado na teoria marxista, Gramsci (1999-2002) argumenta que o capitalismo mantém o controle sobre a sociedade não apenas por coerção, violência política ou econômica, mas também pela coerção ideológica, utilizando como instrumento a cultura hegemônica burguesa, tornando-a "senso comum".[1] É nesse afã que a educação, como

---

1 Hegemonia: "se a hegemonia é ético-política, também é econômica; não pode deixar de se fundamentar na função decisiva que o grupo dirigente exerce no núcleo central da atividade econômica" (Gramsci, 1999-2002, p.1591). A passagem dos Cadernos do cárcere permite identificar que o conceito de hegemonia se constrói a partir de uma clara diferenciação dos mecanismos de direção e dominação, conforme as palavras de Gramsci: "o critério metodológico sobre o qual é preciso

um processo de aquisição de conhecimentos necessário ao homem em seu intercâmbio com a natureza e com os outros indivíduos, se destaca como um instrumento social que, pelo mesmo processo, pode possibilitar o desenvolvimento de uma cultura de contra-hegemonia, pois o processo de aquisição de conhecimentos contribui para que o homem possa exercer uma nova direção política e cultural: um conjunto de forças sociais que se oporá a diferentes formas de opressão e alienação.

É sob essa perspectiva que, segundo Gramsci (1999-2002), se afirma a importância da educação para elevação cultural das massas, possibilitando-lhes conhecer e dominar os mecanismos de reprodução global da formação econômico-social que são passíveis de transformação. De acordo com esse autor, a cultura não significa simplesmente aquisição de conhecimentos, mas posicionamento crítico diante da história, buscando conquistar a liberdade. A cultura está relacionada com a transformação da realidade, uma vez que pela "conquista de uma consciência superior [...] cada qual consegue compreender seu valor histórico, sua própria função na vida, seus próprios direitos e deveres" (Gramsci, 1999-2002, p.24).

O processo educativo, de acordo com o pensamento de Gramsci, envolve diversos espaços: o próprio sujeito, a família, as organizações de cultura, a política, e dentre eles a escola. Esses processos envolvem os diferentes meios e instrumentos como: convivência social, o trabalho –

---

fundar a própria análise é o seguinte – que a supremacia de um grupo social se manifesta de duas maneiras, como domínio e como direção intelectual e moral. Um grupo social é dominante dos grupos adversários que tende a liquidar ou submeter mesmo que com a força armada, e é dirigente dos grupos afins, e aliados. Um grupo social pode e deve ser dirigente já antes de conquistar o poder governativo; depois, quando exercitar o poder e na medida em que o mantém fortemente em suas mãos, torna-se dominante, mas deve continuar sendo dirigente" (Gramsci, 1999-2002, p.2010). Portanto, explica Gruppi (2000, p.70): hegemonia "é a capacidade de unificar através da ideologia e de conservar unido um bloco social que não é homogêneo, mas sim marcado por profundas contradições de classe. Uma classe é hegemônica, dirigente e dominante até o momento em que – através de sua ação política, ideológica e cultural – consegue manter articulado um grupo de forças heterogêneas, consegue impedir que o contraste existente entre tais forças exploda, provocando assim uma crise na ideologia dominante, que leve à recusa de tal ideologia, que irá coincidir com a crise política das forças no poder".

entendido como atividade teórico-prática –, a práxis política, o estudo, a filosofia, o conhecimento científico, o conhecimento das línguas e das artes. No entanto, a escola, segundo essa mesma concepção, ocupa um lugar privilegiado, tendo em vista a tarefa de "inserir os jovens na atividade social, depois de tê-los levado a um certo grau de maturidade e capacidade, à criação intelectual e prática e a uma certa autonomia na orientação e na iniciativa" (Gramsci, 1991, p.121).

É importante destacar, conforme afirmam Paulo Freire (2001, p.102) e outros educadores que compartilham a mesma perspectiva teórica, que:

[...] não podemos aceitar o todo-poderosismo ingênuo da educação que faz tudo, nem aceitar a negação da educação como algo que nada faz, mas assumir a educação nas suas limitações e, portanto, fazer o que é possível, historicamente, ser feito com e através também da educação.

Dessa forma, a educação é um processo social vivenciado no âmbito da sociedade civil e protagonizado por diversos sujeitos sociais, mas também é uma área estratégica de atuação do Estado. Nesse sentido, a política de educação, como política social, é um espaço contraditório de lutas de classes, um embate entre poderes diversos que se legitimam historicamente, conforme se estabelece a correlação de forças na diversidade dos projetos societários existentes. Portanto, a luta pela educação constitui uma das expressões da questão social,[2] visando o atendimento de uma necessidade social, reconhecendo-a como um direito social.

---

2 "Não é senão a expressão do processo de formação e desenvolvimento da classe operária e seu ingresso no cenário político da sociedade, exigindo seu reconhecimento como classe por parte do empresariado e do Estado. É a manifestação, no cotidiano da vida social, da contradição entre o proletariado e a burguesia, a qual passa a exigir outros tipos de intervenção, mais além da caridade e da repressão. O Estado passa a intervir diretamente nas relações entre o empresariado e a classe trabalhadora, estabelecendo não só uma regulamentação jurídica do mercado de trabalho, através da legislação social e trabalhista específicas, mas gerindo a organização e prestação de serviços sociais, como um novo tipo de enfrentamento da questão social" (Iamamoto, 1982, p.77).

Gramsci (1999-2002) não admite cisão entre as várias dimensões da experiência humana em seu percurso universal e histórico. Sua ideia nuclear é a organicidade entre realidade e teoria, trabalho e educação, cultura e política; enfim, é o conceito do princípio unitário a permear e integrar todos os aspectos sociais.

> O advento da escola unitária significa o início de novas relações entre trabalho intelectual e trabalho industrial não apenas na escola, mas em toda a vida social. O princípio unitário, por isso, refletir-se-á em todos os organismos de cultura, transformando-os e emprestando-lhes um novo conteúdo. (Gramsci, 1999-2002, p.125)

Nessa vertente, a política de educação e, especificamente, as instituições escolares são espaços contraditórios de embates entre as diferentes concepções de mundo existentes na sociedade, pois é um campo de disputas de diferentes grupos sociais pela direção e difusão da cultura. Esses pressupostos demarcam a posição estratégica da educação para a efetivação do projeto ético-político do assistente social, que reconhece a liberdade como valor central:

> [...] liberdade concebida historicamente como possibilidade de escolher entre alternativas concretas, daí um compromisso com a autonomia, a emancipação e a plena expansão dos indivíduos sociais. Consequentemente, o projeto profissional vincula-se a um projeto societário que propõe a construção de uma nova ordem social, sem dominação e/ou exploração de classe, etnia e gênero. (Netto, 1999, p.105)

Dessa maneira, esse projeto profissional afirma-se na defesa intransigente dos direitos humanos e na recusa do arbítrio e dos preconceitos, tanto na sociedade como no exercício profissional. Nesse sentido, pretende-se compreender a relação estabelecida entre o serviço social e a política de educação, interpretando o ordenamento jurídico que fundamenta essa política social sob óptica do serviço social, assim como sua interlocução com o exercício profissional, objetivado na realidade vivenciada por seus protagonistas.

Ao longo das últimas décadas, o modo de produção capitalista sofreu uma profunda reestruturação com o objetivo de manter a hegemonia do capital. A incorporação da ciência no processo produtivo gerou uma inovação tecnológica que provocou mudanças na cultura e nos processos de produção, bem como nas relações de trabalho – acopladas no mote da flexibilização. Esse movimento complexo, dentro da lógica do capital, gera a necessidade de mudanças na esfera da educação, visto que o objetivo central da formação, sob o ponto de vista do capitalismo, é capacitar o trabalhador de forma adequada ao perfil exigido pelo mercado de trabalho.

Determinada por esse contexto histórico, a política de educação, que, de acordo com Gramsci, deveria ser palco de disputas de diferentes projetos societários, passa a ser instrumento de afirmação da hegemonia política e cultural dominante e da capacitação da força de trabalho para atender às exigências do capital. E a educação assume, sob viés capitalista, lugar de destaque no mundo contemporâneo. Atinge *status* prioritário no cenário mundial, sendo preconizada por vários organismos internacionais (especialmente o Banco Mundial), que realiza acordos com países periféricos visando à inserção desses na nova ordem mundial como países aptos aos novos padrões de consumo, bem como produtores de força de trabalho qualificada para atender à produção globalizada que, cada vez mais, desloca as unidades produtivas em busca de custos menores de produção, especialmente as relacionadas à força de trabalho.

No Brasil, nas últimas décadas, ocorreram reformas na política de educação, respondendo às necessidades desse novo perfil de qualificação da força de trabalho diante das transformações ocorridas no processo de produção. Incorporaram-se mudanças à agenda educacional, mudanças essas que vão desde a expansão quantitativa de ensino – facilitando o acesso ao sistema escolar – até reformas que buscam melhorias na qualidade do ensino, na perspectiva de diminuição dos índices de repetência e evasão escolar no Ensino Fundamental, sempre no intuito de corresponder aos acordos internacionais dos quais o Brasil é consignatário.

Essa perspectiva demonstra a tendência da política de educação brasileira de responder aos imperativos da associação submissa do país ao processo de globalização neoliberal em curso no mundo capitalista, ou seja, "o sistema educacional brasileiro como um todo se redefine para formar um *novo trabalhador* e um *novo homem* que contribua para a superação da crise internacional capitalista" (Neves, 1999, p.134). Portanto, a educação brasileira subordina-se para atender os interesses do capital e não para formar cidadãos críticos e conscientes do papel que desempenham na sociedade.

Essa nova política da educação constitui o projeto societário brasileiro, que é expresso na Constituição Federal de 1988, que assegura, pela primeira vez na história brasileira, os direitos sociais, incluindo o direito à educação, regulamentado pela Lei de Diretrizes e Bases da Educação Nacional (LDB) de 1996, um marco no campo educacional na relação entre Estado e sociedade civil, e entre o mundo do trabalho e o mundo da cultura. A LDB/96 é o resultado do embate político entre governo e sociedade civil organizada e, apesar dos avanços conquistados, é impregnada da perspectiva neoliberal, tanto em sua dimensão ideológica quanto na organização gerencial da política de educação, correspondendo aos interesses do mercado.

Partindo da perspectiva desse contexto, interpretando a referida lei e, além dessa, o Estatuto da Criança e do Adolescente (ECA)[3] – que regulamenta a política de atendimento a esse segmento populacional –, constata-se que, para a efetivação de alguns artigos e incisos específicos, há demandas pertinentes ao serviço social, considerando seus fundamentos, conhecimentos teórico-metodológicos, ético-políticos, saberes construídos na prática profissional cotidiana e, acima de tudo, seu projeto ético-político profissional, que se expressa especialmente

---

3 Estatuto da Criança e do Adolescente (ECA), Lei 8.069, de 13 de julho de 1990: lei que regulamenta os direitos da criança e do adolescente, traz um novo paradigma: a Doutrina de Proteção Integral. Reconhece esse segmento como sujeitos de direito e estabelece a educação como direito, visando o pleno desenvolvimento, preparo para a cidadania e qualificação para o trabalho. Reforça a centralidade da educação em qualquer proposta de atendimento a essa faixa etária. A interpretação dessa lei, especificamente o capítulo IV (artigos 53 a 59) que trata do direito à educação, à cultura, ao esporte e ao lazer, explicita demandas pertinentes ao Serviço Social na política de educação.

na luta pelos direitos sociais, incluindo o direito a educação, com vistas à formação crítica dos sujeitos. Salientam-se as demandas suscitadas nessas referidas leis, que foram corroboradas por meio do contato com representantes de todos os segmentos que compõem a comunidade escolar, que as expressam como "dificuldades" que permeiam o ambiente educacional.[4]

A interpretação das referidas legislações evidenciou a possibilidade de intervenção profissional em três eixos, assim distribuídos:

1° eixo – O processo de democratização da educação pública:

- LDB: artigo 3°, inciso I e VIII; artigo 12, inciso VI e VII; artigo 14, inciso II.
- Reforçados no ECA: artigo 53, inciso III; inciso IV e parágrafo único; artigo 55.

Esses artigos reportam-se a um dos princípios do Código de Ética Profissional do Assistente Social, que propõe a defesa e o aprofundamento da democracia, como socialização da participação política e da riqueza socialmente produzida. Portanto,

[...] para além da democracia política, consentida e tolerada pela ordem liberal burguesa, a democracia que queremos reclama igualdade de acesso e oportunidades para que todos os indivíduos tenham direito a um trabalho e existência digna, à condição de moradia, saúde, educação, lazer e cultura. Esse tipo de democracia, todavia, não cabe dentro dos objetivos e dos limites da sociedade burguesa, porque tal conteúdo social contraria o núcleo de relações fundantes da acumulação capitalista, a qual se estrutura a partir da exploração de uma classe sobre a outra. (Paiva; Sales, 2001, p.188)

No tecido social repleto de contradições, o assistente social, nas instituições sociais e no âmbito da relação que estabelece com os usuários, deve promover o rompimento com práticas tradicionais de

---

4 Cf. Martins (2001).

controle, tutela e subalternização, por meio do alargamento dos canais de participação, por meio de ampla socialização de informações sobre direitos e serviços, numa perspectiva democrática. Pensar a construção da democracia no âmbito das unidades educacionais é rever a organização do trabalho na escola, a distribuição da autoridade e do poder, incluindo os relacionamentos interpessoais, pautando-se por relações cooperativas que visam, em última instância, a aquisição cultural para a realização dos sujeitos.

2º eixo – A prestação de serviços socioassistenciais e socioeducativos:

- LDB, artigo 4º, inciso VIII.
- ECA, artigo 53, inciso I.
- Lei Orgânica da Assistência Social (Loas), artigo I, parágrafo único.

A assistência social, de acordo com a Loas, alça *status* de política pública, direito social que deve ser transformado em ações concretas, por meio de uma rede de serviços sociais. A dimensão socioeducativa subentende um processo de reflexão que conduz os sujeitos a uma postura crítica em relação ao pensar, sentir e agir, ou seja, interfere na formação da subjetividade e nas normas de conduta, elementos constituintes de um determinado modo de vida ou cultura que se expressa na realidade concreta vivida pelos sujeitos. Portanto, a ação socioeducativa é essencialmente política, podendo afirmar a cultura dominante, numa perspectiva conservadora, ou contribuir na construção de uma perspectiva emancipatória das classes subalternas, construindo uma nova cultura.

> Criar uma nova cultura não significa realizar individualmente descobertas originais, significa, sobretudo, difundir criticamente verdades já descobertas, socializá-las, fazer com que se tornem as bases das ações vitais, elementos de coordenação de ordem intelectual e moral. (Gramsci, 1999-2002, p.77)

Nesse contexto, o assistente social facilitará o acesso da população às políticas sociais, no intuito de propiciar as condições necessárias para a sobrevivência material da população atendida nas escolas públicas, bem como de uma ação socioeducativa.

Cabe salientar que a ação socioeducativa possui duas perspectivas contraditórias, ou seja, poderá assumir um caráter de enquadramento disciplinador visando à aceitação das situações impostas pela vida social, ou um caráter crítico, decodificando para a população os direitos do acesso aos serviços sociais prestados pelas políticas sociais, fortalecendo os projetos e lutas da classe subalterna nessa direção, dependendo da postura ideológica do profissional.

Em relação ao recorte assistencial presente na política de educação, salienta-se que a Carta Magna de 1988 aponta, no inciso VII, os seguintes aspectos como fundamentais: "o atendimento ao educando, no ensino fundamental, através de programas suplementares de material didático escolar, transporte, alimentação e assistência à saúde". Segundo Oliveira e Adrião (2001, p.3),

[...] nos textos anteriores, esta prescrição era remetida para a parte da assistência ao estudante. Incorpora-se ao rol de deveres do Estado, relativos à garantia do direito à educação, pois, para parcelas significativas do alunado, tais serviços (entre outros) são pré-requisitos para a freqüência à escola.

3º eixo: Articulação da Política de Educação com a sociedade

- LDB, artigos 12, inciso VII e VIII; artigo 13, inciso VI; artigo 59, inciso IV.
- ECA, artigo 53 inciso I; artigo 54 inciso III, VII e parágrafo; artigo 56, incisos I, II e III.

O assistente social poderá propiciar ações interinstitucionais dirigidas para a mobilização da rede[5] de proteção social local.

---

5 A rede "interconecta agentes, serviços, mercadorias, organizações governamentais e não-governamentais, movimentos sociais, comunidades locais, regionais, nacionais e mundiais" (Brant apud Guará, 1998, p.13). "Estes agentes e organizações não se conectam apenas a uma rede, mas a várias redes que processam informações, tecnologias ou serviços de interesse comum" (Brant apud Guará,

A articulação[6] da instituição educacional com as organizações governamentais e não governamentais possibilita que se torne público o interesse da maioria, pressionando, desse modo, as negociações e as decisões políticas.

Incluir as instituições educacionais na rede de proteção social para a criança e o adolescente é a premissa principal, fundamentada pelo ECA, para que esse segmento possa atingir seu pleno desenvolvimento. Dessa forma, para que a escola cumpra seu papel como uma das instituições que propiciam à nova geração a apropriação da herança cultural, conhecimentos, valores, técnicas, comportamentos, arte, enfim, todo o saber historicamente produzido, torna-se imperiosa a necessidade de articulação dessa com a rede de proteção social à criança, ao adolescente e à família.

É importante, também, verificar que, como reflexo da política neoliberal assumida pelo Estado, a Constituição Federal de 1988 traz como uma de suas diretrizes a descentralização político-administrativa, reconhecendo o município como ente federativo, isto é, com autonomia plena no âmbito político, administrativo, legislativo e financeiro, sendo o principal beneficiário da descentralização de recursos que se avolumaram com a ampliação das transferências constitucionais. O Sistema de Proteção Social e, especificamente, a política de educação brasileira sofrem os reflexos da perspectiva neoliberal assumida pelo

---

1998, p.13). Trabalhar na perspectiva de rede é uma necessidade exigida pelos novos parâmetros legais do Estatuto da Criança e do Adolescente, pretendendo tornar efetiva a ideia de proteção integral da criança e do adolescente, aliada ao princípio de um protagonismo compartilhado entre Estado, sociedade, família.

6 "A articulação consiste na elaboração consciente e consequente, teórica, política e técnica das relações sociais (vínculos) presentes no relacionamento profissional, para a construção de estratégias e táticas de solução dos problemas, pela modificação das relações de força existentes, tendo em conta os interesses em presença nas questões complexas apresentadas. Esta articulação é, ao mesmo tempo, técnica, profissional e política e não consiste numa determinada posição ou num determinado posicionamento de boa vontade face aos problemas apresentados, ou de simpatia pela população e, sim, nas análises concretas das situações para pensar-se a produção de efeitos econômicos, políticos e ideológicos que permitam maximizar o relacionamento existente em função dos *interesses* da população nas suas relações de dominação e exploração" (Faleiros, 1985, p.113).

Estado,[7] sendo que uma das características marcantes, e que merecem destaque, é o processo de descentralização que altera a dinâmica e a direção das políticas sociais, especialmente a partir da década de 1990. Nesse contexto, o município torna-se o principal destinatário da descentralização e das atribuições na área social, dando nova feição ao Sistema de Proteção Social brasileiro, assumindo significados e conteúdos distintos, conforme o desenho específico de cada política social em relação à distribuição de competências e do controle sobre os recursos entre as três instâncias.

No que se refere à política de educação, o processo de municipalização do ensino é acelerado, transferindo para o município o ônus de garantir a efetivação da Educação Infantil e do Ensino Fundamental. Contudo, grande parte dos municípios brasileiros possui uma baixa capacidade fiscal, administrativa, técnica e política para gerenciar políticas sociais complexas, com déficits estruturais e institucionais; portanto, a falta de uma ação deliberada dos níveis superiores de governo aponta para um prejuízo no desempenho das políticas públicas, especificamente da educação.

A Constituição Federal vigente, em seus artigos 211 e 227, estabelece que é de responsabilidade dos municípios a Educação Infantil, bem como o Ensino Fundamental, ratificado pela LDB/96 e pela Lei n.9.424, de dezembro de 1996, e pelo Decreto-lei n.2.264, de junho de 1997, que cria o Fundo de Manutenção e Desenvolvimento do Ensino Fundamental e de Valorização do Magistério (Fundef). Esse processo de municipalização do ensino, especificamente da Educação Infantil e do Ensino Fundamental, que é garantido constitucionalmente como direito universal, gera demandas nas instituições educacionais que

---

7 Reforma do Estado – MARE – componentes básicos: a) a delimitação do tamanho do Estado, reduzindo suas funções por meio da privatização, terceirização e publicização, que envolve a criação das organizações sociais; b) a redefinição do papel regulador do Estado mediante a desregulamentação; c) o aumento da governança, ou seja, a recuperação da capacidade financeira e administrativa de implementar decisões políticas tomadas pelo governo através do ajuste fiscal; d) o aumento da governabilidade ou capacidade política do governo de intermediar interesses, garantir legitimidade e governar (Brasil, 1997, p.7).

estão sob a responsabilidade do município, muitas delas pertinentes ao serviço social.

Diante desse contexto, é possível afirmar que a municipalização do ensino e os novos determinantes jurídicos estabelecem espaços sócio-ocupacionais para o serviço social na política da educação básica, possibilitando a intervenção profissional nos três eixos, anteriormente descritos. Dessa forma, este texto se propõe a: verificar em quais níveis de ensino da política de educação municipal paulista se inserem os assistentes sociais; qual o perfil desses profissionais; e de que maneira esses espaços são ocupados por esses profissionais.

Para a compreensão da legitimação da prática profissional[8] na política de educação, faz-se necessário conceber essa política como um espaço que enseja contradições e disputas, que se alteram politicamente mediante a ação dos sujeitos sociais, e sua função estratégica no campo do trabalho e da cultura. Ressalta-se que a trajetória histórica da profissão está estreitamente relacionada ao processo de estruturação das políticas sociais, sendo esse o *locus* privilegiado do trabalho dos assistentes sociais, "campo de forças no qual a profissão ganha visibilidade social, materialidade institucional e potencialidade histórica" (Almeida, 2005, p.5).

Nesse sentido, o significado político da inserção do serviço social na política de educação vincula-se à trajetória histórica dessa profissão e a seu acúmulo teórico e político em relação ao campo das políticas sociais, podendo contribuir para a necessária articulação de forças sociais na luta pela educação pública, de qualidade e como direito social.

---

8 Prática Profissional: "representa uma atividade no interior da prática social, sendo que a atividade profissional tem uma dimensão pública, por apresentar repercussões políticas nas relações de poder, mas não é, em si, uma prática política, por excelência. A *prática social* é a prática da sociedade em movimento que encerra, no seu interior, diferentes atividades" (Kameyama, 1989, p.12).

1
OS ASSISTENTES SOCIAIS E A EDUCAÇÃO NO ESTADO DE SÃO PAULO: PROCESSO DE CONSTRUÇÃO DA PESQUISA

O processo de construção da pesquisa que deu origem a este livro ocorreu com base no entendimento de que conhecer e interpretar a realidade só é possível a partir do empirismo, extrapolando as evidências, o dado imediato, as expressões dos fatos e dos fenômenos, levando em conta as mediações[1] e compreendendo as relações que as engendram. Esse modo de conhecer encontra respaldo no modo de ser, de constituir-se e de movimentar-se do ser social. Optou-se pela pesquisa qualitativa, considerando-se que, a partir da descrição dos fenômenos, buscam-se "as causas da existência dele, procurando explicar sua origem, suas relações, suas mudanças e se esforça por intuir as consequências que terão para a vida humana" (Triviños, 1992, p.129).

A pesquisa sedimentou-se na teoria crítica, utilizando como referência teórica principal a teoria de Antonio Gramsci, pensador marxista cuja obra é perpassada por uma visão crítica e histórica dos processos sociais. Segundo Simionatto (2001, p.7), Gramsci:

---

[1] Mediações: "são expressões históricas das relações que o homem edificou com a natureza e consequentemente das relações sociais daí decorrentes, nas várias formações sócio-históricas que a história registrou. A mediação funciona como condutos por onde fluem as relações entre as várias instâncias da realidade; são elas que possibilitam conceber-se a realidade como totalidade" (Pontes, 1995, p.78).

não toma o marxismo como doutrina abstrata, mas como método de análise concreta do real em suas diferentes determinações. Debruça-se sobre a realidade enquanto totalidade, desvenda suas contradições e reconhece que ela é constituída por mediações, processos e estruturas. Essa realidade é analisada pelo pensador a partir de uma multiplicidade de significados, evidenciando que o conjunto das relações constitutivas do ser social envolve antagonismos e contradições, apreendidos a partir de um ponto de vista crítico que leva em conta a historicidade do social, sendo este, segundo Gramsci, o único caminho fecundo na pesquisa científica.

No teor do pensamento gramsciano, especialmente sua contribuição em relação à educação e à cultura, encontram-se os elementos que permitem problematizar a prática profissional do assistente social na esfera da educação/cultura, especificamente na política de educação pública, que é a proposta primordial deste texto. Esse processo foi realizado em diversas etapas, dialeticamente interligadas, que estão descritas a seguir.

No primeiro momento de aproximação com o tema proposto foram observados três requisitos fundamentais: as produções teóricas sobre o exercício profissional, destacando-se, especialmente, os seguintes autores: José Paulo Netto, Marilda Vilela Iamamoto, Maria Carmelita Yasbek e Maria Lúcia Martinelli; as referências teóricas e os fundamentos jurídicos que hoje embasam a política de educação brasileira; o exame da literatura sobre os conhecimentos produzidos em relação ao serviço social na área da Educação.[2]

Em relação ao primeiro requisito, deve-se ressaltar que os autores supracitados posicionam-se historicamente no processo de constituição e desenvolvimento dos fundamentos históricos e teórico-metodológicos do serviço social numa perspectiva crítica com a qual este estudo compactua:

---

2 Foram analisados os trabalhos publicados nos diversos Congressos Brasileiros de Assistentes Sociais (Cbas); os artigos nas revistas Serviço Social e Sociedade; as teses, dissertações, do período entre 1940 até 2004, cadastrados nas primeiras escolas de Serviço Social (PUC/SP; PUC/RJ, PUC/PR e UFPE), além de artigos e livros produzidos nesse período, compilados na tese de doutorado denominada *A trajetória sócio-histórica do Serviço Social no espaço escolar*, defendida por Ilda Witiuk Lopes (2004) na pós-graduação em Serviço Social da PUC/SP.

As condições que peculiarizam o exercício profissional são uma concretização da dinâmica das relações sociais vigentes na sociedade em determinadas conjunturas históricas. Como as classes sociais fundamentais e suas personagens só existem em relação, pela mútua mediação entre elas, a atuação do assistente social é necessariamente polarizada pelos interesses de tais classes, tendendo a ser cooptada por aqueles que têm uma posição dominante.

O Serviço Social reproduz também, pela mesma atividade, interesses contrapostos que convivem em tensão. Responde tanto às demandas do capital como às do trabalho e só pode fortalecer um ou outro polo pela mediação de seu oposto. Participa tanto dos mecanismos de dominação e exploração como, ao mesmo tempo e pela mesma atividade, da resposta às necessidades de sobrevivência da classe trabalhadora e da reprodução do antagonismo nesses interesses sociais, reforçando as contradições que constituem o móvel básico da história. A partir dessa compreensão é que se pode estabelecer uma estratégia profissional e política para fortalecer as metas do capital ou do trabalho, mas não se pode excluí-la do contexto da prática profissional, visto que as classes só existem inter-relacionadas. É isto, inclusive, que viabiliza a possibilidade de o profissional colocar--se no horizonte dos interesses das classes trabalhadoras. (Iamamoto, 1982, p.75)

Com relação ao segundo requisito – produção teórica –, destaca-se também a pesquisa bibliográfica nas revistas *Serviço Social e Sociedade*, publicação que há mais de duas décadas de existência vem marcando o debate sobre a profissão e suas relações com a sociedade, sendo líder no campo da difusão do conhecimento de interesse do serviço social. Constatou-se que há apenas seis artigos que tratam de questões pertinentes à temática: serviço social e educação, no período entre 1979 e 2006, ou seja, desde o primeiro número da revista até 2005.

Confirmou-se que, apesar de haver produções com diversidade de abordagens referentes ao serviço social na área da Educação, os textos são esparsos e registrados especialmente em anais ou dissertações de mestrado que, infelizmente, não são publicados, socializados para a categoria profissional. Também não foi identificada nenhuma produção que reflita sobre o serviço social nos municípios paulistas.

Constatou-se, ainda, por meio deste estudo e do exame dos 45 projetos de lei existentes que visam a implantação do serviço social na política de educação pública brasileira, que apesar de existirem treze projetos de lei que se referem à rede oficial de ensino do estado de São Paulo, nenhum foi aprovado; portanto, não existe o serviço social instituído na educação pública do estado de São Paulo. Retratar o panorama geral da presença do serviço social na política de educação municipal paulista objetiva, também, socializar experiências nessa área e propiciar debates e ações coletivas que fortaleçam o posicionamento do serviço social nesse espaço sócio-ocupacional.

Ao analisar a política de educação brasileira, que corresponde ao terceiro requisito indicado, foram constatadas mudanças significativas que vêm ocorrendo nessa política, correspondendo às transformações societárias das últimas décadas, consubstanciando-se numa ampliação do espaço sócio-ocupacional do serviço social nessa área.

Os caminhos para atingir essa meta foram: conhecer as determinações históricas da implantação do serviço social na área da educação pública municipal no estado de São Paulo, dando visibilidade à prática profissional do assistente social nesse espaço sócio-ocupacional (interpretando as tendências existentes que expressam a totalidade social); analisar a política de educação brasileira, especificamente a educação básica, e identificar espaços sócio-ocupacionais para o serviço social interpretando as possibilidades de intervenção profissional, apontado considerações propositivas.

Ressalta-se que esse conhecimento vai além da aparência imediata, portanto,

[...] requer um espírito científico que apreenda os fatos, fenômenos, processos e práticas a partir da função que desempenham na estrutura, conjuntura e contextos histórico-sociais e na inter-relação entre universal/particular/ singular, ou seja, do ponto de vista da totalidade. (Guerra, 1997, p.59)

Essa é a perspectiva teórico-metodológica adotada pela autora nos caminhos percorridos na realização deste estudo.

O segundo momento da pesquisa consistiu de um contato com o Conselho Regional de Serviço Social de São Paulo (Cress/SP) na tentativa de obter informações referentes aos profissionais que atuam na área da educação pública nos municípios paulistas, com vistas à sua viabilidade. Porém, constatou-se que não há essa informação.

A diretoria do Cress/SP, mobilizada com a importância da inserção do serviço social na área da Educação, lançou no *Boletim Informativo do Cress/SP*, em setembro de 2003, um levantamento solicitando que os profissionais envolvidos nessa área informassem ao Cress/SP. Retornaram respostas positivas de onze municípios distribuídos nas Regiões Administrativas de Governo[3] (RA), incluindo uma Região Metropolitana (RM):

- RM Campinas, que abrange os municípios de Cosmópolis, Limeira, Leme, Itatiba.
- RA Central que abrange Matão.
- RA Franca que abrange Franca.
- RA Presidente Prudente que abrange Dracena.
- RA Ribeirão Preto que abrange Serrana.
- RA São Paulo que abrange Mauá.
- RA São José dos Campos, que abrange São José dos Campos.
- RA Marília, que abrange Tupã.

---

3 Segundo informações do Instituto Geográfico e Cartográfico de São Paulo (IGC), as Regiões Administrativas do estado de São Paulo são 15, ou seja: São Paulo, Registro, Baixada Santista, São José dos Campos, Sorocaba, Campinas, Ribeirão Preto, Bauru, São José do Rio Preto, Araçatuba, Presidente Prudente, Marília, Central (Araraquara/São Carlos), Barretos e Franca. Essas regiões foram regulamentadas pelo Decreto-Lei n.26.581, de janeiro de 1987, que, compatibilizando as 42 Regiões de governo que existiam anteriormente com as Regiões Administrativas, visam identificar conjuntos de cidades com características semelhantes quanto a vocação, padrões de polarização, hierarquia funcional etc., traduzidos na legislação pertinente (Biblioteca Virtual do Estado de São Paulo, <biblioteca. virtual@sp.gov.br> correspondência de 15.6.2005). A sigla RM significa Região Metropolitana.

Em decorrência do fato de não haver informações mais consistentes sobre os assistentes sociais que atuam na área da Educação no estado de São Paulo, foi necessário realizar, no período de janeiro a junho de 2005, o levantamento preliminar nos 645 municípios do estado, por correspondência eletrônica via internet e contatos telefônicos, com o objetivo de identificar a existência do serviço social na política de educação pública municipal.

Do total de mensagens enviadas (645), apenas 165 municípios responderam a pesquisa, ou seja: 25,58%. Desses 165 municípios que responderam a pesquisa, 37 (22,42%) informaram haver assistentes sociais atuando no município na área da Educação Básica, especificamente na Educação Infantil, no Ensino Fundamental e na Educação Especial. Portanto, constatou-se que apenas em 5,73% dos municípios paulistas (645) o serviço social está inserido no âmbito da Política de Educação municipal. Segue a relação dos municípios de acordo com a Região Administrativa de Governo:

- RM São Paulo, que abrange Embu, Mauá, Osasco, Santo André, São Bernardo do Campo, Vargem Grande Paulista.
- RM Campinas, que abrange Cosmópolis, Hortolândia, Itatiba, Santa Bárbara do Oeste.
- RA Campinas, que abrange Leme, Limeira, Corumbataí.
- RA Central, que abrange Matão, Santa Rita do Passa Quatro, São Carlos.
- RA Franca, que abrange Franca, Batatais.
- RA Ribeirão Preto, que abrange Serrana.
- RA Sorocaba, que abrange Itu, Botucatu, Barão de Antonina, Laranjal Paulista, Ribeira, Salto.
- RA Marília, que abrange Garça, Assis, Tupã.
- RA São José dos Campos, que abrange São José dos Campos, Jacareí, Paraibuna, Lorena.
- RA Presidente Prudente, que abrange Presidente Prudente, Dracena.
- RA Bauru, que abrange Borebi.
- RA Barretos, que abrange Altair.
- RA São José do Rio Preto, que abrange Ipiguá.

Em seguida, no terceiro momento da pesquisa, foi enviado um questionário, por meio de correio eletrônico pela internet, para os 37 municípios, visando abordar os sujeitos da pesquisa, todos os assistentes sociais que atuam na área da Educação nos municípios do estado de São Paulo. O objetivo desse questionário foi a elaboração de um perfil dos assistentes sociais e da configuração do espaço sócio-ocupacional da profissão na área da Educação, além de delinear e mapear as atividades realizadas pelo serviço social na política de educação paulista, para a verificação de como se dá empiricamente sua prática profissional.

Dos 37 municípios que contam com a inserção do assistente social no âmbito da política de educação, 28 deles (75,67% do total dos municípios consultados) responderam ao questionário apontando a existência de 101 profissionais atuando nessa área. Desses 101 profissionais existentes, 55, portanto 54,45%, informaram quanto ao perfil profissional, conforme solicitação do referido questionário.

Segundo as informações do Cress/SP, em relação ao número de assistentes sociais inscritos no estado de São Paulo, totalizados em 32.233 até janeiro de 2005, os 101 assistentes sociais que atuam na política de educação paulista representam apenas 0,31% dos profissionais em serviço social.

Os 28 municípios e os 55 assistentes sociais que participaram da pesquisa estão delineados no quadro a seguir.

Quadro 1 – Municípios e assistentes sociais que participaram da pesquisa, por região administrativa de governo

Região administrativa de governo	Número de municípios	Municípios	Número de assistentes sociais Existentes	Responderam
RM São Paulo	39	Embu	1	1
		Mauá	2	2
		Santo André	12	4
		São Bernardo do Campo	10	3
		Vargem Grande Paulista	2	1
RM Campinas	19	Cosmópolis	1	1
		Hortolândia	1	1
		Santa Bárbara do Oeste	1	1
RA Campinas	71	Leme	2	2
		Limeira	26	7
RA Central	26	Santa Rita do Passa Quatro	2	11
		São Carlos	1	1
RA Franca	23	Franca	10	3
		Batatais	1	1
RA Sorocaba	17	Itu	1	1
		Botucatu	2	1
		Barão de Antonina	1	1
		Laranjal Paulista	3	3
RA Marília	27	Garça	2	1
		Assis	2	1
		Tupã	3	1
RA São José dos Campos	39	São José dos Campos	4	4
		Jacareí	4	2
		Lorena	1	1
RA Presidente Prudente	53	Presidente Prudente	7	7
		Dracena	1	1
RA Bauru	39	Borebi	1	1
RA São José do Rio Preto	81	Ipiguá	1	1

Fonte: Pesquisa realizada com os assistentes sociais que atuam na área da educação nos municípios paulistas, período 2005-2006.

Considerando o número de municípios que abrangem cada região administrativa de governo e o número de municípios que têm assistentes sociais atuando na área da Educação e participaram da pesquisa, foi possível observar, em termos proporcionais, as regiões administrativas que apresentam maior incidência da inserção do serviço social na área da Educação municipal, descritos em ordem crescente:
- RM Campinas: 21,05% dos municípios.
- RM São Paulo: 15,38%.
- RA Central: 11,53%.
- RA Marília: 11,12%.
- RA São José do Rio Preto: 10,25%.
- RA Franca: 7,69%.
- RA Sorocaba: 7,59%.
- RA Campinas: 5,63%.
- RA Barretos: 5,25%.
- RA São José dos Campos: 4,16%.
- RA Ribeirão Preto: 4,00%.
- RA Presidente Prudente: 3,77%.
- RA Bauru: 2,26%.
- RM Baixada Santista: 0.
- RA Araçatuba: 0.
- RA Registro: 0.

Diante da amplitude de municípios e da diversidade de regiões administrativas de governo onde esses estão distribuídos, considerou-se como universo da pesquisa o estado de São Paulo em sua totalidade, guardadas as devidas proporções regionais e municipais de cada realidade.

No quarto momento da pesquisa, foram realizadas entrevistas focais, estudando com maior profundidade uma amostra representativa dessa totalidade, no sentido de elucidar a realidade social concreta, com uma aproximação dos sujeitos pesquisados, dos assistentes sociais que atuam na política de educação, considerando as dificuldades para investigar todos os municípios inseridos na pesquisa. Essas entrevistas focais compreenderam o período de junho a julho de 2006, com três encontros, abrangendo seis sujeitos.

É importante esclarecer que grupo focal, segundo Minayo (2000), consiste de uma técnica de inegável importância para se tratar de questões sob o ângulo do social, porque se presta ao estudo de representações e relação dos diferenciados grupos de profissionais da área, dos vários processos de trabalho e também da população.

Um grupo focal é um conjunto de pessoas selecionadas e reunidas por pesquisadores para discutir e comentar um tema, que é objeto de pesquisa, a partir de sua experiência pessoal. (Powell; Single, 2005, p.449)[4]

A mesma conceituação se aplica à técnica de entrevista focal. A realização dessas entrevistas com os assistentes sociais foi um momento significativo da pesquisa, propiciando a interação entre pesquisados e pesquisador, expressando a importância do debate sobre a temática e rompendo o isolamento dos profissionais que atuam nessa área. Portanto, pondera-se que:

> [...] a entrevista não é simplesmente um trabalho de coleta de dados, mas sempre uma situação de interação na qual as informações dadas pelos sujeitos podem ser profundamente afetadas pela natureza de suas relações com o entrevistador. (Minayo, 2000, p.114)

Na construção dos critérios utilizados para escolher os municípios, foram considerados elementos que, combinados entre si, demonstram ser representativos da totalidade, e são qualitativamente significativos, possibilitando a expressão da prática profissional desenvolvida nessa política, ampliando assim as informações para elucidar a realidade social concreta. Esses critérios estão elencados a seguir:

---

4 A escolha da utilização do grupo focal justifica-se pelo fato de esse instrumento permitir ao pesquisador obter boa quantidade de informações em um período curto de tempo, pois, "comparado à entrevista individual, ganha-se em relação à captação de processos e conteúdos cognitivos, emocionais, ideológicos, representacionais, mais coletivos, portanto, e menos idiossincráticos e individualizados. [...] o grupo focal ao propiciar a exposição ampla de ideias e perspectivas, permite trazer à tona respostas mais completas e possibilita também verificar a lógica ou as representações que conduzem à resposta" (Gatti, 2005, p.10).

a) *Tempo de implantação do serviço social na política de educação*: adotaram-se como referência os municípios em que a implantação do serviço social é mais antiga, que possibilita um acúmulo maior de experiência nessa área.

b) *Número de profissionais existentes na política de educação municipal*: foram estabelecidos como parâmetros os municípios com maior número de profissionais, que podem conferir legitimidade ao espaço sócio-ocupacional do serviço social na política de educação municipal.

c) *A abrangência dos níveis de ensino existentes no município*: optou-se por abarcar os municípios com maior diversidade de níveis de ensino, visando identificar as peculiaridades de cada nível para a atuação do assistente social.

d) *Organização da prática profissional do assistente social na instituição educacional*: esse critério identifica os municípios que apresentaram uma prática profissional planejada (programas, projetos) que podem conferir a ocupação mais consistente dos espaços sócio-ocupacionais existentes e maior autonomia e credibilidade para desenvolver sua ação.

Diante do exposto, para a realização das entrevistas focais, foram selecionados três municípios, pertencentes às três regiões de governo: Franca, município da Região Administrativa de Franca; Limeira, município pertencente à Região de Campinas; e Presidente Prudente, município da Região Administrativa de Presidente Prudente. Foram efetivados contatos telefônicos, para agendamento e realização das entrevistas focais com os assistentes sociais.

Convém ressaltar que houve a preocupação de identificar sujeitos – assistentes sociais – cuja magnitude da expressão naquele determinado contexto fosse significativa. Ou seja:

> [...] com a concepção de sujeito coletivo, no sentido de que aquela pessoa que está sendo convidada para participar da pesquisa tem uma referência grupal, expressando de forma típica o conjunto de vivências de seu grupo. O importante não é o número de pessoas, mas o significado que esses sujeitos têm, em função do que estamos procurando com a pesquisa. (Martinelli, 1994, p.14)

O conteúdo a ser abordado nessas entrevistas focais foi construído mediante a análise do material empírico coletado nos questionários respondidos pelos profissionais na etapa anterior. Após essa análise, foi elaborado um roteiro de questões norteadoras a serem discutidas nas entrevistas focais destinadas a dois assistentes sociais de cada município, perfazendo um total de seis profissionais que participaram dessa fase da pesquisa.

As entrevistas focais tiveram como questões norteadoras os seguintes aspectos:

1. Processo jurídico de inserção do serviço social na secretaria de educação do município.
• Existe lei que cria o cargo de assistente social na secretaria de educação?
• Qual é a fonte de recursos financeiros para o pagamento do assistente social?

2. Conhecimento do assistente social em relação ao fundamento jurídico da política de educação do município.
• Conhecimento sobre Lei de Diretrizes e Bases (LDB), Estatuto da Criança e do Adolescente (ECA), Fundo de Manutenção e Desenvolvimento do Ensino Fundamental e de Valorização do Magistério (Fundef)/ Fundo de Manutenção e Desenvolvimento da Educação Básica e de Valorização dos Profissionais da Educação (Fundeb), política de educação básica: Educação Infantil, Ensino Fundamental e Educação Especial.

3. Comente sobre a prática profissional do assistente social na política de educação do município.
• Quais demandas são atendidas pelo serviço social?
• O que vocês consideram prioridade no trabalho desenvolvido pelo assistente social na área da educação?
• Quais são as particularidades do serviço social na educação?
• O que é trabalho socioeducativo?
• Vocês se consideram educadores?

O quinto momento constituiu-se da análise do material empírico levantado na pesquisa de campo, apoiada em referencial teórico e na organização dos resultados obtidos, que resultou no texto elaborado dialeticamente e exposto na construção dos capítulos deste estudo. Salienta-se que "tornar os dados inteligíveis significa organizá--los de forma a propor uma explicação adequada àquilo que se quer investigar [...] daí ser importante o momento da análise dos dados, quando se tem a visão real dos resultados obtidos" (Moroz; Gianfaldoni, 2001, p.73).

A escolha da forma de apresentação das informações obtidas foi coerente com a perspectiva crítica de análise do real, estabelecendo uma relação dialética entre teoria e prática, relacionando os dados empíricos com a política de educação, tanto em sua regulação jurídica quanto em sua operacionalização institucional.

A seguir será descrito um breve panorama do estado de São Paulo, cenário da pesquisa, com destaque para algumas informações importantes que demarcam a particularidade de cada município que conta com a presença do assistente social na área da Educação.

O contexto e universo da pesquisa

O estado de São Paulo[5] desenvolveu-se nos três setores da economia: primário, secundário e terciário, concentrando 40% da economia do país e conhecido como o estado mais desenvolvido do Brasil. Produz especialmente produtos de alta tecnologia, com um parque industrial de grande destaque, além de ser reconhecido como o maior polo de desenvolvimento da América Latina.

De acordo com o Instituto Brasileiro de Geografia e Estatística (IBGE, 2000), no Brasil existem 5.507 municípios, dos quais 645 estão localizados no estado de São Paulo, perfazendo 11,7% dos municípios

---

5 As informações descritas a seguir foram obtidas pelo site oficial do governo do estado de São Paulo, que disponibiliza dados de diversas secretarias de governo e de órgãos oficiais de pesquisa: <www.saopaulo.sp.gov.br/invista/ciencia/index.htm> Acesso em: 15 jul. 2005.

brasileiros. Sua população é de aproximadamente 36 milhões de habitantes, dos quais 19 milhões concentram-se na Região Metropolitana. Reportando-se ao interior do estado, os municípios que o compõem respondem por 17% do Produto Interno Bruto (PIB) e 25% de toda produção industrial nacional, tendo uma infraestrutura que contribui para que o interior do estado seja atrativo para investimentos.

No estado de São Paulo há disparidade entre o grau de desenvolvimento dos municípios, conforme constatam os dados estatísticos apontados pela Fundação Sistema Estadual de Análise de Dados (Seade, 2000), que desenvolveu o Índice Paulista de Vulnerabilidade Social (IPVS),[6] com o objetivo de detectar os bolsões de pobreza nos municípios paulistas. O referido estudo constatou que 3,6 milhões de pessoas (10% da população do estado) vivem em área de alta concentração de pobreza. Esse total está dividido da seguinte forma: dois milhões de pessoas habitam a Região Metropolitana de São Paulo, e 1,6 milhão se concentra no interior do estado (IBGE, 2000).

Salienta-se que o conceito de vulnerabilidade social de pessoas, famílias ou comunidades é entendido como uma combinação de fatores que podem produzir deterioração de seu nível de bem estar, em consequência de sua exposição a determinados tipos de riscos. O indicador resultante consiste de uma combinação entre duas direções socioeconômica e demográfica, que classifica e gradua cada setor censitário em seis grupos. A dimensão socioeconômica compõe a renda apropriada pelas famílias e o poder de geração de renda por seus membros; já a demográfica está relacionada ao ciclo de vida familiar (São Paulo, 2011).

---

6 Índice Paulista de Vulnerabilidade Social (IPVS) permite identificar nos municípios do estado de São Paulo, particularmente naqueles de maior porte, áreas em que predominam famílias expostas a diferentes níveis de vulnerabilidade social. O IPVS baseou-se em dois pressupostos: as múltiplas dimensões da pobreza devem ser consideradas em um estudo sobre vulnerabilidade social; e a segregação espacial é um fenômeno presente nos centros urbanos paulistas e contribui decisivamente para a permanência dos padrões de desigualdade social que a caracteriza. Assim, buscou-se a criação de uma tipologia de situações de vulnerabilidade, agregando-se aos indicadores de renda outros referentes à escolaridade e ao ciclo de vida familiar. A metodologia completa pode ser encontrada em: <http://www.seade.sp.gov.br/produtos/imp/index.php?page=varinfpop&var=1001>

Na área educacional, o estado de São Paulo conta com uma das maiores redes públicas de educação do país, sendo responsável por 80% das matrículas estaduais no Ensino Fundamental e no Médio. Segundo a Secretaria da Educação Estadual, são aproximadamente 6,1 mil unidades escolares que oferecem Ensino Fundamental e Médio, Educação Especial, cursos de suplência e profissionalizantes (São Paulo, 2003). A rede de educação possui mais de 265 mil professores e aproximadamente seis milhões de alunos, mantendo 5.949 estabelecimentos de ensino.

Destaca-se, ainda, no Ensino Superior, a existência de 34 unidades de ensino universitário, sendo três universidades estaduais: Universidade de São Paulo (USP); Universidade Estadual de Campinas (Unicamp) e Universidade Estadual Paulista "Júlio de Mesquita Filho" (Unesp). Na área de ensino técnico, São Paulo conta com o Centro de Educação Tecnológica Paula Souza (Ceteps), vinculado à Secretaria da Ciência, Tecnologia e Desenvolvimento Econômico, que oferece cursos para o Ensino Médio, Superior, Técnico e Tecnológico, distribuídos em noventa municípios paulistas.

Considerando-se que a instância federativa onde os assistentes sociais, sujeitos da pesquisa, atuam é no município,[7] vale lembrar quando se deu sua legitimação e destaque no âmbito social e político brasileiro.

Descentralização e autonomia dos municípios

Na década de 1980, no processo da Assembleia Nacional Constituinte, houve uma luta para a valorização do município como alicerce da democracia. Para tanto, por meio de um conjunto de propostas

---

7 "Do ponto de vista sociológico, é o agrupamento de pessoas de um mesmo território, com interesses comuns e afetividades recíprocas, reunidas para satisfação das necessidades e desempenho de atribuições coletivas – um grupo celular básico. Como ente político, é entidade estatal de terceiro grau na ordem política, com atribuições próprias e governo autônomo, ligado ao membro por laços constitucionais indestrutíveis. E, sob visão jurídica, é pessoa jurídica de direito público interno, com capacidade civil para exercer direitos e contrair obrigações. Os aspectos políticos e jurídicos são objeto de regramento constitucional e legal" (Jovchelovitch, 1998, p.35).

descentralizadoras, na Constituição Federal de 1988, o município foi transformado em ente federativo,[8] ganhou autonomia plena nos âmbitos político, administrativo, legislativo e financeiro.[9] O município foi o principal destinatário da descentralização de competências e atribuições em diversas áreas, entre elas a social e a educacional.

Contextualizando os municípios paulistas inseridos na pesquisa, foi possível identificar o porte desses municípios (número de habitantes) de acordo com informações obtidas por meio do último Censo Demográfico publicado pelo IBGE em 2000.

Para o estabelecimento de uma referência das condições socioeconômicas dos municípios, foram acopladas informações relativas à classificação desses municípios quanto ao Índice de Desenvolvimento Humano Municipal (IDHM),[10] averiguadas por meio de dados da Fundação Seade, conforme Quadro 2.

---

8 "Ente Federativo: entidade estatal, político-administrativa, com personalidade jurídica, governo próprio e competência normativa" (Meirelles, 1993. p.116).

9 "A autonomia política significa não apenas 'capacidade de autogoverno', mas eleições diretas de prefeitos, vice-prefeitos e vereadores, como 'auto-organização', por meio da Lei Orgânica municipal própria. A autonomia administrativa implica na liberdade para organizar as atividades do governo local, criar o quadro de servidores municipais e criar ou suprimir distritos. A autonomia legislativa implica seja em capacidade de legislar sobre assuntos de interesse local, seja de complementar as legislações estadual e federal. Finalmente, a autonomia financeira se materializa na capacidade de criar e arrecadar os tributos próprios; elaborar, aprovar e executar o orçamento municipal e aplicar os recursos, levadas em conta algumas limitações constitucionais" (Neves, 2000, p.18-19).

10 IDHM: indicador que focaliza o município como unidade de análise, a partir das dimensões de longevidade, educação e renda, que participam com pesos iguais em sua determinação, segundo a fórmula: Índice de Longevidade + Índice de Educação + Índice de Renda divido por: Longevidade. Sendo: Longevidade: esperança de vida ao nascer (número médio de anos que as pessoas viveriam a partir do nascimento); Educação: número médio de anos de estudo; Renda: renda familiar *per capita*. Para referência, segundo classificação Programa das Nações Unidas para o Desenvolvimento (Pnud), os valores distribuem-se em três categorias:
1) Baixo desenvolvimento humano: IDHM menor que 0,500.
2) Médio desenvolvimento humano: IDHM entre 0,500 e 0,800.
3) Alto desenvolvimento humano: IDHM superior a 0,800. (IBGE, Pnud, Ipea). Dados disponíveis em <http://www.agemcamp.sp.gov.br/perfilrmc/popup_notas.php?var%5B%5D=11> Acesso em: 10 jun. 2006.

Quadro 2 – Distribuição dos municípios por número de habitantes

Habitantes	Municípios	Número Total	Porcentual
Até 10 mil	IDHM médio: Barão de Antonina; Garça; Borebi; Ipiguá. IDHM alto: Santa Rita do Passa Quatro	5	17,85%
de 10 mil a 100 mil	IDHM médio: Cosmópolis; Leme; Laranjal Paulista; Tupã e Dracena. IDHM alto: Vargem Grande Paulista; Santa Bárbara do Oeste; Batatais; Botucatu; Assis; Lorena.	11	39,28%
mais de 100 mil habitantes	IDHM médio: Embu; Mauá; Hortolândia. IDHM alto: Santo André; São Bernardo do Campo; Limeira; São Carlos; Franca; Itu; Jacareí; Presidente Prudente; S. J. Campos	12	42,85%

Fonte: Pesquisa realizada com assistentes sociais que atuam na área da Educação nos municípios paulistas, período 2005-2006.

Pode-se observar que 57,15% dos municípios pesquisados apresentam o IDH alto, corresponde à classificação auferida pelo estado de São Paulo, ou seja, 0,814. Os demais, 42,85%, enquadram-se na categoria de IDH médio. Constatou-se, ainda, que a contratação de assistentes sociais na área da Educação paulista concentra-se no conjunto de municípios com maior número de habitantes, seja de mais de 100 mil habitantes (42,85% dos municípios) ou de 10 mil a 100 mil habitantes (39,28% do total dos municípios pesquisados). Essas informações permitem inferir que as questões socioeconômicas presentes nessa realidade são mais complexas, e as expressões da questão social mais presentes, incidindo na área da Educação.

Ainda de acordo com as informações do IBGE (2000), considerou-se importante destacar a taxa de analfabetismo da população de 15 anos e mais[11] dos municípios envolvidos na pesquisa, tomando como referência o índice de analfabetismo do estado de São Paulo, que é de 6,64%. Os dados apontaram as seguintes informações:

- 57,15% dos municípios pesquisados estão acima desse indicativo: Barão de Antonina, Batatais, Borebi, Dracena, Embu, Hortolândia, Ipiguá, Itu, Laranjal Paulista, Leme, Santa Rita do Passa Quatro, Tupã, Vargem Grande Paulista, Garça, Cosmópolis, Assis;
- 17,85% encontram-se na mesma média estadual, conforme descritos: Jacareí, Limeira, Mauá, Presidente Prudente, Santa Bárbara do Oeste;
- 25% estão abaixo do índice estadual, sendo eles: Franca, Lorena, Santo André, São José dos Campos, Botucatu, São Carlos, São Bernardo do Campo.

Apesar de a educação ser considerada direito de todos e prioridade nacional, verifica-se nessa amostragem que 57,15% dos municípios do estado de São Paulo, um significativo número de municípios participantes desta pesquisa, apresentam uma taxa de analfabetismo populacional superior ao índice alcançado pelo estado. Essa situação demonstra que a educação constitui uma das expressões da questão social exatamente:

---

11 Taxa de analfabetismo da população de 15 anos e mais: consideram-se como analfabetas as pessoas maiores de 15 anos que declararam não serem capazes de ler e escrever um bilhete simples ou que apenas assinam o próprio nome, incluindo as que aprenderam a ler e escrever, mas esqueceram (Fundação Seade e Instituto Brasileiro de Geografia e Estatística – IBGE, Censo Demográfico de 2000).

[...] por encerrar um processo de politização em torno do reconhecimento e do atendimento de certas necessidades que deixaram de pertencer exclusivamente à esfera da reprodução privada e ingressaram nas agendas da esfera pública. A política de educação pode ser concebida também como expressão da própria Questão Social na medida em que representa o resultado das lutas sociais travadas pelo reconhecimento da educação pública como direito social. (Almeida, 2005, p.10)

Após ter explicitado o cenário em que a pesquisa ocorreu, faz-se necessário identificar os agentes que atuam nessa política social, elaborando um perfil profissional dos assistentes sociais, considerando que esses são sujeitos históricos que participam da construção da identidade profissional do serviço social nessa área.

2
PERFIL DOS SUJEITOS PESQUISADOS

> *"O homem, por mais que seja um indivíduo particular, e justamente é sua particularidade que faz dele um indivíduo e um ser social individual efetivo – é, na medida, a totalidade, a totalidade ideal, o modo de existência subjetiva da sociedade pensada e sentida para si, do mesmo modo que também na efetividade ele existe tanto como instituição e gozo efetivo do modo de existência social, tanto como uma totalidade de exteriorização de vida humana."*
> (Marx, 1974, p.16)

A profissão do assistente social é tecida por sujeitos sociais que trazem a marca de sua condição de classe social e de gênero, etnia e cultura adquirida, numa relação dialética entre o individual e o coletivo, construída em diferentes contextos históricos, uma identidade profissional constituída e constituinte. Diante desse pressuposto, é importante delinear um breve perfil dos assistentes sociais inseridos na política de educação municipal de São Paulo, conhecendo algumas características pessoais e profissionais. As informações a seguir referem-se aos 55 assistentes sociais que atuam nos 28 municípios que participaram desta pesquisa.

Características pessoais

Apresentam-se, a seguir, algumas características pessoais do conjunto de assistentes sociais pesquisados, que interagem na construção da identidade profissional dos assistentes sociais da educação paulista. Quase a unanimidade de profissionais é do sexo feminino, ou seja: 98,18%, sendo apenas 1,82% do sexo masculino, o que corresponde à realidade profissional, cuja identidade, historicamente construída, é marcada pela presença da mulher.[1] O perfil sócio-histórico dos assistentes sociais tem traços marcantes: é uma profissão "atravessada por relações de gênero enquanto tem uma composição social predominantemente feminina, o que afeta sua imagem na sociedade e as expectativas sociais vigentes diante da mesma" (Iamamoto, 1998, p.64).

Iamamoto (1998, p.64) aponta ainda uma interessante questão sobre esse recorte de gênero que, em seu entendimento, explica "os traços de subalternidade que a profissão carrega diante de outras de maior prestígio e reconhecimento social e acadêmico".

No contexto da educação, acrescenta-se que a maioria dos educadores também é do sexo feminino, portanto, partícipe dessas questões atinentes ao gênero na sociedade brasileira. Em contrapartida, é importante ressaltar os traços político-culturais, historicamente construídos pelo serviço social e pelos educadores, protagonistas de lutas na afirmação de direitos sociais. No momento atual, de profundas transformações no mundo do trabalho, na era da reestruturação produtiva, no processo de "acumulação flexível" (Harvey, 1995), aprofunda-se a superexploração da força de trabalho e inclui-se a força de trabalho feminina, que emancipa a mulher, ainda que de modo parcial, e "precariza de modo acentuado; oscilando, portanto entre a emancipação e a precarização, mas buscando caminhar da precarização para a emancipação" (Nogueira, 2004, p.94).

---

1 O protagonismo da mulher na sociedade tem sido essencial, derrubando fronteiras e desfazendo preconceitos, em diferentes áreas. Por exemplo, segundo indicam os dados do IBGE, a participação da mulher na População Economicamente Ativa (PEA) aumentou 2,5% em 2003, contra 1,6% dos homens, demonstrando o crescimento da força de trabalho feminina.

De acordo com essa perspectiva, as profissionais, assistentes sociais, não estão alheias a esse processo, conciliando ainda a dupla jornada, entre "trabalho e casa". A solicitação da indicação do estado civil das assistentes sociais ilustra exatamente essa questão, mostrando as inserções sociais que acabam influenciando nas condições profissionais. A maioria dos profissionais, 65,45%, tem a condição de casada; 18,18% declararam ser solteiros; 12,73% indicaram a opção de estado civil separado ou divorciado; e 3,64% dos profissionais não responderam.

Em relação à faixa etária, há uma concentração em dois grupos: primeiro está a faixa etária de 31 a 40 anos, representando 45,45% dos sujeitos pesquisados; em seguida, a faixa etária entre 41 e 50 anos, com 34,54%; além de 12,72% na faixa etária de 20 a 30 anos, e uma pequena parcela, 7,29%, acima de 50 anos. A concentração de assistentes sociais na faixa etária entre 31 e 50 anos (79,99%) é uma questão plena de significados para a compreensão dos vínculos com o trabalho, pois envolvem a formação de valores influenciados pelo contexto histórico no qual foram formados e que são espectros de comportamentos e posicionamentos diante da prática profissional desencadeada nas instituições educacionais.

Esses profissionais vivenciaram, em sua juventude (décadas de 1960, 1970 e 1980), momentos históricos contraditórios, marcados pela transição do regime militar para o processo de democratização do Brasil. Período de crises econômicas, políticas e culturais que, certamente, influenciou sua formação pessoal e profissional.

Diante da importância do conhecimento da realidade social, da conjuntura nacional, estadual e especificamente dos processos sociais que ocorrem no município e trazem determinações para a prática profissional do assistente social, foi solicitado aos profissionais especificar se residem no município onde trabalham e há quanto tempo.

Grande parte dos 55 profissionais pesquisados, 76,37%, reside no município onde trabalham, e o restante, 23,63%, mora em outras cidades. Dos 76,37% de profissionais que moram no município em que trabalham, questionados em relação ao tempo de fixação nesse município, constatou-se que 30,95% são nascidos no próprio município e moram lá desde o nascimento. O restante, 45,42% dos profissionais, é proveniente de outras localidades. Ressalta-se que residir no município onde trabalha facilita a inserção social do profissional na vida política e social do município.

Formação profissional

A formação profissional é uma das grandes preocupações da categoria profissional do serviço social e por isso vem sendo alvo de debates mobilizados, especialmente pela Associação Brasileira de Ensino e Pesquisa em Serviço Social (Abepss).[2] Ressalta-se que a distribuição das instituições educacionais que oferecem o ensino de graduação em Serviço Social no Brasil é irregular, com evidente concentração na Região Sudeste do país, conforme informações da Abepss, em 2005, ou seja, na Região Norte há seis instituições; na Região Nordeste há 11 instituições; na Região Centro-Oeste há cinco; na Região Leste há 14; na Região Sul I há 23, e na Região Sul II há 24 instituições.

A situação dos assistentes sociais pesquisados demonstra que são provenientes de várias unidades educacionais, concentrando a maioria na Região Sul II, com 94,56%; na Região Sul I, 3,63%, e finalmente, na Região Nordeste, 1,81%.

Outra característica marcante em relação à formação profissional dos assistentes sociais relaciona-se à natureza das instituições onde foram formados, e apenas 7,28% dos assistentes são provenientes de instituição pública, a única existente no estado de São Paulo (Universidade Estadual Paulista "Júlio de Mesquita Filho" – Unesp), e os demais 92,72% são formados em instituições privadas, demonstrando a

---

2 Abepss: entidade sem fins lucrativos, criada em 1946 (inicialmente denominada Associação Brasileira de Serviço Social – Abess) constituída pelas Unidades de Ensino de Serviço Social, possuindo atualmente 83 Instituições de Ensino afiliadas, e dessas, apenas cinco são públicas. A Abepss é formada por seis regiões: Região Norte, Região Nordeste, Região Centro-Oeste, Região Leste, Região Sul I e Região Sul II. A Região Sul I é formada pelos seguintes estados: Paraná, Santa Catarina e Rio Grande do Sul, e a Região Sul II, pelos estados de Mato Grosso do Sul e São Paulo.

mercantilização do Ensino Superior com o avanço do ensino particular no Brasil, em detrimento do investimento público.

Apesar de as instituições de graduação dos profissionais pesquisados estarem concentradas na mesma Região Sul II, especialmente no estado de São Paulo, a diversidade de instituições de ensino aponta diferentes perspectivas de formação profissional, embora o ensino de graduação em Serviço Social seja regido por um currículo mínimo, proposto pela Abepss, após 1982. O processo histórico construído em cada unidade de ensino, sua inserção no debate sobre a profissão, enfim, suas peculiaridades interferem na direção social proposta na formação profissional.

Outra questão que influencia na construção da identidade profissional refere-se ao período histórico de formação dos profissionais. Verifica-se que o período em que há maior incidência de conclusão de curso dos assistentes sociais pesquisados é a década de 1990, com 40% de incidência, em seguida, a década de 1980, perfazendo um total de 34,54%. Na década de 1970, após 1975, encontram-se 12,73% dos assistentes sociais, e a conclusão mais recente ocorreu a partir do ano 2000, com 12,73% de assistentes sociais. Interpretando essas informações, é possível apontar que os 55 profissionais pesquisados formaram-se após a segunda metade da década de 1970; portanto, no momento em que ocorreu, na América Latina, e especificamente no Brasil, o denominado Movimento de Reconceituação do Serviço Social.[3]

Esse movimento se insere no "contexto de mudanças econômicas, políticas, sociais e culturais que ocorrem nos anos de 1960, que traz novas configurações que caracterizam a expansão do capitalismo mundial, que impõe a América Latina um estilo de desenvolvimento excludente e subordinado" (Yasbek, 1999, p.24).

Nesse contexto, a profissão assume as inquietudes e insatisfações desse momento histórico e dirige seus questionamentos ao serviço social tradicional (perspectiva positivista, de orientação funcionalista, conservadora) propondo uma revisão geral, nos níveis teórico, metodológico, operativo e político.

---

3 Verificar análises sobre o Movimento de Reconceituação do Serviço Social em Netto (1990), entre outros.

Segundo Yasbek (1999), emergiram, no bojo do Movimento de Reconceituação, diferentes vertentes de análise que orientam o exercício profissional:
- a vertente modernizadora: incorporando abordagens funcionalistas, estruturalistas e sistêmicas voltadas para a modernização conservadora. A instituição e a profissão são fundamentadas na busca da eficiência e eficácia (modernização tecnológica);
- a vertente inspirada na fenomenologia: tendência que prioriza as concepções de pessoa, diálogo e transformação social dos sujeitos, de acordo com Netto (1990) é uma reatualização do conservadorismo;
- a vertente marxista: traduzida pela consciência da profissão e de sua inserção na sociedade de classes. Aproxima-se da teoria marxista, porém sem o aprofundamento das obras de Marx.

Esses referenciais acompanham o processo de amadurecimento da profissão, construindo, com uma aproximação da teoria marxista, uma vertente comprometida com a ruptura, conforme análise de Netto (1990); posicionamento que é hegemônico nas entidades representativas da formação e do exercício profissional (Conselho Federal de Serviço Social – Cfess/Conselho Regional de Serviço Social de São Paulo – Cress/Abepss). A obra de Iamamoto (1982) torna-se um divisor de águas na produção crítica do serviço social e inicia a efetiva interlocução da profissão com a teoria social de Marx.

O contexto social dos anos 1980, período de efervescência política com o fortalecimento do movimento de democratização do país, iniciado com a resistência à ditadura na década anterior, repercute na profissão, situação representada pela organização e mobilização da categoria na realização do V Congresso Brasileiro de Assistentes Sociais (Cbas), realizado em São Paulo, que demonstrou a busca de alternativas aos desafios do processo histórico brasileiro para sociedade em geral, e particularmente para a categoria profissional.

A passagem dos anos 70 aos 80 com a reativação do movimento operário-sindical e o protagonismo dos chamados novos sujeitos sociais, abriu novas perspectivas para os Assistentes Sociais que pretendiam a ruptura com o tradicionalismo. E estes assistentes sociais investiram fortemente em dois planos: na organização da categoria profissional e na formação acadêmica. (Netto, 2005, p.17)

Em relação à formação acadêmica, nesse período, houve amplo debate da categoria profissional e instituiu-se um currículo mínimo, de âmbito nacional, e também se consolidou a pós-graduação (mestrado e doutorado), fortalecendo a produção de conhecimentos no serviço social brasileiro, sendo a Pontifícia Universidade Católica de São Paulo (PUC/SP) a primeira instituição a implantar o doutorado.

Entre 1994 e 1996, foram realizadas várias oficinas nas unidades acadêmicas filiadas à Abepss visando à revisão curricular, organizando uma proposta nacional para o serviço social, que foi aprovada em assembleia geral da Abepss em novembro de 1996, e encontra-se em vigor até os dias atuais. Essa proposta curricular é formada por:

Diretrizes que estabelecem um patamar comum, assegurando, ao mesmo tempo, a flexibilidade e descentralização do ensino em Serviço Social, de modo a acompanhar as profundas transformações da ciência e da tecnologia na contemporaneidade. (Abepss, 1996)

O que se sobressai no projeto que fundamenta esse currículo é que ele inaugura uma direção social fundada no paradigma da teoria social crítica, indicando uma ruptura com as fontes tradicionais da profissão. Nesse sentido, o serviço social, profissão inscrita na divisão sociotécnica do trabalho, possui uma dimensão histórica. Portanto, a compreensão da profissão só é possível interpretando-se o processo de produção e reprodução da vida social nas diferentes conjunturas históricas. Em cada realidade social, inserida em dado momento histórico, existem determinações que influenciam tanto as demandas profissionais quanto suas respostas, munindo-se de estratégias de enfrentamento organizadas pela categoria profissional.

Na década de 1990, instauraram-se os marcos da reestruturação dos mecanismos de acumulação do capitalismo globalizado e o avanço da lógica liberal, alterando o contexto político, econômico e social da realidade brasileira, provocando várias mudanças sociais, como as transformações no mercado de trabalho acopladas ao mote da flexibilização, o desgaste das bases do Sistema de Proteção Social e o redirecionamento das intervenções do Estado em relação à questão social, alterando-se as políticas sociais.

A política social, submetida aos ditames da política econômica, é redimensionada ante as tendências de privatização, de cortes nos gastos públicos para programas sociais, focalizados no atendimento à pobreza e descentralizados na sua aplicação. Os impactos da redução dos gastos sociais e a consequente deteriorização dos serviços sociais públicos dependeram das relações entre Estado e sociedade, das desigualdades e das políticas sociais anteriormente existentes ao programa de "contrarreforma". (Iamamoto, 2004, p.121)[4]

A lógica predatória imposta pelo capitalismo globalizado, com a precarização do trabalho e a penalização dos trabalhadores, reitera as desigualdades, gestando novos impasses e desafios para toda a sociedade e, especialmente, para os assistentes sociais: trabalho infantil, violência doméstica, discriminações de gênero, raça e etnia, drogas e tantas outras questões relativas ao acirramento da desigualdade social.

Contraditoriamente a esse contexto adverso, o serviço social, em conjunto com as lutas sociais travadas pela sociedade num processo histórico de grandes embates, empenha seus esforços para garantir a conquista dos direitos sociais constitucionalmente regulamentados. Nesse prisma, o desafio da profissão é a consolidação do projeto ético-político,

> [...] que tem em seu núcleo o reconhecimento da liberdade como valor central – a liberdade concebida historicamente, como possibilidade de escolher entre alternativas concretas; daí um compromisso com a autonomia, a emancipação e a plena expansão dos indivíduos sociais. (Netto, 1999, p.104)

---

4 Em relação ao projeto neoliberal e às políticas sociais, ver Behring (2003).

O projeto profissional do serviço social, construído coletivamente pela categoria, expressa o processo de lutas pela hegemonia entre as forças sociais presentes na sociedade e na profissão e revela o desenvolvimento teórico e prático da profissão, fruto do embate com o tradicionalismo profissional e seu lastro conservador. A base normativa desse projeto profissional expressa-se na Lei n.8.662, de 1993, que regulamenta a profissão, e no Código de Ética Profissional, de 1993, que prescreve os seguintes princípios:
- o reconhecimento da liberdade como valor ético central, que requer o reconhecimento da autonomia, da emancipação e plena expansão dos indivíduos sociais e de seus direitos;
- a defesa intransigente dos direitos humanos contra todo tipo de arbítrio e autoritarismo;
- a defesa, aprofundamento e consolidação da cidadania e da democracia – da socialização da participação política e da riqueza produzida;
- o posicionamento a favor da equidade e da justiça social, que implica a universalidade no acesso a bens e serviços e a gestão democrática;
- o empenho na eliminação de todas as formas de preconceito, e a garantia do pluralismo;
- o compromisso com a qualidade dos serviços prestados na articulação com outros profissionais e trabalhadores.

Destaca-se, no referido Código de Ética Profissional, a "garantia do pluralismo, através do respeito às correntes profissionais democráticas existentes e suas expressões teóricas, e compromisso com o constante *aprimoramento intelectual*"; e também "o compromisso com a qualidade dos *serviços prestados à população* e com o aprimoramento intelectual, na perspectiva de *competência profissional*" (Cfess, 1993). O "aprimoramento intelectual" e a "competência profissional" não devem ser analisados pelo viés tecnicista de simples adequação do profissional de serviço social, mas desenvolver uma visão crítica e emancipadora em relação à complexidade da sociedade e de suas relações. Para que o serviço social possa trabalhar em prol da emancipação e da formação dos indivíduos.

Essa formação, além da visão crítica adquirida no próprio contato com diferentes classes e conflitos sociais, ocorre formalmente nos cursos de pós-graduação, *stricto* e *lato sensu*. Frequentaram cursos de aperfeiçoamento, especialização e mestrado 30 profissionais, portanto 54,55%, e os demais profissionais, 45,45%, não participaram de nenhum curso de pós-graduação, sendo distribuídos da seguinte forma:
• Mestrado, 1,82%, realizado na Unesp de Franca, concluído no ano de 1999.
• Especialização, 32,73%.
• Aperfeiçoamento, 5,45%.
• Aperfeiçoamento e especialização, 9,09%.
• Duas especializações, 1,82%.
• Cinco especializações, 1,82%.
• Especialização e aluna especial de mestrado, 1,82%
• Nenhum curso, 45,45%.

Visando complementar essas informações, acrescenta-se o período em que os 45 cursos já descritos foram realizados, e o maior porcentual, 80%, está concentrado de 2000 a 2005; 11% na década de 1990; e na segunda metade da década de 1980 estão 9%. Observa-se que nos últimos anos amplia-se a busca pela qualificação profissional, condizente com o contexto atual das desigualdades sociais, fruto das complexas relações capitalistas acirrando as expressões da questão social, foco da prática profissional. Por sua vez, responde às exigências do mercado de trabalho cada vez mais excludente.

A seguir, são registrados os temas centrais desses cursos e sua incidência.

Alerta-se para o fato de o mesmo profissional ter realizado mais de um curso e, portanto, mais de um tema.

Quadro 3 – Distribuição dos temas dos cursos de pós-graduação realizados pelos assistentes sociais

Temas Centrais	Incidências
Pedagogia – Educação Formal	8
Terapia Familiar (Sistêmica)	7
Administração – Recursos Humanos	8
Violência Doméstica	10
Políticas Sociais Públicas	4
Serviço Social – Metodologia Supervisão	3
Serviço Social Escolar	1
Saúde Mental / Psicoterapia	4
Total	45

Fonte: Pesquisa realizada com os assistentes sociais que atuam na área da Educação nos municípios paulistas, período 2005-2006.

Analisando a incidência das temáticas desses cursos, observou-se a seguinte relação em ordem decrescente:
1. Violência doméstica (10).
2. Pedagogia ou educação formal, juntamente com a temática administração e planejamento de recursos humanos (8).
3. Terapia familiar (7).
4. Políticas Públicas, com a mesma incidência da temática saúde mental (4).
5. Serviço social escolar, curso de aperfeiçoamento, incluindo conteúdos referentes à educação especial, educação inclusiva, questões do processo de ensino e aprendizagem, os Parâmetros Curriculares Nacionais (1).

As informações descritas apontam que a maior incidência dos cursos de pós-graduação frequentados pelos assistentes sociais que atuam na educação estão relacionados, em primeiro lugar, à temática que aborda a violência doméstica,[5] seguida dos conhecimentos

---
5 "Violência doméstica contra criança e adolescente é todo ato ou omissão praticado por pais, parentes ou responsáveis contra criança e adolescente. São classificadas como: violência física, sexual, psicológica" (Guerra, 2004). O Estatuto da Criança e Adolescente, Lei n.8.069 de 13/9/1990, coloca sob proteção a criança e o adolescente contra qualquer forma de maus-tratos e determina penalidade para quem pratica o ato e para quem se omite em denunciá-lo.

referentes à pedagogia, e, em terceiro lugar, à terapia familiar. Os cursos que tratam especificamente do serviço social e das políticas públicas, *lócus* prioritário de intervenção do serviço social, não são priorizados.

Relacionando essas informações com a prática profissional, observa-se que os motivos que justificam o interesse profissional por esses temas específicos visam responder às demandas/requisições postas para esses profissionais. Identificou-se que uma dessas demandas relaciona-se com a questão da violência doméstica, que implicitamente traz à tona situações relacionadas à dinâmica familiar.

A presença cotidiana de crianças e adolescentes nas unidades educacionais e a relação próxima entre os educadores e alunos tornam essas instituições locais privilegiados para a identificação de situações de violência doméstica. É, portanto, primordial que os profissionais que atuam nesse espaço institucional estejam preparados para identificar esse fenômeno sociofamiliar, assim como efetivar os devidos encaminhamentos.

O serviço social tem sido grande aliado na luta para que os índices de violência doméstica sejam reduzidos, efetivando ações de cunho preventivo e de acompanhamento das situações identificadas, intervindo no âmbito da família.

O interesse dos assistentes sociais pelos conhecimentos específicos da área da Pedagogia justifica-se pela área de atuação profissional, a educação, porém fica uma lacuna em relação à necessidade de o profissional conhecer a política de educação para interpretar seus meandros, visando criar estratégias que qualifiquem as respostas profissionais efetivadas nessa área.

A intervenção junto às famílias[6] é historicamente constituída como uma das atribuições do assistente social, e, conforme indicado pelos profissionais pesquisados, tem sido uma demanda institucional

---

6 Concepção de família, segundo a vertente sócio-histórica: "pessoas que convivem juntas, assumindo o compromisso de uma ligação duradoura entre si, incluindo a relação de cuidados entre adultos e deles com as crianças e idosos. A família se modifica de acordo com a realidade vivida, tendo relação com o contexto em que se insere, sofrendo alterações ao longo dos tempos" (Szymanski, 1992, p.15).

sempre presente no contexto da educação, o que justifica o interesse pelos cursos específicos de terapia familiar.

Na questão referente ao trabalho do assistente social com famílias, coexistem posicionamentos diferentes em relação às teorias que devem fundamentar essa prática. A utilização dos conhecimentos e até a aplicação da terapia familiar sistêmica têm sido largamente divulgadas. Amplia-se a participação de assistentes sociais nos cursos de terapia familiar: os dados desta pesquisa ilustram essa afirmação, sendo corroborado em outras pesquisas que investigam a prática profissional dos assistentes sociais.[7]

Entende-se que nos espaços das instituições educacionais não cabe uma intervenção profissional dos assistentes sociais com as famílias, na perspectiva terapêutica, conforme proposta pela terapia familiar, mas sim uma intervenção na relação da família com o Estado, especificamente por meio das políticas públicas. De acordo com os estudos de Mioto e Campos (2003), os sistemas atuais de proteção social, tanto em termos dos dispositivos legais como operacionais, referendam a centralidade da família nos programas sociais, especialmente a partir da década de 1990, sendo possível afirmar que no país temos uma orientação eminentemente "familista".[8]

Nesse sentido, é imprescindível que o assistente social, ao atuar com famílias, reconheça que nas últimas décadas, após ajuste estrutural, a família tem empobrecido e, consequentemente, vem diminuindo sua capacidade protetora. Portanto, é necessário estar atento para não "culpabilizar", mais uma vez, a família pelas questões sociais, mas aglutinar esforços visando à atenção pública, o que supõe investir na

---

7 Cf. Torres Mascarenhas (2006). Essa pesquisa destaca que 24,28% dos cursos de especialização realizados pelos assistentes sociais pertencentes ao cone leste paulista são na área de Terapia Familiar Sistêmica.

8 "Familismo, na expressão empregada por vários autores, em especial Esping-Andresen (1999) e Sacareno (1994), deve ser entendido como uma alternativa em que a política pública considera – na verdade exige – que as unidades familiares assumam a responsabilidade principal pelo bem-estar social. Justamente porque não provê suficiente ajuda à família, um sistema com maior grau de familismo não deve ser confundido com aquele que é pró-família" (Miotto; Campos, 2003, p.170).

construção de redes sociais que ofereçam apoio e recursos materiais, combinando investimentos na esfera material e orientações ético-culturais pertinentes às exigências que lhe são conferidas no terreno da produção e socialização dos indivíduos.

De forma geral, evidencia-se a preocupação dos assistentes sociais em adquirir conhecimentos específicos que lhes possibilitem qualificar a prática profissional desenvolvida e que não foram suficientemente abordadas no decorrer do processo de graduação. A compreensão de como esses cursos qualificam a ação desencadeada pelo serviço social na política de educação pode, inclusive, apontar conteúdos a serem incorporados na formação profissional. Essa questão está ancorada no debate profissional em relação à formação profissional, ou seja, se deve ser generalista ou especialista.

Ratifica-se o posicionamento de Netto ao afirmar sobre a importância de manter o perfil generalista da graduação, capaz de decifrar a realidade social, numa perspectiva crítica, e instituir a especialização como requisito para o exercício profissional. Essa posição:

[...] delineia a única solução que me parece assegurar o desenvolvimento da cultura profissional num sentido congruente com a direção social estratégica que se construiu na entrada dos anos 90: pode assegurar a qualificação para a intervenção localizada (ação focal) à base de uma compreensão estrutural de problemática focalizada. E é nessa alternativa, que se poder fundar consequentemente a noção de uma formação profissional contínua. (Netto, 1996, p.125)

Sob esse prisma, não há contraposição, e sim complementaridade entre a base generalista da explicação da realidade social e a capacitação especial dos profissionais que atuam em áreas específicas, conforme aponta Netto (1996). Ressalta-se que, no que se refere ao serviço social na área da Educação, tanto na graduação como na especialização, ainda são limitadas as oportunidades de debate teórico-prático acerca do serviço social nesse espaço sócio-ocupacional, nos mais diferentes níveis de atuação da política de educação pública.

EDUCAÇÃO E SERVIÇO SOCIAL 65

O conhecimento não é só um verniz que se sobrepõe superficialmente à prática profissional, podendo ser dispensado; mas é um meio pelo qual é possível decifrar a realidade e clarear a condução do trabalho a ser realizado. Nesta perspectiva, o conjunto de conhecimentos e habilidades adquiridos pelo assistente social ao longo do seu processo formativo são parte do acervo de seus meios de trabalho. (Iamamoto, 1998, p.63)

Partindo dessa premissa, considera-se que o conhecimento das políticas sociais e, especificamente, da política da educação qualifica a prática profissional do assistente social. Considerando esse aspecto, os sujeitos desta pesquisa foram questionados, nas entrevistas focais, a respeito do posicionamento dos assistentes sociais sobre essa questão. Foram unânimes em afirmar a importância do conhecimento da política de educação, nos diferentes níveis de governo, e sua influência na política de âmbito municipal. Destacaram a importância de conhecer as Leis de Diretrizes e Bases (LDB), os Parâmetros Curriculares Nacionais (PCN), as diretrizes políticas da educação básica, especificamente Educação Fundamental e Educação Infantil, e também os aspectos que tratam do financiamento da educação, como o Fundo de Manutenção e Desenvolvimento do Ensino Fundamental e de Valorização do Magistério (Fundef).

Acrescentaram ainda, como essencial, o conhecimento do Estatuto da Criança e do Adolescente (ECA), suporte jurídico de atenção a todas as crianças e adolescentes, conforme se pode perceber nos seguintes depoimentos:

> Necessariamente, para atuar na área da educação, nós temos que ter conhecimentos dos dispositivos legais. O próprio Estatuto da Criança e do Adolescente é o desdobramento da Constituição Federal, assim como a LDB. Não tem como desvincular a nossa ação desta questão. Inclusive em relação ao trabalho de formação, que nós realizamos na secretaria, também faz referência à legislação. Nós temos de nós apropriar do conhecimento da legislação e também de outros conhecimentos que fazem parte da política de educação. Toda ação dos educadores na escola está pautada nestas leis, então nós não temos como não conhecer esta regulamentação. (AS – P. Prudente)

Entendemos que o Serviço Social é uma disciplina ampla. Nós atuamos amplamente, só que agora, como selecionamos a educação para trabalhar, obviamente, devemos ter uma linguagem diferente. Eu acho que esta linguagem vem através do conhecimento desta legislação: a LDB, o ECA, que está em vários campos não só na educação. Também os Parâmetros Curriculares Nacionais, enfim, toda a política de educação, então você passa a discorrer melhor sobre o assunto e entender melhor a função do professor. (AS – Limeira)

Um dos depoimentos, descrito a seguir, evidencia a necessidade de os assistentes sociais interpretarem criticamente a LDB, compreendendo seus meandros, sua intencionalidade política, apontando até mesmo uma crítica aos profissionais, mostrando a necessidade de debater a lei, fator essencial que pode indicar estratégias de ação coletiva em prol dos interesses da criança, do adolescente – e da família –, que frequentam a escola pública.

Isto é algo que tenho questionado muito, é essa questão. [...] às vezes a gente não amplia muito a discussão. Precisamos perceber até que ponto a gente também não está a serviço da própria LDB, que a gente sabe que muitas vezes não está pensando na criança que está na escola. Ou seja, a LDB não está a serviço da criança que está na escola, mas tem outras intenções. (AS – Limeira)

No âmbito geral, os profissionais reconhecem a importância do conhecimento do ordenamento jurídico que fundamenta a política de educação. Como é possível observar nos depoimentos, as leis e documentos mais citados são: o ECA, a LDB e os PCN. Constata-se, entretanto, que há ainda uma imperiosa necessidade de aprofundar os conhecimentos dos assistentes sociais a respeito do arcabouço legal e ideológico da política de educação, que é ancorado na LDB, mas que não se restringe a ela, pois existem fatores que extrapolam sua dimensão legal, dentre eles estão:

[...] a expressão e disputa de interesses diferenciados e por vezes conflituosos; a arquitetura institucional que ganha certa autonomia nas dinâmicas e particularidades dos diferentes estabelecimentos da burocracia estatal e na relação entre as distintas instâncias governamentais; e o grau de organização e a capacidade de pressão e interferência das corporações e movimentos sociais. (Almeida, 2005, p.14)

O conhecimento do ordenamento jurídico que fundamenta a política de educação circunscreve-se como a etapa inicial do processo de análise que os profissionais precisam realizar para compreender a política de educação em sua totalidade, "não só como um aparato institucional legal e administrativo que se inscreve no âmbito do Estado, mas como espaço contraditório de disputas e que se altera histórica e politicamente mediante a ação dos sujeitos sociais" (ibidem). Assim, de acordo com os depoimentos dos sujeitos pesquisados, o conhecimento das legislações específicas e das diretrizes da política de educação e seus meandros são instrumentos imprescindíveis para o fortalecimento da prática profissional nesse espaço sócio-ocupacional, visando garantir a educação como direito social.

Fazendo um paralelo da inserção do assistente social na política de educação com a efetiva trajetória histórica do serviço social na política de saúde, verifica-se que o reconhecimento do serviço social, de sua contribuição efetiva nesse espaço sócio-ocupacional, firmou-se em decorrência do empenho em compreender a estrutura político-administrativa da política de saúde brasileira e do processo de envolvimento profissional nas lutas coletivas organizadas na saúde pública. A mesma compreensão precisa ocorrer com os assistentes sociais que atuam na política de educação, pois o:

> [...] saber, ao mesmo tempo em que se propõe como desvendamento dos nexos lógicos do real, se tornando então instrumento do fazer, propõe-se também como desvendamento dos nexos políticos do social, tornando-se instrumento de poder. (Severino, 1995, p.53)

Experiência profissional

Considerando que a formação profissional é um processo contínuo, construído também por intermédio de experiências concretas e reflexões teóricas, foi solicitado aos assistentes sociais que descrevessem as três últimas experiências profissionais. Do total de 55 assistentes sociais, 28% têm como primeira experiência profissional no serviço social o trabalho na área da Educação, e o restante, 72% realizaram trabalhos anteriores, em ordem decrescente, que se concentram nas seguintes áreas: Assistência Social, especialmente em prefeituras municipais; com Educação Especial, destacando-se a Associação de Pais e Amigos dos Excepcionais (Apae); e com o segmento criança e adolescente nas mais diferentes frentes de atuação, ou seja: adolescentes em conflito com a lei e em diversos projetos socioeducativos. Outras áreas com menor incidência são: Saúde Pública, Saúde Mental, Habitação, Empresa e Judiciário.

Com a intenção de avaliar a experiência profissional dos assistentes sociais, especificamente na área da Educação, questionou-se sobre o tempo que o profissional atua nessa área e observou-se a distribuição nos seguintes períodos:

• menos de um ano até dois anos, 29,10%;
• três a seis anos, 25,45%;
• oito a dez anos, 20%;
• doze a quatorze anos, 3,64%;
• quinze a dezesseis anos, 3,64%;
• dezessete a dezenove anos, 10,90%;
• não responderam essa questão, 7,27%.

Analisando esses dados, observou-se a incidência de contratação dos assistentes sociais na política de educação municipal no estado de São Paulo de acordo com os períodos, conforme segue: 10,90% foram contratados na década de 1980; 30,90%, na década de 1990; e 58,20%, no ano 2000 e seguintes. Assim, o maior índice de inserção profissional do assistente social na política de educação ocorreu nas décadas de 1990 e 2000, podendo inferir que as mudanças imprimidas na educação após o advento da Constituição Federal de 1988 e da LDB de 1996 influenciaram a ampliação de contratação desse profissional nesse espaço sócio-ocupacional.

As regulamentações jurídicas trazem mudanças no âmbito da educação, entre elas a transferência das creches da assistência social para a educação, a municipalização do Ensino Fundamental, a presença de projetos sociais no espaço escolar, a necessidade de ampliação da relação da escola com a comunidade, novidades que desencadeiam uma série situações que sobrecarregam os educadores e com as quais eles não conseguem lidar, questão que será problematizada no decorrer deste texto.

Complementando essa temática relacionada a informações sobre a formação continuada dos profissionais pesquisados, constata-se que, em relação à produção de conhecimentos, 16,37% deles não realizaram nenhuma produção científica, e a maioria, 83,63% possuem produções como artigos, comunicação oral, painéis, além de participação em eventos – dado que confirma a tendência desses profissionais em sintonizar-se com as instâncias de debate teórico da profissão.

Em relação à supervisão de estagiários de serviço social, verificou-se que apenas 27,28% dos assistentes sociais efetivam essa atividade profissional, portanto a maioria deles (72,72%) não realiza a supervisão de estagiários. Dentre os 15 profissionais que realizam a supervisão em serviço social, constatou-se o tempo que acumulam essa experiência, obtendo as seguintes escalas: a maioria, ou seja, 53,33%, realiza supervisão de estágio entre um e dois anos; 33,33%, entre quatro e cinco anos; e há mais de dez anos, 13,33%.

O estágio supervisionado é um momento privilegiado no processo de formação profissional do assistente social, pois representa a possibilidade de aproximação com a realidade cotidiana dos indivíduos sociais, associada à apropriação de conhecimentos teórico-metodológicos que orientam o exercício profissional. O assistente social supervisor de campo:

> [...] contribui com o aluno na particularização da problemática que envolve a ação profissional no tocante às especificidades dos organismos institu-

cionais, o que exige uma apropriação ao projeto acadêmico-pedagógico do curso e, em especial, às orientações adotadas no ensino da prática. (Iamamoto, 1992, p.206)

Ao efetivar o papel de educador, transmitindo conhecimentos e experiências, ocorre um processo de reflexão diante da realidade situada naquele determinado espaço sócio-ocupacional, exigindo do profissional supervisor uma avaliação constante dos limites e possibilidades institucionais e profissionais. Dessa maneira, enfrentar o desafio da supervisão exige uma aproximação mais efetiva do conhecimento científico, participando do processo de qualificação/capacitação desencadeado pelas instituições de ensino. O interesse e o empenho dos profissionais em relação ao exercício do papel de supervisor de campo têm duplo significado: contribuir com a formação profissional de futuros assistentes sociais e exercitar o processo reflexivo da prática profissional, qualificando-a diariamente.

Os 55 assistentes sociais foram abordados em relação à sua participação política em sindicatos, órgãos representantes da categoria profissional e conselhos de direito.

Evidenciou-se a participação de 29,09% dos sujeitos pesquisados nos Sindicatos dos Servidores Públicos Municipais e 34,55% nos órgãos representativos da categoria profissional Cress, restando, do total dos profissionais pesquisados, 36,36% que não participam.

A intenção de compreender a direção política da prática profissional desenvolvida pelos profissionais na área da Educação envolve a análise do grau de participação política especificamente nos conselhos de direito. Salienta-se que os conselhos de direito,[9] instâncias de exercício de

---

9 Conselhos de direito: "são considerados condutos formais de participação social, institucionalmente reconhecidos, com competências definidas em estatuto legal com objetivo de realizar o controle social de políticas públicas setoriais ou de defesa de direitos de segmentos específicos. Sua função é garantir, portanto, os princípios da participação da sociedade nos processos de decisão, definição e operacionalização das políticas públicas, emanadas da Constituição Federal. Ou seja: são instrumentos criados para atender e cumprir o dispositivo constitucional no que tange ao controle social dos atos e decisões governamentais" (Gomes, 1999, p.166).

experiência democrática, são espaço político em que o profissional tem oportunidade de lutar por ações afirmativas, oferecendo visibilidade ao projeto hegemônico da profissão, que está explicitado especialmente no Código de Ética Profissional, nas Diretrizes Curriculares para formação dos assistentes social e na lei que regulamenta a profissão.

A participação do assistente social nos conselhos, representando os segmentos ou instituições em que atua, possibilita ser o porta-voz dos interesses coletivos, construindo articulações e parcerias com diversos atores envolvidos, visando, em última instância, ampliar o acesso da população a seus direitos. Portanto, o interesse dos profissionais por essa participação revela o grau de envolvimento desses com o aspecto político de seu trabalho.

De acordo com os dados, constata-se que, do total de 55 assistentes sociais, 22 (40%) participam de algum conselho, sendo a frequência distribuída da seguinte forma:
- Conselho Municipal da Criança e do Adolescente: participam 21,82% dos profissionais.
- Conselho Municipal de Assistência Social: participam 10,90%.
- Conselho Municipal das Pessoas Portadoras de Necessidades Especiais: participam 1,82%.
- Conselho Municipal Antidrogas: participam 3,64% profissionais.
- Conselho Municipal de Educação: participam 1,82% dos profissionais.
- Não atuam em Conselhos de Direito, 60% dos profissionais.

Constata-se que ainda é pequena a participação dos assistentes sociais nas instâncias decisórias de poder, considerando a importância dessa contribuição, em razão da experiência social que possuem, podendo colaborar com a construção de uma cultura democrática, "condição indispensável para a emergência da contra-hegemonia e da resistência" (Iamamoto, 1998, p.143).

Os resultados da pesquisa confirmam a maior participação dos assistentes sociais nos Conselhos da Criança e do Adolescente e da Assistência Social, considerando a estreita relação da profissão com essas políticas sociais, ratificando o resultado da pesquisa sobre o perfil profissional do assistente social no Brasil, realizado em 2004, promovido pelo Cfess, que indica a concentração de 25,12% de profissionais participando de Conselho Municipal da Criança e do Adolescente e 35,45% de Conselho Municipal da Assistência Social.

O conselheiro assistente social exerce seu processo de trabalho num campo privilegiado de controle social e de apreciação de macropolíticas. Nessas condições, ao exercer a função de conselheiro, o desempenha fazendo uso de seu conhecimento específico já que lida com objetos que têm afinidades com os objetivos da sua profissão, qual sejam: a questão social e as políticas sociais relacionadas a essa questão. Desempenha o mandato utilizando-se de seus conhecimentos teórico-operativos pondo-os a serviço das causas e finalidades do conselho. A função de conselheiro, no caso do assistente social, contempla uma faceta do seu exercício profissional que é sua intrínseca dimensão política. Aliás, nos conselhos, o Serviço Social realiza de modo visível sua dimensão política, posto serem estes por excelência, *locus* de fazer política. (Iamamoto, 1998, p.124)

Dessa maneira, a ampliação da participação dos assistentes sociais nos Conselhos Municipais de Educação é primordial, desvelando informações coletadas por intermédio da investigação sistemática que retratem a realidade concreta dos usuários da política de educação, tornando públicas suas demandas e interesses. Outra contribuição importante do assistente social é a de motivar e mobilizar a participação de representantes da comunidade escolar nos conselhos de direito pertinentes, ampliando a presença ativa nos instrumentos legais de controle social.

Nesse sentido, é preciso que ocorra uma:

[...] reavaliação da dimensão política da prática profissional e de seu vínculo com a cidadania de classe e com o aprofundamento da democratização ampla da vida social que pode nos conduzir a novas luzes na efetivação de um exercício profissional de nova qualidade, que contribua para o processo de construção de um novo bloco histórico na sociedade, com a hegemonia daqueles que criam a riqueza e dela não se apropriam. (Iamamoto, 1992, p.130)

A interpretação do serviço social em relação à política de educação brasileira é uma referência fundamental para compreender os meandros da legislação vigente e os embates de sua concretização, identificando as possibilidades para efetivar uma prática profissional coerente com os princípios e diretrizes do projeto ético-político profissional na contemporaneidade.

3
A POLÍTICA DE EDUCAÇÃO BRASILEIRA: UMA LEITURA SOB A ÓPTICA DO SERVIÇO SOCIAL

> "A escola unitária requer que o Estado possa assumir as despesas que hoje estão a cargo da família, no que toca à manutenção dos escolares, isto é, que seja completamente transformado o orçamento da educação nacional, ampliando-o de um modo imprevisto e tornando-o mais complexo: a inteira função da educação e formação das novas gerações torna-se, ao invés de privada, pública, pois somente assim pode ela envolver todas as gerações, sem divisões de grupos ou castas."
>
> (Gramsci, 1991, p.121)

O conteúdo abordado neste capítulo é o substrato teórico e empírico que possibilita compreender, na perspectiva sócio-histórica, os determinantes da inserção e o processo de efetivação do exercício profissional do assistente social na política de educação pública nos municípios paulistas.

O reconhecimento dos espaços sócio-ocupacionais existentes na política de educação presentes nas entrelinhas das legislações que regulamentam essa política, ou na trama institucional dos diferentes níveis de ensino, só é possível por meio do conhecimento da organização estrutural e ideológica da educação, confrontando-o com a prática profissional efetivada na realidade concreta vivida pelos sujeitos sociais, assistentes sociais que atuam nessa área.

Tendo como princípio que é a partir da visão de mundo e de sociedade que construímos o agir pessoal e profissional, faz-se mister compreender a concepção de educação que permeia implicitamente o trabalho do assistente social nos municípios paulistas, conforme abordado no próximo item.

Percepções sobre as concepções de educação dos sujeitos pesquisados, fundamentadas no pensamento de Gramsci

Por seu profundo engajamento na luta de classes, as reflexões filosóficas e políticas de Gramsci centraram-se nas perspectivas de transformação da sociedade e os meios para essa transformação. Transparece facilmente em suas obras o imenso interesse com que tratou o conflito entre as diferentes classes sociais e, em particular, a questão do domínio da classe dirigente sobre as classes subalternas. Embora enfocasse diversos ângulos das relações sociais, suas reflexões tinham em comum a preocupação com o percurso histórico do homem visto sob o prisma do embate de diferentes estratos sociais ao longo do tempo, a desigualdade resultante do confronto dessas forças em seu próprio momento histórico e as formas de revertê-la.

Nesse percurso, em busca dos fatores que vieram a compor a realidade sociopolítica, Gramsci percebe que a escola e a educação, em seu sentido mais amplo, constituem suporte fundamental para a manutenção de um sistema de crenças, denominado por ele de senso comum, que legitimam a hegemonia de uma classe em relação a outra. No entanto, ao contrário da tendência de muitos pensadores marxistas de ver a escola apenas como reprodutora dos valores vigentes nos quais se insere, Gramsci indica a possibilidade de usar esse mesmo instrumento a favor da elevação do nível cultural das massas.

Apesar de refletir a ideologia dominante, a escola e a educação, em geral, constituem-se por excelência em veículo de disseminação de conhecimentos e ideologias, e é justamente aí que Gramsci vislumbra a possibilidade de intervir.

O autor considera que assim como a hegemonia da classe dominante ampara-se em mecanismos instituídos em organizações sociais da sociedade civil,[1] esses mesmos mecanismos, tão eficientes para a dominação das classes subalternas, poderiam amparar, por sua vez, um novo pensamento, uma nova ideologia que propagasse os interesses dessas classes subalternas, configurando-se, finalmente, como instrumento para seu benefício. Por consequência do esclarecimento cultural e educacional das grandes massas, inevitavelmente, haveriam transformações na ordem social, pois, cônscias de seu papel e importância, essas classes estariam aptas a subtrair-se à dominação.

Gramsci acreditava que a educação deveria ser conduzida, além do conhecimento das ciências e das técnicas produtivas, com o intuito de fornecer meios para a reflexão crítica do indivíduo a respeito das forças sociais que o envolvem. Vista dessa maneira, a educação atingiria seu ápice no ponto em que sua função seria instrumentalizar o indivíduo para o exercício de sua cidadania, capacitando-o para entender-se, não como espectador ou objeto de manipulação, mas como partícipe dos fenômenos sociais e com poder de deliberar sobre eles. Em outras

---

1 A sociedade civil, no pensamento gramsciano, apresenta-se como o "conjunto dos organismos chamados 'privados' e que corresponde à função de hegemonia que o grupo dominante exerce sobre toda a sociedade" (Gramsci, 1977, p.1518). É importante esclarecer que "privado" "não aparece em contraposição ao que é público, nem nega o caráter de classe desses organismos e suas diferentes formas de expressão, à medida que a sociedade civil não é um espaço homogêneo, mas permeado por contradições" (Simionatto, 2001, p.12). Gramsci (1977, p.1519) chama de sociedade política os elementos convencionalmente identificados como aparelhos coercitivos do Estado, conforme ele mesmo afirma: o "aparelho de coerção estatal assegura legalmente a disciplina dos grupos que não consentem nem ativa nem passivamente, mas que é constituído para toda sociedade, na previsão dos momentos de crise no comando e na direção, nos quais fracassa o consenso espontâneo". Gramsci compreende o Estado como espaço de lutas por interesses antagônicos e de legitimação de luta pela hegemonia, constituídos da sociedade civil e sociedade política denominado de "Estado ampliado".

palavras, a educação pode proporcionar a construção de um corpo social autocrítico capaz de se autorregular e prover suas próprias necessidades em prol não apenas de uns poucos, mas de toda a sociedade. Ao trilhar esse caminho, partindo de uma educação de cunho humanista, mas fundamentada no mundo do trabalho e concretizada na prática social, Gramsci entendia que o homem estaria, então, mais próximo da noção de liberdade e tudo que esse conceito acarreta para a humanidade.

O pensamento gramsciano é estruturado no princípio de que as condições de existência do homem em sociedade são determinadas por uma série de fatores históricos, políticos e econômicos que estabelecem complexas relações sociais. Em meio a essas relações, possivelmente a mais importante é a dinâmica sociedade civil e sociedade política, por reverberar tão fortemente em todos os níveis da vida em sociedade. Por isso, esclarecer o exercício de direitos e deveres, polos basilares do conceito de cidadania, deve, de acordo com o pensamento gramsciano, passar inevitavelmente pelo contexto educacional.

Diante dessa referência teórica, é possível identificar três vertentes de concepções de educação dos profissionais pesquisados, tendo como premissa que os constructos teóricos são constituídos por concepções adquiridas por meio das vivências formais e informais das várias dimensões da experiência humana e, geralmente, podem desencadear comportamentos e atuações no mundo real. Por esse motivo, torna-se pertinente a observação de conceitos e ideias descritas por assistentes sociais sobre educação, em busca de uma noção que oriente o entendimento acerca da práxis no contexto real.

Registra-se a complexidade da questão, uma vez que a própria atuação desses profissionais reflete seu percurso histórico, cujas concepções sinalizam abordagens sujeitas a inúmeras variáveis, como, entre outras, as de natureza pessoal, cultural, regional. Como sujeitos sociais, sua práxis dialeticamente exterioriza sua condição particular.

Na primeira vertente encontram-se concepções de educação que mais se aproximam da visão gramsciana, na qual se manifesta o entendimento da educação como o encadeamento de consciência da situação com a ação prática modificadora, conforme ilustram as descrições a seguir:

Educação é na prática o que possibilita instrumentalizar o indivíduo para o desenvolvimento de potencialidades, habilidades e apropriação de conhecimentos, que lhe possibilitem alcançar níveis cada vez mais elevados de crítica, criatividade e autonomia reconhecendo seu valor e capacidade de agir e transformar a realidade, com vistas à melhoria da sua qualidade de vida e da sociedade. (AS – São José dos Campos)

Educação tem um sentido amplo, porém o foco central é a formação de sujeitos capazes de entender o que se passa à sua volta, indivíduos críticos, com conhecimentos diversos, capazes de mudar a situação à sua volta. (AS – Borebi)

Ressalta-se que são relativamente poucos os profissionais que expressaram essa perspectiva crítica da educação, demonstrando a necessidade de maior aprofundamento teórico sobre as diferentes posições ideológicas que influenciam a prática educativa desencadeada nas unidades educacionais, para que seja possível compreender o posicionamento que mais se aproxime dos princípios ético-políticos do projeto profissional do assistente social.

A segunda vertente identificada relaciona a concepção de educação a uma perspectiva legalista, evidenciando-a especialmente como um direito social de todos os cidadãos e um dever do Estado:

A educação é um direito de todos os cidadãos e um dever do Estado, e com isso tanto a família quanto o Estado devem dar essa garantia, ajudando no desenvolvimento de cada indivíduo, principalmente das crianças que são seres em plena formação. (AS – Dracena)

A educação é um direito que deveria ser disponibilizado igualmente para todos e em todos os níveis, porém devido à problemática que envolve as políticas públicas atualmente vem sendo promovida apenas para dizer que há, sem se prender à real necessidade da educação global para se ter uma população mais culta e educada. (AS – Leme)

Essa perspectiva pode estar relacionada ao arcabouço ético-político do serviço social, sobretudo das últimas décadas, que demarca a luta árdua pela garantia de direitos, em defesa da cidadania e das políticas públicas.

Constatam-se, na terceira vertente de concepções de educação, os ecos dos valores humanistas tradicionais nos quais a educação e a cultura são valores idealizados e abstratos e sua aquisição não vislumbra ações concretas, revelando, desse modo, uma ruptura entre pensamento e ação, posição percebida nas descrições dos assistentes sociais explicitadas a seguir:

> Educar é um processo contínuo em que se desenvolvem as capacidades e habilidades do ser humano. (AS – Limeira)

> Educar é humanizar. Isso significa que realizar um trabalho com alunos que desenvolva competências necessárias para a vida em sociedade não é só ler e escrever. As atividades que as crianças vivenciam na escola possibilitam a formação de vínculos pessoais que serão fundamentais para a construção da identidade e da autonomia, além de muitos outros benefícios que serão essenciais para toda a vida. (AS – Garça)

A separação, ou mesmo distância, entre educação e realidade social e/ou material que pode ser divisada nessas concepções foi fortemente enraizada ao longo do tempo e permanece na atualidade em razão do fato de elites de todas as épocas procurarem manter para si o monopólio da cultura enquanto delegavam às outras classes o trabalho físico. O início dessa tradição de ruptura entre educação e trabalho pode ser exemplificado pela Grécia antiga, onde o trabalho foi entregue aos escravos e às classes inferiores da sociedade, enquanto os de classe abastada podiam entregar-se a estudos e reflexões. Mais tarde, a igreja cristã, que sempre teve um papel extremamente ativo na educação, quando conciliou evangelização e cultura, contribuiu para essa dissociação, ao transmitir a ideia da educação mais voltada para valores espirituais do que materiais.

Gramsci, entretanto, estabeleceu um diálogo entre esfera material – dimensão do trabalho – e esfera cultural – dimensão educacional, com seus valores sociais, intelectuais e éticos. Para ele, a solução da problemática humana conteria um amálgama das duas esferas, despojadas de seus respectivos exageros. Assim como se posicionou contrariamente à ideia de trabalho como automatismo, designou à formação humanista o papel de elucidar ao homem sua trajetória sócio-histórica, para que esse pudesse, além de assumir seu lugar junto às forças produtivas, apropriar-se de conhecimentos que mostrassem o significado desse lugar no mundo e para o mundo.

Para Gramsci (1979, p.118), a educação oferecida pela escola deveria ser "de cultura geral, humanista, formativa, que equilibre de modo equânime o desenvolvimento da capacidade de trabalhar manualmente (tecnicamente, industrialmente) e o desenvolvimento das capacidades de trabalho intelectual", ou seja, a educação como força atuante e profundamente envolvida na vida em sociedade.

Sabemos que inúmeros problemas sociais que atingem os alunos se refletem na escola. Todavia, cabe aos órgãos públicos prover a permanência desses alunos na escola, uma vez que, de acordo com o Estatuto da Criança e do Adolescente (ECA), toda criança e adolescente tem o direito à educação, visando o pleno desenvolvimento, preparo para o exercício da cidadania e qualificação para o trabalho. Percebe-se que, atualmente, o sistema de ensino público enfrenta grandes desafios a serem vencidos, como: baixo rendimento escolar, vulnerabilidade às drogas, desinteresse pelo aprendizado, evasão escolar e comportamento agressivo.

Diante desses fatos, o papel do assistente social na Secretaria de Educação é o de realizar ações e intervenções comprometidas com valores que dignifiquem e respeitem os educandos em suas diferenças e potencialidades, sem discriminação de qualquer natureza, por meio do apoio e de orientação não somente aos alunos, como à sua família e ao corpo docente, em busca de melhores opções para o sucesso no processo de aprendizagem e de integração escolar e social.

A seguir, pretende-se adentrar no conhecimento da estrutura, da organização da política de educação brasileira com o intuito de entender a dinâmica político-administrativa em todos os âmbitos de governo, pois o entendimento da forma de trabalho do assistente social relaciona--se com um conjunto de determinantes, dentre eles a peculiaridade da estrutura das organizações, seu quadro normativo, políticas e relações de poder, recursos humanos, materiais e financeiros, além de outros, que interferem no desenvolvimento do trabalho profissional.

A organização dos sistemas de ensino federal, estadual e municipal

De acordo com Dermeval Saviani (1987), existem três condições básicas para a construção do sistema educacional: o conhecimento dos problemas educacionais de determinada situação histórico-geográfica, o conhecimento das estruturas da realidade e uma teoria da educação. Isto é: formular uma teoria da educação indica a intencionalidade coletiva da ação que orienta seus objetivos e meios, sendo essa a condição primordial para realizar a passagem da intencionalidade individual à intencionalidade coletiva.

Considerando essa linha argumentativa, Libâneo et al. (2002) apontam que o Brasil ainda não possui um sistema de ensino em razão da falta de articulação entre os vários sistemas de ensino existentes nas esferas administrativas federal, estadual e municipal.

A Constituição Federal de 1988, em seu artigo 211, institui o regime de colaboração, porém não ocorreu a necessária articulação entre os sistemas de ensino. Ainda, segundo Libâneo et al. (2002), isso ocorre em virtude de a construção histórica da política de educação no país ser de competição e não de colaboração entre os vários âmbitos governamentais.

Na Lei de Diretrizes e Bases (LDB/96), o termo "sistema" refere-se à administração, em diversas esferas: sistema de ensino federal, estadual e municipal, confirmando a tese de Libâneo de não existir um sistema de ensino, mas apenas estruturas administrativas referidas na lei.

De acordo com o artigo 8° da LBD/96, que regulamenta o artigo 211 da Constituição Federal, fica estabelecido que a União, os estados, o Distrito Federal e os municípios devem organizar, em regime de colaboração, os respectivos sistemas de ensino.

Cabe à União coordenar a política nacional de educação, articulando as diferentes instâncias e sistemas e exercendo função normativa, redistributiva e supletiva em relação às demais instâncias educacionais, e os municípios podem optar pela integração ao sistema estadual de ensino ou pela composição de um sistema único de educação básica (Ensino Fundamental e Médio).

Nas diferentes esferas, existem os seguintes órgãos administrativos:
• Federais: Ministério da Educação (MEC); Conselho Nacional de Educação (CNE).
• Estaduais: Secretaria Estadual de Educação (SEE); Conselho Estadual de Educação (CEE); Delegacia Regional de Educação (DRE) ou Subsecretaria de Educação.
• Municipais: Secretaria Municipal de Educação (SME); Conselho Municipal de Educação (CME).

Ainda segundo a LDB/96, a educação escolar brasileira compõe-se das seguintes etapas: Educação Básica (Educação Infantil, Ensino Fundamental e Ensino Médio) e Educação Superior. Apresenta também modalidades de educação: Educação de Jovens e Adultos; Educação Profissional; Educação Especial; Educação Indígena.

A distribuição de responsabilidade nas diferentes instâncias de governo, conforme a lei n.9.394/96, é a seguinte:
• Educação superior: União, estados e iniciativa particular.
• Ensino médio: União, estados, municípios e particular.
• Ensino fundamental: União, estados, municípios e particular.
• Educação infantil: União, municípios e particular.

É importante registrar que a Constituição Federal de 1988, em seu artigo 24, atribui à União, aos estados e ao Distrito Federal legislar concorrentemente sobre educação, cultura, ensino e desporto, excluindo dessa atribuição os municípios. Estabelece, ainda, que compete às três esferas administrativas proporcionar os meios de acesso à cultura, à educação e à ciência.[2]

---

2 O sistema federal de ensino compõe-se das seguintes instituições mantidas pela União: universidades federais; instituições isoladas de Ensino Superior; centros federais de Educação Tecnológica; estabelecimentos de Ensino Médio; escolas técnicas federais e agrotécnicas; escolas de Ensino Fundamental e Médio, vinculadas às universidades (colégios de aplicação); Colégio Pedro II e instituições de Educação Especial, de acordo com o Ministério da Educação e do Desporto, em 2006.

O órgão líder e executor do sistema federal de educação é o MEC, que desenvolve atividades relacionadas a diferentes áreas de ensino e possui diversos órgãos administrativos ligados diretamente ao ministério, destacando-se o Conselho Nacional de Educação (CNE), órgão colegiado que normatiza o sistema.

Destaca-se que uma das orientações da Constituição Federal vigente, artigo 214, referendada pela LDB/1996, diz respeito à elaboração pela União do Plano Nacional de Educação (PNE), com "diretrizes e metas para os dez anos seguintes, em sintonia com a Declaração Mundial de Educação para todos" (LDB/96, artigo 87).

O PNE, Lei n.10.172, de 9 de janeiro de 2001, compõe o novo arcabouço legal da política de educação brasileira, capaz de imprimir novos rumos à educação. Todavia, a legislação, além de expressar o conflito de interesses em disputa, por meio dos poderes constituídos na sociedade brasileira, por si só não assegura que as modificações venham ser incorporadas ao sistema educacional. Para que isso ocorra é necessário o investimento do poder público na política de educação, o que deve ser exigido por parte da sociedade.[3]

É primordial ressaltar que a política nacional de educação, por meio do MEC, tem o princípio da inclusão como norteadora das políticas públicas.

---

3 A ideia de organizar um plano nacional de educação surgiu em 1932, com a mobilização de um grupo de educadores que lançou um manifesto ao povo e ao governo que ficou conhecido como "Manifesto dos Pioneiros da Educação", que propunha uma ampla reconstrução educacional. O documento teve grande repercussão e motivou a mobilização visando a inclusão na Constituição Federal de 1934 de um artigo que tratava da necessidade de fixar um plano nacional de educação. Na Constituição Federal de 1988, depois de uma trajetória de tentativas de efetivar esse plano, ressurgiu a ideia de um plano nacional de educação de longo prazo, com força de lei, capaz de conferir estabilidade às iniciativas governamentais na área da Educação. Foi aprovado pelo Congresso Nacional com a Lei n.10.172 de 9 de janeiro de 2001, o Plano Nacional de Educação para o período de 2001 a 2010. Esse plano resultou do embate de dois projetos de lei, o do MEC e o da sociedade, que foi aprovado em plenária no II Congresso Nacional de Educação (Coned), que ocorreu em Belo Horizonte (MG) em novembro de 1997.

A educação inclusiva é uma abordagem que procura responder às necessidades de aprendizagem de todas as crianças, jovens e adultos, com um foco específico naqueles que são vulneráveis à marginalização e exclusão. Nesta perspectiva, entendemos que o desenvolvimento de sistemas educacionais inclusivos no qual as escolas devem acolher todas as crianças, independente de suas condições físicas, intelectuais, sociais, emocionais, linguísticas e outras, representam a possibilidade de combater a exclusão e responder às necessidades dos alunos. (Dutra, 2005)

Esse novo paradigma perpassa o sistema educacional em todas as instâncias governamentais e em todos os âmbitos de ensino, visando efetivar as diretrizes da educação para todos, meta das últimas décadas no Brasil, que corresponde aos preceitos dos acordos internacionais, com vistas à universalização do acesso à educação, resultando no aumento significativo do número de matrículas de crianças e adolescentes em idade escolar.[4]

É importante lembrar, no entanto, que a quantidade não traduz por si só a qualidade, situação que vem ocorrendo na escola pública. O Sistema Nacional de Avaliação da Educação Básica (Saeb)[5] do MEC demonstrou que entre 1995 e 2001 o desempenho dos alunos vem diminuindo, tanto no Ensino Fundamental como no Ensino Médio (Brasil 2001). Nas provas de matemática e português, os alunos não chegaram a dominar 50% das competências esperadas e metade dos alunos do quarto ano foi considerada incapaz de ler um texto simples.

---

4 De acordo com o Informe dos Resultados comparativo do Saeb 1995, 1997 e 1999, verificamos que no Brasil, nas últimas décadas, há um aumento significativo das matrículas no ensino fundamental, nível constitucional obrigatório e gratuito. Segundo esse informativo, em 1970 a cobertura era de 16 milhões de alunos; em 2000, mais de 35 milhões (Brasil, 2000).

5 Sistema de Avaliação da Educação Básica (Saeb), criado em 1990 por iniciativa do Instituto Nacional de Estudos e Pesquisas Educacionais (Inep); órgão subordinado ao MEC, o Saeb tem como objetivo acompanhar a qualidade do ensino das escolas públicas e particulares de todo o país. Por meio de testes, realizados a cada dois anos e aplicados a uma amostra populacional, avalia-se o rendimento dos alunos.

Conforme afirma Azevedo (2002), o crescimento quantitativo das oportunidades de acesso à escola pública, na medida mesmo em que possibilitou que significativos contingentes de alunos das camadas populares a frequentassem, trouxe como problemática fundamental a precariedade da qualidade do ensino fundamental e consequente impropriedade das políticas educacionais que têm sido implementadas para equacionar os problemas da repetência, da evasão e do desempenho – enfim, da garantia de processos efetivos de escolarização que combatam as deficiências educacionais (Azevedo, 2002).

A questão da qualidade do ensino certamente envolve diversos fatores, especialmente relacionados à própria estrutura da política de educação, ou seja, os salários, as condições de trabalho, incluindo a formação dos educadores. No entanto, numa óptica social, é preciso destacar que a universalização da educação ampliou a presença de grupos sociais diversificados, além do desafio da inclusão de alunos com necessidades educacionais especiais em classes comuns, atendendo à legislação educacional em vigor, e os educadores, e a própria estrutura educacional, não estavam preparados para atender a essa condição de trabalho.

Nesse aspecto, os projetos pedagógicos das escolas e a postura dos educadores devem adaptar-se a essa nova realidade comunitária, a esse novo perfil dos usuários das escolas públicas, dando ênfase à interdisciplinaridade para a compreensão do universo cultural e social dos alunos e de suas famílias, aspecto que interfere significativamente no sucesso escolar.

Esse contexto gerou novas demandas para as unidades educacionais que extrapolam a prática pedagógica, levando a escola a buscar novas parcerias com atores sociais que trouxessem competências complementares às competências do magistério, de modo a contribuir com os conteúdos interdisciplinares dessas demandas.

Na intercessão entre a educação, considerando os princípios e diretrizes que fundamentam as legislações atuais, e as expressões da questão social, marcadas pela gritante desigualdade social presente na sociedade brasileira, que atravessam as instituições educacionais, vislumbra-se um espaço sócio-ocupacional para o serviço social. Esse profissional, que compõe a equipe de educadores, poderá contribuir significativamente para dirimir obstáculos que dificultam a educação inclusiva, no sentido mais amplo que esse termo pode encerrar, ou seja, a inclusão social.

A configuração da política de educação brasileira

Foi apontada, pela unanimidade dos profissionais que participaram das entrevistas focais, a importância do conhecimento da política de educação para a realização do trabalho do assistente social nas unidades educacionais municipais, independentemente do grau de ensino em que efetiva sua prática, conforme afirma o depoimento:

> Nós temos que nos apropriar do conhecimento da legislação existente e também de outros conhecimentos que fazem parte da política de educação. O assistente social, para atuar numa determinada política social, tem por obrigação conhecer aquela determinada política; é o mínimo de conhecimento que ele precisa ter. (AS – Presidente Prudente)

Para compreender a política de educação brasileira é necessário considerar as mútuas determinações existentes na sociedade, ou seja, as questões referentes aos condicionantes econômicos, sociais, políticos e culturais globais, para então analisar a operacionalização da política de educação nas diferentes etapas de ensino, e mais especificamente nas unidades escolares.

No Brasil, as particularidades do sistema capitalista vão estar expressas na sua inserção no chamado mundo globalizado – numa condição de dependência e subalternidade e na extrema disparidade de renda entre as classes sociais que coloca significativa parcela da população vivendo em condições precárias de vida. (Sant'Ana, 2000, p.73)

Cabe ressaltar que essa lógica do capital implica modificações sociais com várias consequências – entre elas a redução dos postos de trabalho, o desemprego estrutural – que incidem sobre o acirramento das expressões da questão social. Esse processo afeta o cotidiano da vida dos trabalhadores em todas suas dimensões. Dessa maneira, é essencial analisar as influências exercidas pelo ideário neoliberal na educação, especificamente.

No Brasil, a educação é um direito reconhecido desde o século XIX, com a inscrição da obrigatoriedade do ensino primário na Constituição Federal de 1824, que definiu a gratuidade da instrução primária para todos os cidadãos. Todavia,

[...] numa sociedade em que a maioria da população é constituída por escravos, a restrição da concessão do Direito à Educação se dará pela definição de cidadania. Tratava-se ainda de um preceito apenas formal, porquanto havia o domínio da Igreja Católica sobre o sistema educacional que era destinado em geral à formação dos seus próprios quadros e das elites. (Portela, 1995a, p.69)[6]

Avançando no processo histórico para os dias atuais, a educação continua assumindo um papel de destaque no panorama das políticas sociais brasileiras, especialmente a partir da década de 1990.

Para situar historicamente a educação é preciso revisitar o processo histórico vivido nas últimas décadas no Brasil. A década de 1980, considerada sob o prisma econômico, por vários economistas, como a década perdida – em razão do processo de empobrecimento crescente sofrido pelos países da América Latina –, no que tange ao aspecto social foi palco de uma intensa mobilização política que marca o fim do regime autoritário no Brasil. No campo educacional, essa mobilização resultou na inscrição da educação como direito social na Constituição Federal de 1988, considerada a constituição cidadã, termo utilizado por Ulisses Guimarães.

Cabe ressaltar a análise de Vieira (2001), segundo a qual a Constituição Federal Brasileira de 1988 trata, no artigo 208, parágrafos 1° e 2°, a educação como direito subjetivo, ou seja, a sociedade tem o

---

6 Para análise da trajetória do direito à educação nas constituições brasileiras, verificar tese de doutorado intitulada *Educação e cidadania*: o direito à educação na Constituição de 1988 (Portela, 1995a).

direito de requerer do Estado a prestação desse dever, trazendo como consequência a possibilidade de responsabilizar a autoridade competente caso a lei não seja efetivada.

Essa importante mudança de paradigma jurídico, isto é, a educação reconhecida constitucionalmente como direito social, aponta para a contribuição que o serviço social pode oferecer nessa política social, considerando que a profissão tem a luta pelos direitos sociais e ampliação e consolidação da cidadania[7] como um de seus princípios estabelecidos em seu projeto ético-político profissional. Portanto, o assistente social pode unir esforços com os profissionais da educação, facilitando o acesso e a permanência dos alunos nas instituições educacionais, dirimindo obstáculos atinentes às relações sociais presentes na vida cotidiana[8] dos usuários da escola pública e de seus profissionais.

Na década de 1990, a política de educação brasileira, sintonizada com a política econômica, sofre os reflexos dos ditames do pensamento neoliberal que define os pressupostos da educação, especialmente nos países de economia dependente, como é o caso do Brasil.

Redescobre-se a centralidade da educação e a ela é conferido um lugar privilegiado nos processos de reestruturação produtiva, no desenvolvimento econômico e para a inserção de grande parte da força de trabalho.

De certo modo, há que se destacar, o processo de valorização da educação vem se mostrando impregnado por uma concepção alicerçada

---

7 Um dos Princípios Fundamentais do Código de Ética Profissional do Assistente Social: "Ampliação e consolidação da cidadania, considerada tarefa primordial de toda sociedade, com vistas à garantia dos direitos civis, sociais e políticos das classes trabalhadoras". Código de Ética do Assistente Social – Resolução Cfess n.273, de 13/3/1993.

8 Vida cotidiana: "é a vida do homem inteiro; ou seja, o homem participa na vida cotidiana com todos os aspectos de sua individualidade, de sua personalidade. Nela colocam-se 'em funcionamento' todos os seus sentidos, todas as suas capacidades intelectuais, suas habilidades manipulativas, seus sentimentos, paixões, ideias, ideologias. O fato de que todas as suas capacidades se coloquem em funcionamento determina também, naturalmente, que nenhuma delas possa realizar-se, nem de longe, em toda a sua intensidade" (Heller, 1972, p.17).

nos pressupostos da economia, ou seja, educar para a competitividade, educar para o mercado, educar para incorporar o Brasil no contexto da globalização. Essa visão restrita acabou por deixar de lado muitos dos valores que anteriormente vinham informando o fazer educacional: educar para a cidadania, educar para a participação política, educar para construir cidadania, educar para a participação política, educar para construir cultura, educar para a vida em geral. (Barone, 2000, p.8)

Diante dessa situação, é essencial retomar o posicionamento de Gramsci ao afirmar que o caminho em direção à mudança aponta inexoravelmente a necessidade de transformação das instituições da sociedade civil, a fim de que essas, por sua vez, produzam o que o teórico sardo definiu como "contra-hegemonia", isto é, um consenso ideológico que desenvolvesse uma nova cultura do e para o proletariado. Nesse sentido, é necessário vislumbrar, na centralidade que a educação ocupa nos tempos atuais, um importante espaço de luta. Considerando as contradições presentes nas relações sociais, os profissionais envolvidos na política da educação precisam estabelecer estratégias visando à construção da educação como um processo de libertação. Saviani (1991, p.51) indica, no trecho a seguir, essa posição:

[...] a determinação da sociedade sobre a educação não retira da educação a margem de autonomia de retroagir sobre o funcionamento da sociedade. Assim, ainda que determinada pela sociedade, a educação pode exercer determinados influxos sobre a sociedade no sentido de criar certas condições que auxiliam o processo de transformação da própria sociedade.

Nesse momento histórico há um amplo debate realizado por diferentes segmentos da sociedade civil, e que vem se materializando por meio de diferentes propostas e políticas educacionais governamentais, articuladas em torno dos pressupostos amplamente divulgados pelos organismos internacionais, como Banco Mundial, Centro de Estudos para a América Latina (Cepal), Organização das Nações Unidas (ONU), Organização das Nações Unidas para a Educação, a Ciência e a Cultura (Unesco).

As determinações que direcionam as políticas públicas são expressas pelos organismos internacionais, especialmente o Fundo Monetário Internacional (FMI) e o Banco Mundial, tendo como fonte inspiradora o modelo neoliberal e, segundo Barone (2000), estão pautadas pelos seguintes mecanismos: o caráter indutor; a ênfase em um comportamento mimético, quando sugere que modelos considerados bem-sucedidos em outros países sejam repetidos; a busca de respaldo na comunidade acadêmica, produtora de conhecimentos. Tem como eixo a educação básica, considerada central para a inserção dos países em desenvolvimento no cenário global.

A educação está baseada na geração de capital humano para o novo desenvolvimento, por meio de um modelo educativo destinado a transmitir habilidades formais de alta flexibilidade, ou seja, trabalhadores mais adaptáveis, com capacidade de aprender novas habilidades, condições que podem ser adquiridas com a educação básica.

As mudanças no mundo do trabalho, em decorrência das transformações no processo produtivo, resumidas no mote da "acumulação flexível",[9] que em última instância se preocupa fundamentalmente com o lucro por meio do controle da força de trabalho, exige mudanças na formação profissional, criando um novo paradigma da "empregabilidade".[10]

Nesses pressupostos, conforme foram descritos, estão presentes os conceitos de "capital humano"[11] e de "sociedade do conhecimento"

---

9 Segundo Antunes (1998, p.81), "um processo produtivo flexível que atenda esta ou aquela demanda com mais rapidez, sem aquela rigidez característica de produção em linha de montagem do tipo fordista [...] Um sistema de produção flexível supõe direitos do trabalhador também flexíveis, ou de forma mais aguda, supõe a eliminação dos direitos do trabalho".

10 Empregabilidade: "necessidade crescente de qualificar-se melhor e preparar-se mais para conseguir trabalho. Parte importante do tempo livre dos trabalhadores está crescentemente voltada para adquirir 'empregabilidade', palavra fetiche que o capital usa para transferir aos trabalhadores as necessidades de sua qualificação, que anteriormente eram em grande parte realizadas pelo capital" (Antunes; Alves, 2004, p.6).

11 Capital humano: para Paul Singer (1996), essa abordagem "capital humano", por ele denominado produtivista, enfatiza a educação como uma peça da complexa engrenagem do mercado capitalista e, embora não negue a necessidade de sua universalização, prefere que ela resulte da livre preferência dos indivíduos e menos da ação do poder público.

cuja crítica contundente encontra-se em Frigotto (1995), Gentili (1995 e 1998), entre outros. Pino (2002, p.77) descreve com precisão essa relação do seguinte modo:

> [...] a formação profissional tem sido vista como uma resposta estratégica, mas polêmica, aos problemas postos pela globalização da economia, pela busca da qualidade e da competitividade, pelas transformações no mundo do trabalho e pelo desemprego estrutural. Vários estudos afirmam que a inserção e o ajuste dos países dependentes ao processo de globalização e de reestruturação produtiva, sob uma nova base científica e tecnológica, dependem da educação básica, de formação profissional, qualificação e requalificação.

Nesse sentido, o referido autor analisa que não basta a formação profissional, pois existe um contingente de trabalhadores mal pagos e não qualificados, que são utilizados visando a flexibilidade das empresas. Porém, os ditames do mercado são os pressupostos que fundamentam a política de educação brasileira, conforme análise de diversos educadores, como Frigotto (2002), Gentili (1995), Saviani (2002), Pino (2002), entre outros, que indicam que as modificações na estrutura da educação brasileira, organizadas na reforma educacional, acontecem no bojo da implementação de uma série de políticas que visam estabelecer as relações favoráveis às mudanças no padrão de acumulação dos países de Terceiro Mundo.

Nesse contexto, os organismos internacionais como o FMI e o Banco Mundial ganham maior visibilidade ao tentar definir determinadas políticas econômicas para os países pobres e estabelecer mundialmente princípios jurídico-políticos e padrões socioculturais.

O Banco Mundial, desde os anos de 1970, assume:

> [...] um perfil mais político e buscando um papel de coordenação ao desenvolvimento sustentado interdependente; deste modo, movido pelo receio de que o crescimento descontrolado da pobreza no terceiro mundo pudesse representar uma ameaça aos países desenvolvidos, foi se constituindo como uma das principais agências de financiamentos para projetos sociais, voltados ao combate da pobreza, por meio da educação, da saúde e da agricultura. (Fonseca, 1999, p.93)

A partir da década de 1990, a prioridade do Banco Mundial volta-se para a educação básica, conforme consenso da Conferência Mundial de Educação para Todos, em Jomtien, Tailândia, em 1990, o que justifica o foco, a prioridade do governo brasileiro na educação básica. Em todo esse processo, a educação, além de tender a ser deslocada para o âmbito do mercado, depara com novos desafios, passando a ser destacada como instrumento-chave de sobrevivência dos indivíduos e dos países na chamada era da competitividade mundial.

Visando responder à necessidade de qualificação do trabalho e permitir aos países pobres a inserção no mundo globalizado, no final do século XX, a educação passa a ser prioridade no cenário internacional e, a partir dos anos 1990, vários eventos mundiais reforçam a posição estratégica da educação.

Têm destaque alguns eventos internacionais, dos quais o Brasil é consignatário, vinculando à educação a condição de meio fundamental para o progresso pessoal, social, econômico e cultural, bem como fonte de renovação tecnológica, ferramenta para a formação de recursos humanos em consequência da demanda das transformações produtivas:

• Conferência Mundial de Educação – Jomtien, Tailândia (1990).
• Cúpula de Nova Délhi – Índia (1993).
• Conferência Nacional de Educação para Todos – Brasil (1994).
• VI Conferência Ibero-Americana da Educação – Chile (1996).

Diante dessas determinações internacionais, e visando regulamentar a Constituição Federal de 1988, a reforma educacional brasileira tem como marco importante a aprovação da nova LDB, Lei n.9.394, de 20 de dezembro de 1996, que estabelece parâmetros, princípios e rumos da educação nacional. Considerando que seus artigos ainda não estão todos regulamentados, continua sendo um instrumento de disputas entre projetos diferenciados, ou seja, de um lado, a intenção do governo de adequar a educação nacional às exigências dos organismos internacionais, conforme exposto anteriormente, e de outro, os movimentos sociais, estudantis, populares e os sindicatos, que defendem a educação pública, gratuita e de qualidade social.

O processo histórico de tramitação da LDB/96 no Congresso Federal[12] foi complicado, consubstanciando-se diversos embates políticos; porém, apesar das lutas e do posicionamento crítico de diversos educadores, analisou-se que o traço marcante da nova LDB é a flexibilidade, deixando por essa via flancos abertos a praticamente todo tipo de iniciativa do Poder Executivo Federal.

A flexibilidade dessa lei supõe também a autonomia escolar, a desregulamentação cartorial e burocrática da educação, mas, ao mesmo tempo, pode significar o descompromisso do Estado, a possibilidade de levar a precariedade do sistema de educação, ou seja, das condições objetivas e adequadas para um ensino de qualidade. De acordo com Cunha (apud Saviani, 1999, p.2):

> [...] a LDB é minimista, compatível com o Estado Mínimo, ideia central da política atual dominante. Minimista porque, ao invés de formular uma política global de educação, enunciando claramente suas diretrizes e formas de implementação, inscrevendo-as no texto do Projeto da LDB preferiu esvaziar o projeto que estava no Congresso, optando por um texto inócuo e genérico.

Não há, portanto, um sistema nacional de educação. A política de educação é fragmentada, focalizada, com ênfase na educação básica, especificamente no ensino fundamental, em detrimento dos demais graus de ensino.[13]

---

12 Reflexões críticas sobre trajetória histórica e conteúdo da Lei de Diretrizes e Bases da Educação Nacional (LDB/96) encontram-se nos estudos de diversos autores, entre eles indica-se Saviani (1999). No que se refere ao direito, dever e liberdade de educar, por exemplo, a LDB garante como ensino público obrigatório e gratuito o Ensino Fundamental, não incluindo o Ensino Médio, caracterizando a exclusão de grande parcela da população em idade escolar e abrindo espaços para a iniciativa privada. Nesse aspecto, esperava-se que a lei fosse mais específica no que tange à regulamentação do direito e liberdade do ensino. Da forma como ficou descrita no texto legal, ofereceu ampla margem de liberdade à iniciativa privada, aspecto que fortalece a mercantilização do ensino, e esse é um exemplo da flexibilidade da referida lei.
13 O sistema educacional de ensino é organizado, de acordo com a LDB/96, da seguinte forma: a) Educação Básica: Educação Infantil (creche e pré-escola –

Apesar de não ser o foco deste texto, porém considerando o processo educativo como um todo articulado, destaca-se que na escola média as reformas contribuíram para aprofundar a dualidade escolar, generalizando a formação geral e criando, de forma paralela, um complexo sistema de formação profissional. Há uma luta dos educadores contra a dicotomia da escola, desde a apresentação dos primeiros projetos para a LDB, após o advento da Constituição Federal de 1988, e a luta continua, ampliando-se as discussões sobre as propostas de unidade da formação geral e profissional, retomando-se a política em favor do princípio unitário da formação geral, técnica e tecnológica.[14]

Segundo Pino (2002), com a aprovação da nova LDB foram abertos espaços necessários para a institucionalização da dualidade estrutural na educação brasileira, por meio da pulverização de políticas e sistemas de ensino. A reforma do ensino tecnológico atinge três ciclos de ensino: o básico, o médio e o tecnológico. A imposição do governo federal acabou com os cursos técnicos tradicionais e a estrutura existente nas escolas técnicas e agrotécnicas federais.

Uma das questões centrais da reforma é a obrigação de as escolas separarem o ensino regular médio da formação técnica. Ao retirar a formação profissional do sistema formal de educação, a reforma aprofunda a separação entre a escola e o mundo do trabalho, retornando a uma situação existente até o ano de 1961, quando não havia equivalência entre o diploma de nível médio e o ensino técnico. Com isso, a reforma dá um novo impulso ao caráter capitalista da escola, reproduzindo a discriminação de classe social, ou seja, aqueles jovens

---

crianças de 3 a 6 anos); Ensino Fundamental: 1ª a 8ª séries; Ensino Médio; b) Ensino Superior. As modalidades de ensino são: Educação Especial, Educação Indígena, Educação Profissional.

14 "A noção de escola unitária, pressupondo o desenvolvimento da sociedade civil, confere à escola uma dimensão estratégica na disputa pela hegemonia, no âmbito do 'Estado Ampliado', de acordo com as teorias gramscianas" (Soares, 1999, p.2). Essa escola unitária preocupa-se com a elevação cultural dos trabalhadores, para que eles sejam capazes de formular conceitos, de compreender o mundo em que vivem, de saber se orientar, elaborar críticas e participar do governo da sociedade. A formação proposta por essa escola, no sentido gramsciano, não minimiza a aquisição de habilidades técnicas para a inserção no mundo produtivo.

que estudam na escola de cunho acadêmico e aqueles que estudam na escola de cunho técnico-profissionalizante. Essa vertente inviabiliza a construção de uma educação crítica que prepare o jovem para a vida em sociedade, conforme aponta Gramsci:

[...] uma escola única inicial de cultura geral, humanista, formativa, que equilibre equanimente o desenvolvimento da capacidade de trabalhar manualmente (tecnicamente, industrialmente) e o desenvolvimento das capacidades de trabalho intelectual. (Gramsci, 1978, p.118)

A organização e reorganização das políticas sociais sempre foram um campo de lutas, de embates de projetos antagônicos; portanto, no processo de implementação da reforma da política de educação brasileira inserem-se movimentos de resistência, deflagrados por diversos atores, ou seja, movimentos sociais, estudantis, populares, organizações da categoria e sindicatos que, considerando a correlação de forças, avançam ou retrocedem.

Alguns exemplos podem ser citados a respeito dessa frente de resistências, tais como: os congressos nacionais de educação, cuja finalidade maior é organizar o plano nacional de educação; o Fórum Nacional em Defesa da Escola Pública, que surgiu na década de 1980, reunindo-se em torno da elaboração de uma proposta para o capítulo da educação quando do processo constituinte, que gerou a Constituição Federal atual; a Campanha Nacional pelo Direito à Educação Pública, entre outras.

São expressões de luta em defesa da educação pública gratuita, de qualidade e democrática, contrapondo-se à hegemonia do pensamento neoliberal que visa subordinar a política de educação ao economicismo e às determinações do mercado. Dessa maneira, a proposta neoliberal de educação aponta que a formação escolar saia da esfera do direito e passe a ser uma aquisição individual, uma mercadoria, que se obtém no mercado, segundo interesses e capacidade de cada um, visando disputar as limitadas possibilidades de inserção no mercado de trabalho.

Interpretando a LDB/96 (que regulamenta o artigo 208 da Constituição Federal) sob a óptica social, observa-se que, para a efetivação

de alguns artigos e incisos específicos, já mencionados anteriormente, vislumbram-se demandas pertinentes ao serviço social, considerando seus conhecimentos teórico-metodológicos e ético-políticos. Esses artigos e incisos revelam a perspectiva de:
- democratizar a escola pública – tanto no que se refere à gestão administrativa, contando com a participação das famílias, quanto na articulação com a comunidade, visando maior integração escola-sociedade, fortalecendo os vínculos familiares;
- promover alterações na didática e nas relações professor/aluno, aproximando-se da realidade social dos alunos;
- garantir serviços de apoio especializado na rede regular de ensino, para crianças com necessidades especiais;
- programas de suplementação alimentar, assistência médico-odontológica, farmacêutica, psicológica, social, além de outras formas de assistência social.

A LDB, como constatado, intencionalmente ou não, estabelece lacunas para maior entrosamento da escola na comunidade, uma intervenção efetiva na socialização dos alunos e uma relação mais próxima da escola com a sociedade que, se forem devidamente potencializadas, contribuirão para a coesão de forças presentes nesse cenário, capazes de transpor os limites que marcam a educação brasileira na atualidade, efetivando os direitos prescritos em lei.

É notório que o princípio básico para concretizar essas determinações jurídicas é propiciar a participação, no processo de planejamento dessa política, de todos os que têm interesse em uma educação pública de qualidade, dando visibilidade pública às necessidades e interesses da maioria. Nesse sentido,

> [...] outra questão presente na LDB, que convive também com a contraditoriedade, é o espaço dos Conselhos de Educação nos âmbitos nacional, estadual e principalmente municipal, que fica obscurecido na Lei, mas certamente não deve ser visto como um espaço fora de cogitação e sim um espaço a ser conquistado, contando com a mobilização dos maiores interessados pela Educação Pública de qualidade: os alunos e seus pais. (Martins, 2001, p.114)

É importante estabelecer um debate sobre as referências da política de educação e do processo de municipalização do ensino, especialmente no estado de São Paulo, território onde estão localizados os sujeitos da pesquisa que resultou neste texto.

Referências sobre a política de educação no estado de São Paulo

A política de educação estadual tem seus reflexos na política municipal, que possui suas peculiaridades, pois, segundo a LDB/96 (artigo 8°), compete às diferentes esferas governamentais organizar seus respectivos sistemas de ensino, em regime de colaboração.

De acordo com a Constituição Federal de 1988, os estados, por meio de seus sistemas de ensino estaduais, devem legislar e proporcionar acesso à educação e ao ensino, incumbindo-se de organizar, manter e desenvolver órgãos e instituições oficiais de seus sistemas de ensino. Fazem parte integrante da administração estadual: as secretarias ou departamentos de educação, que desempenham funções eminentemente executivas, e os conselhos estaduais de educação, com funções normativas.

A Secretaria de Estado de Educação de São Paulo (SEE) é o principal órgão encarregado de executar a política de educação de acordo com as normas estabelecidas e traçadas pelos respectivos conselhos estaduais. Possui departamentos e setores especializados em cada nível e modalidade de ensino, além de exercer a função de disciplinar a educação particular, fundamental e média em suas unidades federativas específicas.

Particularmente, em relação à educação básica, é administrada por órgãos centrais e regionais, permitindo-se, assim, a descentralização administrativa e a delegação de competências.

A política educacional da SEE está fundamentada nos parâmetros jurídicos nacionais (LDB/96, PNE e Diretrizes Curriculares Nacionais) estabelecendo:

[...] que a educação será ministrada, oferecendo igualdade de condições para o acesso e permanência na escola, e inspirada nos princípios da liberdade de aprender, no pluralismo de ideias e de concepções pedagógicas e nos ideais de solidariedade humana. Nesse espírito, o vínculo entre a educação escolar, o trabalho e as práticas sociais é condição para o alcance das finalidades da educação nacional: o pleno desenvolvimento do educando, seu preparo para o exercício da cidadania e sua qualificação para o trabalho. (São Paulo, 2003).

A política de educação no estado de São Paulo, assim como a política nacional, também está pautada pela educação inclusiva, que visa garantir a todos os segmentos da população em idade escolar o acesso à escola.

A concepção de educação inclusiva abrange a ideia de que o sistema escolar deve acolher e garantir a permanência na escola de todas as crianças e jovens e, principalmente, pressupõe a determinação de que esse sistema deve mudar para responder às necessidades educacionais de todos os alunos quaisquer que sejam suas condições sociais, físicas, de saúde e suas possibilidades relacionais. (São Paulo, 2003)

A rede de ensino estadual é constituída da seguinte forma: Ensino Fundamental; Educação de Jovens e Adultos; Educação para Alunos com Necessidades Educacionais Especiais; Curso Normal; Educação Indígena; e Educação Profissional. Ressalta-se que o Ensino Fundamental é organizado em dois ciclos, da 1º ao 4º anos e da 5º ao 9º anos em Regime de Progressão Continuada.[15]

---

15 Regime de Progressão Continuada: previsto na Constituição Federal e incorporado pela LDB/96, sendo instituído o estado de São Paulo pelo Conselho Estadual de Educação (Deliberação n.9/97) e adotado pela SEE. Essa medida permite que a organização escolar seriada seja substituída por um ou mais "ciclos de estudo". Altera o percurso escolar, não havendo a reprovação, com base no desempenho escolar atingido no final do ano letivo, e a escola oferece maneiras de ensinar para que o aluno tenha progresso intra e interciclos. A recuperação do aluno ocorre de formas diferenciadas: contínua – acontece dentro da sala de aula, de acordo com a necessidade individual do aluno; paralela – por meio de projetos fora do horário que o aluno frequenta a escola, e intensiva – recuperação realizada no período de férias escolares.

Desde 1995, o governo do estado de São Paulo implantou o programa de parceria educacional estado-município, no que tange ao Ensino Fundamental, e, atualmente, dos 645 municípios existentes no estado, 543, ou seja, 84,18%, mantêm rede própria de ensino ou municipalizada, atendendo cerca de um terço das matriculas públicas nesse nível de ensino, de acordo com informações da SEE (2006).

O Programa de Formação Continuada Teia do Saber é o principal foco de atuação da SEE visando atender as necessidades de aperfeiçoamento, atualização, graduação e pós-graduação de profissionais das redes estadual e/ou municipal, sendo coordenado pelas diretorias de ensino.

Dentre as temáticas desenvolvidas por esse programa, chamam a atenção os assuntos relacionados ao aspecto social, tais como:
• escola democrática e plural, a marca do acolhimento;
• novas alternativas de gestão escolar: gestão compartilhada e integradora da atuação dos colegiados, das instituições escolares;
• interação escola – comunidade: família na escola.

O desenvolvimento de ações no sentido de efetivar a democratização da escola pública, tanto no sentido de sua gestão, na ampliação do acesso às classes populares, como na participação mais efetiva da família e da comunidade na escola, suscita demandas que necessitam do conhecimento e da habilidade de outros profissionais, entre eles o assistente social.

Destacam-se, a seguir, projetos e/ou programas desenvolvidos pelo governo estadual no âmbito da educação:
• Programa Escola da Família: o objetivo é a abertura, aos finais de semana, de cerca de seis mil escolas da rede estadual de ensino, transformando-as em centro de convivência, com atividades voltadas às áreas esportivas, culturais, de saúde e de qualificação para o trabalho. Esse programa envolve estudantes universitários e voluntários.
• Programa da Escola da Juventude: funcionam nas escolas estaduais de ensino no âmbito do Programa Escola da Família, nos finais de semana, oferecendo aos jovens na faixa etária de 18 a 29 anos,

que se encontram fora da escola e desejam retomar seus estudos, a possibilidade de estudar por meio de módulos semestrais relativos às disciplinas do nível médio.

• Programa Comunidade Presente: visa sensibilizar e instrumentalizar Assistentes Técnicos Pedagógicos (ATP), diretores, professores, funcionários, pais e alunos, para que as escolas sejam espaços de exercício de participação e de organização dessa comunidade. Visa estabelecer medidas preventivas de caráter educativo, complementando outras ações na área da segurança pública que venham atuar sobre fatores geradores de violência.

Outra inovação na política de educação do estado de São Paulo é a Escola de Tempo Integral, regulamentada pela Resolução SE 7, de 18 de janeiro de 2006, lei que dispõe sobre sua organização e funcionamento. De acordo com essa resolução, a escola de tempo integral "assegura a alunos dos ciclos I e II do ensino fundamental a ampliação da vivência de atividades escolares e de participação sociocultural e tecnológica" (São Paulo, 2006). No período matutino serão desenvolvidas as disciplinas do currículo básico e no vespertino serão oferecidas oficinas curriculares distribuídas de acordo com os ciclos I e II. Os componentes curriculares das oficinas são: orientação para estudos e pesquisas; hora da leitura, experiências matemáticas; língua estrangeira moderna (inglês e espanhol); informática educacional; teatro; artes visuais; música; dança; esportes e ginástica, distribuídos nos dois ciclos.

Analisando a matriz curricular da Escola de Tempo Integral, tanto no ciclo I (1º ao 4º anos) como no ciclo II (5º ao 9º anos), constata-se que o desenvolvimento das oficinas curriculares é embasado em disciplinas que serão ministradas por professores de acordo com a especificidade pedagógica de cada uma, contando com metodologias, estratégias e recursos didático-tecnológicos diferenciados para o desenvolvimento dessas atividades.

Novamente, a estrutura dessa proposta concentra esforços no processo ensino-aprendizagem, contando com o conhecimento dos educadores atinente a suas áreas específicas, porém desvinculadas de ações que intervenham especificamente nas demandas sociais que, apesar de serem aparentemente individuais, quando contextualizadas, revelam questões coletivas, reflexo do modelo social e estrutural que se estabelece de forma excludente nos novos moldes de produção e acumulação capitalista.

A implantação, no estado de São Paulo, de escolas de tempo integral, abre, portanto, mais um precedente no que tange à necessidade do profissional assistente social na área da educação, considerando que da relação mais próxima com alunos e famílias poderão emergir demandas individuais e coletivas referentes aos aspectos sociais e à garantia de direitos sociais, necessitando de ações socioeducativas a serem implementadas especialmente com as famílias e a comunidade.

O processo de municipalização do ensino no estado de São Paulo

Para compreender o processo de municipalização do ensino, especificamente no estado de São Paulo, é necessário compreender os marcos conceituais e históricos que o fundamentam, ou seja, a descentralização e a municipalização.

A partir dos fatos mais recentes da história, a retomada desse debate localiza-se historicamente no processo de redemocratização do Brasil, fortemente impulsionado por movimentos sociais que lutaram por direitos sociais após o longo período de ditadura militar que perdurou no Brasil, visando à democratização das relações entre Estado e sociedade, tendo esse processo iniciado na década de 1970 e fortalecendo-se nos anos 1980.

Nesse período, várias mudanças levaram à ruptura com a antiga ordem social, realizando a desmontagem da arquitetura político--institucional existente entre 1930 a 1980 e que sustentou a:

> [...] estratégia da industrialização por substituição de importações, em suas várias versões, desde o nacional desenvolvimentismo dos anos 50 ao "milagre econômico" dos anos 70, calcado no binômio desenvolvimento e segurança nacional sob a égide da ditadura militar. (Diniz, 2003, p.1)

Um dos marcos significativos da redemocratização do Brasil foi o retorno, em 1986, dos civis exercendo o poder, e o outro foi a instauração da Assembleia Nacional Constituinte, que conclamou a participação da população por meio de propostas de emendas constitucionais populares.

A promulgação da Constituição Federal de 1988 foi fruto da luta e organização de diversos movimentos sociais que se fizeram presentes na Constituinte, trazendo avanços e ampliação dos direitos no contexto trabalhista, cultural e social. Essa Constituição traz, ainda, diversos enunciados que estabelecem a participação da sociedade na gestão pública, dando origem a algumas inovações institucionais que concorreram para a concretização desses princípios. Dentre elas, destaca-se a descentralização político-administrativa, demarcando uma nova ordem política na sociedade brasileira, sendo garantido o direito de formular e controlar políticas públicas, provocando um redimensionamento nas tradicionais relações entre Estado e sociedade. A expectativa era de que essas inovações institucionais contribuíssem para a democratização do poder e do sistema político brasileiro.

Do ponto de vista formal, a Constituição Federal de 1988 representa um avanço significativo no que se refere à concepção de estado democrático de direito e aos princípios de reorganização do padrão de proteção social e gestão das políticas públicas. Todavia, é importante lembrar que o Brasil, subordinado ao mercado mundial, responde fortemente aos interesses dos investidores externos, influenciando a organização das políticas sociais que deveriam propiciar condições materiais de acesso à cidadania e que são aplicadas de forma restrita, submetendo-se aos imperativos dos ajustes fiscais.

O mesmo ocorre com os direitos trabalhistas e previdenciários, que após a redemocratização do país recuaram, pois são considerados prejudiciais à competitividade econômica, aumentando o custo do trabalho para o capital.

Uma questão pertinente ao objeto de estudo deste texto, e que está posta no debate político em decorrência da Constituição Federal de 1988, é a centralização *versus* descentralização político--administrativa.

A história do Estado no Brasil[16] é de centralização política e administrativa, sendo apenas a partir de 1988, com a referida Constituição, que ocorre uma mudança significativa do ponto de vista institucional, pois foram dadas as condições para uma descentralização efetiva nas decisões do governo, com a garantia constitucional de a população tomar as decisões por meio de seus representantes eleitos diretamente em todas as instâncias, e participar ativamente de novos instrumentos de democracia direta: o referendo, o plebiscito e a iniciativa popular.

A descentralização, juntamente com a centralização, permeiam a história política das nações, mas o ambiente social e a época histórica em que a descentralização ganha maior relevância coincide com a crise econômica mundial no final dos anos 70 e com a ascensão da nova direita como força político-ideológica no início dos anos 80. A explicação que esta força tem para a crise e a proposta que apresenta para sair dela, parte do postulado que o mercado é o melhor mecanismo de gestão de recursos econômicos e de satisfação das necessidades individuais. (Laurell apud Stein, 1997, p.91)

Nessa perspectiva, a descentralização é considerada uma das estratégias idealizadas pelos governos neoliberais para diminuir a ação estatal na área social e, com isso, reduzir os gastos públicos nesse setor.

Em contrapartida às teses neoliberais, há posições que também afirmam a importância da descentralização do Estado, porém sem desobrigá-lo de suas funções sociais, apresentando propostas que visam à ampliação da esfera pública, envolvendo paritariamente Estado e sociedade.[17]

No plano da relação estado e sociedade, a descentralização pode implicar maior articulação com a sociedade civil, por meio de organização comunitária e sindicatos, desde que, no nível local, as instituições sejam representativas da comunidade e que a participação seja uma realidade.

---

16 Para maiores informações, verificar o artigo de Amir Limana (1999).
17 Para análises mais aprofundadas sobre as diferentes perspectivas da descentralização político-administrativa no Brasil, verificar os estudos de Rosa Helena Stein (1997) e Marlov Jovchetovitch (1998).

Caso contrário, o que se verifica não é a maior articulação, e sim a transferência para a sociedade civil dos serviços tradicionalmente executados pelo Estado. Outro fator de contradição, também no plano da relação Estado e sociedade é a privatização dos serviços públicos por meio da venda de empresas públicas ao setor privado ou mesmo o crescimento da ação da esfera privada provocada por omissão do Estado. (Stein, 1997, p.92-93)

A descentralização, de acordo com Stein (1997), passa a ser um importante instrumento a serviço da eficiência fiscal e financeira do sistema, decorrente do encolhimento das responsabilidades estatais na administração e na execução de serviços, tradicionalmente exercidos por empresas públicas, em detrimento do bem-estar da população.

Considerando as diferentes facetas que o processo de descentralização encerra, Uga (1991) enfatiza aquela que pressupõe a existência da democracia, da autonomia e da participação, pois essas categorias são entendidas como medidas políticas que passam pela redefinição das relações de poder, que implicam a existência de um pluralismo entendido como a ação compartilhada do Estado, do mercado e da sociedade na provisão de bens e serviços que atendam às necessidades humanas básicas, em que o papel do Estado não seja minimizado em seu dever de garantir direitos aos cidadãos. Portanto, acredita-se na concepção de descentralização trazida por Uga, entendida:

> [...] enquanto um processo de distribuição de poder que pressupõe, por um lado, a redistribuição dos espaços de exercício de poder – ou dos objetos de decisão – isto é, das atribuições inerentes a cada esfera de governo, por outro lado, a redistribuição dos meios para exercitar o poder, ou seja, os recursos humanos, financeiros e físicos. (Uga apud Jovchelovitch, 1998, p.36)

Outro aspecto do processo de descentralização é a municipalização, entendida como:

> [...] a passagem de serviços e encargos que possam ser desenvolvidos mais satisfatoriamente pelos municípios. É a descentralização das ações político-administrativas com adequada distribuição de poderes políticos e financeiros. É desburocratizante, participativa, não-autoritária, democrática e descentrada do poder. (Jovchelovitch, 1993, p.40)

Nesse sentido, a municipalização deve ser interpretada como o processo de levar os serviços mais próximos à população, e não apenas repassar encargos para as prefeituras.

É preciso, entretanto, estar atento às contradições que perpassam esse processo para que a descentralização não seja, simplesmente, desconcentração dos serviços sem descentralizar o poder ou a "prefeiturização", envolvendo somente a figura do prefeito e seus assessores sem considerar a participação do coletivo local.

No cenário contemporâneo, o debate político sobre a revisão do pacto federativo está em evidência, com o intuito de optar por um tipo de federação, e analisar que divisão de recursos ela deve assegurar. Nesse contexto, é importante perceber qual é o papel do município, visto que o modelo federativo resultante da Constituição Federal em vigor o transformou em ente federativo, recebendo a parcela maior do aumento das transferências constitucionais e foi considerado o destinatário da descentralização de competências e atribuições principalmente na área social. Portanto,

> [...] no Estado Federativo brasileiro pós-1988, estados e municípios passaram a ser, de fato, politicamente autônomos. Isto implica que os governos interessados em transferir atribuições de gestão de Políticas Públicas devem implementar estratégias bem-sucedidas de indução para obter a adesão dos governos locais. (Arretche, 1999, p.112)[18]

O poder municipal tem a função constitucional precípua de promover a melhoria de condições locais de vida. O Executivo municipal, entre os níveis de governo, é o único capaz de funcionar adequadamente como poder local, ou seja, como responsável pelos serviços e equipamentos públicos, que compõem o contexto no qual os cidadãos enfrentam o seu dia a dia com grande possibilidade de assumir o compromisso de se organizar por intermédio da participação popular. (Jovchelovitch, 1998, p.43)

---

18 Verificar tese de doutorado, de autoria de Marta R. S. Arretche (1998) O processo de descentralização das políticas sociais no Brasil e seus determinantes.

No Brasil pós-1988,

[...] a autoridade política de cada nível de governo é soberana e independente das demais. Diferentemente de outros países, os municípios brasileiros foram declarados entes federativos autônomos, o que implica que um prefeito é autoridade soberana em sua circunscrição. (Arretche, 1999, p.114)

O processo de municipalização na educação brasileira

A municipalização do ensino no Brasil começa a ser discutida desde os anos 1950, quando Anísio Teixeira passou a identificá-la como estratégia para a expansão do Ensino Fundamental. Desde então, a polêmica sobre esse tema vem ocupando a pauta dos debates sobre a educação (Silva, 1999b).

Um dos indicadores importantes da mobilização intensa dos educadores em torno desse tema, marcadamente no período da Segunda República, de 1930 a 1964, é o Manifesto dos Pioneiros da Educação Nova,[19] assinado pelos intelectuais da época. Esse documento, entre outras questões, trouxe para a ordem do dia o debate unidade *versus* uniformidade, acrescendo à lógica da organização do ensino no Brasil uma crítica ao Estado centralizador. Esse manifesto, seguramente, foi de importância capital para a formulação da proposta de municipalização da escola veiculada por Anísio Teixeira anos depois.

---

19 "Trata-se de um documento de caráter amplo, retratando alguns aspectos da educação brasileira da época e sugerindo encaminhamentos para os entraves identificados. Publicado em 1932, no Rio de Janeiro e em São Paulo, e entregue ao governo federal, esse documento foi assinado pelos novos profissionais da educação e provocou um certo impacto político na arena da educação brasileira. Tratava sobre a organização da educação popular, urbana e rural, a reorganização da estrutura do ensino secundário e do ensino técnico e profissional, a criação de universidades e de institutos de alta cultura, para o desenvolvimento de estudos desinteressados e da pesquisa científica, além de outros pontos sobre o programa de política educacional" (Azevedo, 1976, p.675).

Constata-se que a municipalização do ensino, desde sua origem até os tempos atuais, é permeada por polêmicas. As interpretações acerca desse tema geram enfoques, tanto diversos quanto antagônicos, via de regra polarizados na ênfase de seus "prós e contras", apresentado sob diferentes perspectivas em cada momento histórico, refletindo seu conteúdo político. Nesse sentido, é importante interpretar o conteúdo da municipalização do ensino, de forma contextualizada, que é permeada por múltiplas interpretações, apesar de o termo ser o mesmo.

Trazendo o debate para o cenário atual, após a Constituição Federal de 1998, verifica-se que a temática continua polemizada, pois mesmo não utilizando o termo municipalização, a referida Constituição abre a perspectiva para a articulação do ensino entre as diferentes esferas de governo e, entretanto, deixa em aberto os mecanismos para a realização dessa articulação.

O capítulo que trata da educação, da cultura e dos desportos na Constituição Federal de 1998, especificamente em seu artigo 211, demonstra esse processo:

> Artigo 211 – A União, os estados, o Distrito Federal e os municípios organizarão, em regime de colaboração, seus sistemas de ensino.
> § 1° A União organizará e financiará o sistema federal de ensino e dos territórios, e prestará assistência técnica e financeira aos estados, ao Distrito Federal e aos municípios para o desenvolvimento de seus sistemas de ensino e o atendimento prioritário à escolaridade obrigatória.
> § 2° Os municípios atuarão prioritariamente no ensino fundamental e pré-escolar. (Brasil, 1988)

Enfim, o sentido da municipalização não está em si, mas na perspectiva que ela encerra para a construção do sistema nacional de educação. De acordo com Fernandes Neto (2007, p.1), integrante da Apeoesp, esses textos legais representam:

> [...] avanço na aplicação do plano de ajuste neoliberal no ensino, para combater a crise crônica que se expressa nos mais de 50 milhões de analfabetos, no alto índice de evasão e repetência escolar. De cada 100 alunos que ingressam no ensino fundamental, apenas 12 concluem o ensino médio

(2° grau) e 6 entram na universidade. Este quadro significa, segundo o Banco Mundial, um custo adicional de 2,5 milhões de dólares por ano.

Educadores, estudiosos da LDB, apontam que essa lei é fundamentada nas principais diretrizes aprovadas na Conferência Internacional de Educação para Todos, realizada em março de 1999, em Jomtien, Tailândia, evento patrocinado pelo Banco Mundial, pelo Fundo das Nações Unidas para a Infância (Unicef) e pela Unesco, do qual participaram representantes de quinze países, além de organizações governamentais e não governamentais.

Na declaração aprovada por todos os países participantes, incluído o Brasil, há o compromisso de cumprir todas suas diretrizes,[20] demonstrando, dessa forma, que a LDB está a serviço da reforma do Estado e tem o objetivo de adequar o ensino brasileiro às transformações no mundo do trabalho, provocadas pela globalização econômica, às novas tecnologias e técnicas de gerenciamento de produção.

Considerando esses pressupostos, o governo federal intensifica, a partir da década de 1990, o processo de municipalização do Ensino Fundamental que compreende da 1° ao 9° anos, conforme a lei de criação do Fundo de Manutenção e Desenvolvimento do Ensino Fundamental e de Valorização do Magistério (Fundef).

Ao instituir essa lei, em janeiro de 1998, o governo federal incumbiu os municípios de assumirem a responsabilidade pelo Ensino Fundamental, mas não os obrigou a isso, utilizando, como estratégia para esse intento a liberação de recursos financeiros para atrair o interesse de prefeitos a assumirem esse compromisso.

---

20 Diretrizes da Declaração da Conferência Internacional de Educação para Todos – Jomtien, Tailândia: no prazo de dez anos, aplicar os planos decenais patrocinados pelo Banco Mundial, Unicef e Unesco em associação com os governos, tendo por meta: 1) erradicar o analfabetismo, universalizar o ensino fundamental, reduzir a evasão e repetência escolar; 2) priorizar o ensino fundamental; 3) dividir as responsabilidades sobre a educação entre o estado e a sociedade, através da municipalização e parcerias com a comunidade e empresas; 4) avaliação e desempenho do professor; 5) reestruturar a carreira de docente; 6) desenvolver o ensino a distância (Declaração, 1999).

O Fundef é constituído em âmbito estadual, ou seja, em cada estado forma-se um "bolo" de recursos a ser dividido entre as escolas estaduais e municipais de ensino fundamental lá instaladas. Não existe, portanto, transferência de recursos de um estado para outro. O que ocorre são transferências internas em cada estado. (Mendes, 2001, p.29)

Os recursos do Fundef são distribuídos de acordo com o número de alunos matriculados em cada município e na rede estadual.

Os estudos de diversos educadores, como Oliveira (1992), Mendes (2001), Arretche (2000), Martins (2002), a respeito do processo de descentralização e municipalização do ensino básico, especificamente tratada na lei do Fundef, apontam várias implicações para os municípios, e, em comum, apresentam os seguintes pontos:
• indução à municipalização;
• a indução à municipalização não considera a questão dos recursos humanos existentes no município e as condições de gerir, com sucesso, um sistema de ensino;
• o possível congelamento ou a expansão menor da educação infantil (faixa etária de 0 a 6 anos), em virtude da priorização do Ensino Fundamental;
• a Educação de Jovens e Adultos, atividade desenvolvida preponderantemente pelo município, fica seriamente comprometida e da mesma forma o Ensino Médio;
• as entidades de classe – Sindicato dos Funcionários e Servidores da Educação do Estado de São Paulo (Afuse); Sindicato dos Professores do Ensino Oficial do Estado de São Paulo (Apeoesp); Centro do Professorado Paulista (CPP); Sindicado dos Especialistas em Educação do Magistério Oficial do Estado de São Paulo (Udemo); Sindicado de Supervisores do Magistério do Estado de São Paulo (Apase) – sofrerão rude golpe, pois foram organizadas tendo como base os profissionais da rede estadual de ensino, e as arrecadações de recursos eram descontadas em folha de pagamento.

Considerando a importância de interpretar esse processo de municipalização, especificamente no estado de São Paulo, foi realizada uma pesquisa de autoria de Ângela Maria Martins, que avaliou a implantação do convênio entre estado e municípios no que diz respeito aos serviços educacionais do Ensino Fundamental no estado de São Paulo.[21] De acordo com Martins (2002), a situação da municipalização do ensino no estado de São Paulo no ano de 2001 era a seguinte: 67,9% dos municípios haviam aderido ao processo de municipalização do ensino e passaram a oferecer Ensino Fundamental (com escolas recebidas da rede estadual de ensino); 12,7% deles já possuíam uma rede própria e mantiveram-na; e 19,4% continuaram sem uma rede municipal. A pesquisa referida demonstra, em suma, que:

> [...] o atendimento municipalizado aproxima mais os profissionais da educação, os alunos e seus pais do centro de decisão, facilitando constituir a pauta de reivindicações e localizando mais facilmente os conflitos entre estes e os gestores do sistema municipal. Porém, o processo tem sido permeado de problemas que se parecem eternizar no ensino público, pois a expansão repentina das redes municipais começou a provocar, ao que tudo indica, um rol de intervenientes, evidenciando que a tensão entre a expansão da cobertura dos serviços educacionais e a manutenção da sua qualidade é realmente difícil de ser resolvida. (Martins, 2002, p.237)

É importante salientar, segundo análise de Arelaro (2005), que o governo federal sob a presidência de Luiz Inácio Lula da Silva, nos três primeiros anos de sua gestão, não conseguiu cumprir o estabelecido na legislação vigente. O governo anterior, de Fernando Henrique Cardoso, por sua vez, conseguiu um fato inédito: municipalizar em até 80% o

---

21 Pesquisa de autoria de Ângela Maria Martins realizada em 2002 pela Fundação Carlos Chagas – Programa de Pós-Graduação da Universidade Católica de Santos, intitulada: "O processo de municipalização no estado de São Paulo: mudanças institucionais e atores escolares". Discute as diretrizes da política estadual paulista no que tange à municipalização dos serviços educacionais, com base na análise do conjunto legal-normativo e nos documentos oficiais que a orientam no período de 1996 a 2001, oferecendo um panorama geral da municipalização do ensino no estado de São Paulo e investigou as características do processo gestor de dois municípios, escolhidos com base nos índices de cobertura do Ensino Fundamental, nas características de suas políticas de formação continuada e em seus perfis de arrecadação fiscal.

atendimento do Ensino Fundamental nos municípios de porte pequeno e médio, mesmo que esses não tivessem garantias de que os recursos financeiros seriam suficientes e as condições pedagógico-educacionais de oferecer a todos uma escola pública de qualidade.

Conforme regulamentado, na própria lei de criação do Fundef, sua vigência foi estabelecida até 2006, e o governo federal encaminhou à Câmara dos Deputados, em 14 de junho de 2005, uma nova proposta (Proposta de Emenda Constitucional n. 415/2005) para substituí-la, é o Fundo de Manutenção e Desenvolvimento da Educação e Valorização dos Profissionais da Educação (Fundeb), que incorpora as diferentes etapas do ensino da educação básica, que deverá ser implantado de forma gradativa, porém não implica aportes novos de recursos.

As diferenças entre o projeto de lei que regulamenta o Fundef e a Proposta de Emenda Constitucional n. 415/2005 que propõe o Fundeb foram elencadas em um quadro elaborado pelo MEC/2005.

A Campanha Nacional pelo Direito à Educação (2005), entre outras instâncias organizadas e educadores estudiosos dessa temática, aponta diversos pontos polêmicos que estão colocados na Proposta de Emenda Constitucional (PEC) que cria o Fundeb, que se subordina à prioridade dada pelo governo às políticas de ajuste fiscal em detrimento de políticas sociais que enfrentam as desigualdades do país. Destacam-se estes pontos polêmicos que devem ser alvo de estudos mais aprofundados:
- a exclusão das creches do Fundeb;
- a não definição de um custo aluno qualidade;
- a contrapartida insuficiente da União, de apenas 6,8%, sendo que antes era de 10%;
- o piso nacional salarial profissional de 60%, somente para os profissionais do magistério em exercício efetivo.[22]

---

22 Análises em relação à Proposta de Emenda Constitucional que cria o Fundeb estão disponíveis nos endereços eletrônicos institucionais na Internet:
 a) da Campanha Nacional pelo Direito à Educação <www.campanhaeducacao.org.br>
 b) da Ação Educativa <www.acaoeducativa.org.br>
 c) da União Nacional dos Dirigentes Municipais de Educação – Undime <www.undime.sp.org.br>

É importante salientar que no dia 1º de janeiro de 2007 foi aprovada pelo presidente da República a Medida Provisória (MP) n.339, de 28 de dezembro de 2006, que regulamenta o Fundeb; porém, o debate político continua, pois estão sendo apresentadas diversas emendas à MP em torno de temas polêmicos que pairam sobre a questão. Portanto é importante acompanhar o debate.

Essas mudanças que ocorrem na política de educação brasileira e suas implicações na educação municipal, especialmente com o processo de municipalização do ensino, trazem novas possibilidades de ampliação do espaço sócio-ocupacional para o serviço social nessa área, que são traduzidas na direção social impressa por esses profissionais na concretização da prática profissional.

4
OS ESPAÇOS SÓCIO-OCUPACIONAIS DO SERVIÇO SOCIAL NO ÂMBITO DA POLÍTICA DE EDUCAÇÃO PAULISTANA

> *"Os homens fazem sua própria história, mas não a fazem como querem; não a fazem sob circunstâncias de sua escolha e sim sob aquelas com que se defrontam diretamente, legadas e transmitidas pelo passado. A tradição de todas as gerações mortas oprime como um pesadelo o cérebro dos vivos."*
>
> (Marx, 1974, p.17)

A trajetória histórica do serviço social na política de educação paulista

Partindo de uma perspectiva georreferenciada, pretende-se retratar o serviço social na área da Educação, com suas determinações sócio-históricas, particularidades e especificidades, destacando, inicialmente, os motivos que determinaram a inserção dos assistentes sociais nos diferentes espaços sócio-ocupacionais existentes nos municípios paulistas.

Como já foi citado, constatou-se que dos 645 municípios paulistas existentes, apenas (37) 5,73% deles contam com a intervenção do assistente social na política de educação pública municipal.

Esse fato demonstra que o serviço social ainda não conseguiu legitimar a política da educação como um espaço sócio-ocupacional do serviço social, apesar da mobilização da categoria (Conselho Federal de Serviço Social [Cfess]/Conselho Regional de Serviço Social [Cress]) e da socialização de experiências exitosas nos últimos congressos brasileiros de assistentes sociais.

Convém salientar que, dos 37 municípios que contam com o assistente social atuando no âmbito da educação, fizeram parte efetiva da pesquisa 28 municípios, ou seja: 75,67% do total; portanto, as informações serão atinentes a esse universo.

Constata-se que, de acordo com a realidade de cada município, ocorre a requisição da intervenção profissional do serviço social em determinados âmbitos de ensino, conforme será retomado no item que trata sobre a prática profissional do assistente social.

A compreensão do processo histórico da inserção do serviço social na política de educação pública municipal no estado de São Paulo é um dos objetivos deste texto, visando interpretar quais foram as determinações da conjuntura histórica, e especificamente da própria política de educação, que propiciaram a atuação do assistente social nesse espaço sócio-ocupacional.

Foram distribuídos os municípios de acordo com o período em que foi implantado o serviço social na política de educação na seguinte escala:

Quadro 4 – Distribuição dos municípios por período de implantação do serviço social na área da Educação

Década	Municípios	Número Total	Porcentual
1980	Botucatu Assis Jacareí Franca Mauá	5	17,86%
1990	Santo André Borebi São José dos Campos Santa Bárbara do Oeste Batatais Limeira Presidente Prudente Vargem Grande Paulista Garça Tupã Cosmópolis Embu Barão de Antonina	13	46,43%
2000	Ipiguá Itu Leme Lorena Santa Rita do Passa Quatro Dracena São Bernardo do Campo Hortolândia São Carlos Laranjal Paulista	10	35,71%

Fonte: Pesquisa realizada com os assistentes sociais que atuam na área da Educação nos municípios paulistas, período 2005 – 2006.

Verifica-se que a implantação do serviço social na área da Educação ocorreu com maior ênfase nas décadas de 1990 a 2000, totalizando 82,14% e coincidindo com a instituição da Lei de Diretrizes e Bases (LDB) de 1996, que regulamenta os preceitos jurídicos da Constituição Federal de 1988.

Esses dados demonstram que é muito recente a inserção do serviço social nos municípios paulistas, o que justifica a escassez de estudos que analisem a prática profissional do assistente social nessa área.

Outra questão que pode se inferir interpretando o retrato dessa realidade, consequência da própria amplitude do estado de São Paulo, é a dispersão de localidades geográficas, o que dificulta a socialização de experiências entre os profissionais.

A implantação do serviço social na educação

São descritos, neste ponto, os motivos que levaram à implantação do serviço social na área da Educação pública municipal e a relação com o contexto político de cada período histórico e seus determinantes nesse processo.

Primeiro motivo

Concentra-se a maioria dos municípios, perfazendo o total de 28,60%: São José dos Campos, Batatais, Presidente Prudente, Limeira, São Bernardo do Campo, Vargem Grande Paulista, Tupã e Assis.

A Constituição Federal Brasileira de 1988 elevou a educação à condição de "direito de todos e dever do Estado e da Família..." em seu artigo 205. Complementa ainda no artigo 208 parágrafo 1°: "o acesso ao ensino obrigatório e gratuito é direito público subjetivo".

A LDB de 1996, que estrutura juridicamente a política de educação em todo o território nacional, organiza a educação escolar em dois níveis: educação básica, compreendendo a Educação Infantil (creche e pré-escola), o Ensino Fundamental (1° ao 9° anos) e o Ensino Médio (1° ao 3° anos); e a Educação Superior, além das modalidades de ensino que são: Educação Especial, Ensino Profissionalizante, Ensino Indígena e Educação de Adultos, distribuindo as competências para seu oferecimento.

Na nova estrutura de ensino, a Educação Infantil (creche e pré-escola) compõe a primeira etapa da educação básica e deve, portanto, ser inserida nos sistemas de ensino municipal, pois, de acordo com a referida lei, no artigo 11, inciso V, afirma-se que é incumbência do município:

[...] oferecer a educação infantil em creches e pré-escola, e, com prioridade, o ensino fundamental, permitida a atuação em outros níveis de ensino somente quando estiverem atendidas plenamente as necessidades de sua área de competência e com recursos acima dos percentuais mínimos vinculados pela Constituição Federal, à manutenção e desenvolvimento do ensino. (LDB de 1996, artigo 11, inciso V – Brasil, 1998)

A LDB acelerou o processo de municipalização da Educação Infantil, diminuindo significativamente a participação do Estado nesse nível. De acordo com o Ministério da Educação (MEC)/Instituto Nacional de Estudos e Pesquisas Educacionais Anísio Teixeira (Inep), em 2002, a rede municipal de ensino no Brasil efetuou 60,6% das matrículas iniciais em creche e 68,4% em pré-escola, e a rede privada de ensino respondeu por 37,8% e 25,5% do atendimento em creche e pré-escola, respectivamente.

Atendendo a esse preceito jurídico, houve nos municípios a transferência das creches, que historicamente sempre estiveram vinculadas à assistência social, para a educação. Nesse processo de transição, os assistentes sociais, e quando havia outros profissionais que faziam parte da equipe técnica (psicólogos, auxiliar de enfermagem, fonoaudiólogo e terapeuta ocupacional) que atuavam nas creches, foram transferidos para a Educação. Muitos profissionais tinham cargos de coordenadores de creche e, ao passar para a Educação, assumiram a função de assistentes sociais, e a coordenação das creches ficou sob a responsabilidade de educadores (pedagogos).

Considerando que o processo de municipalização da educação ocorreu concomitantemente nos dois âmbitos de ensino, ou seja, Infantil e Educação Fundamental, e que nesse período histórico houve maior incidência de inserção do serviço social na política de educação municipal paulista, pode-se inferir que a municipalização da educação no estado de São Paulo impulsionou a ampliação desse espaço sócio-ocupacional para o serviço social.

A descrição sobre o processo de implantação do serviço social na área de Educação no município de Limeira (SP) ilustra a questão, conforme segue:

A nova LDB/96 exige que as creches sejam transferidas para a educação, e foi o que ocorreu em Limeira em 1997. As creches que eram da responsabilidade da Secretaria de Promoção Social passaram a ser da competência da Secretaria da Educação. Em todas as dezesseis creches do município havia assistentes sociais, que passaram também a fazer parte da Secretaria da Educação, assim o Serviço Social iniciou suas atividades na educação desta maneira. (AS – Limeira)

Dessa maneira, as mudanças no ordenamento jurídico que se referem à Educação Infantil propiciaram a inserção do serviço social na política de educação alterando o enfoque do atendimento a crianças de zero a seis anos, de assistencial para educativo, trazendo implicações para o assistente social inserido nessa nova estrutura político-administrativa e técnica pertencente à política de educação.

Segundo motivo

Concentra 21,42% dos municípios: Itu, Jacareí, Leme, Botucatu, Embu e Mauá.

Ressalte-se que esse motivo não deixa de estar atrelado ao primeiro, mas não está circunscrito à transferência de profissionais da assistência para a educação, e sim, à contratação de profissionais, incluído o assistente social, para a implantação de uma equipe técnica visando atuar prioritariamente no âmbito da Educação Infantil, Educação Especial e também na primeira etapa do Ensino Fundamental (1º ao 4º anos). Esses seis municípios implantaram uma equipe técnica formando um "núcleo de atendimento", instalado fora das unidades de ensino, prestando assessoria e atendendo às demandas advindas das unidades educacionais e pertinentes à equipe técnica:

O Serviço Social começou a atuar na área da educação quando foi implantado o Núcleo de Apoio Técnico Educacional (Nate), formado por uma equipe técnica: assistente social, fonoaudióloga, fisioterapeuta e psicopedagoga, visando atender às crianças e aos adolescentes encaminhados pelas escolas. (AS – Leme)

Um dos municípios relacionados neste item, Botucatu, implantou um Centro Especializado Municipal de Atendimento ao Deficiente Auditivo, especificamente.

Pode-se afirmar que a organização de uma equipe interdisciplinar, com a contratação de profissionais e, nessa, a inclusão do assistente social, demonstra o reconhecimento da função social da profissão na área da Educação, isto é, a existência de demandas/requisições pertinentes ao serviço social nas instituições educacionais.

Destaca-se que um desses municípios, Embu, implantou, em 1996, uma escola especial para atendimento específico de crianças e adolescentes portadoras de necessidades especiais, e a equipe técnica atua somente nessa escola.

Terceiro motivo

Estão incluídos 10,71% dos municípios: Dracena, São Carlos e Lorena.

A inserção do serviço social na política de educação municipal foi em decorrência da implantação de projetos sociais de iniciativa dos governos federal, estadual ou municipal nessa área, necessitando de acompanhamento de profissionais especializados, como psicólogo, assistente social, além do pedagogo. Os projetos sociais citados pelos profissionais foram: Bolsa Família; Família Vai à Escola; Renda Cidadã; Ação Jovem e Projeto Mudarte.[1]

---

1 Bolsa Família (unificou os programas Bolsa Alimentação, Cartão Alimentação, Auxílio-gás e Bolsa Escola), Renda Mínima são programas de transferência de renda financiados pelos governos federal e estadual e desenvolvidos pelos municípios, concedidos às famílias com renda mensal *per capita* que varia de R$ 50,00 a R$ 100,00. A principal condição para receber o benefício é a frequência à escola de todas as crianças em idade escolar até o Ensino Fundamental, obrigatório por lei. O Programa Agente Jovem de desenvolvimento social e humano é um programa do governo estadual que atende jovens na faixa etária de 15 a 17 anos em situação de vulnerabilidade e risco social, pertencentes a famílias com renda *per capita* mensal de até meio salário mínimo. Também exige como contrapartida a frequência do jovem na escola.

Os projetos Bolsa Família, Renda Cidadã, Ação Jovem e Família Vai à Escola são de iniciativa dos governos federal e/ou estadual, e em todos há a exigência, por contrapartida, de que crianças e adolescentes em idade escolar, filhos das famílias beneficiadas, frequentem a escola, o que requer acompanhamento sistemático da frequência escolar. O relato descrito exemplifica esse motivo:

> O Serviço Social foi contratado na área da educação a princípio para trabalhar exclusivamente com o Programa do Governo Federal Bolsa Escola, em agosto de 2003. O trabalho do assistente social ainda é muito pouco divulgado, por isso é difícil compreenderem a contribuição do Serviço Social nesta área. (AS – São Carlos)

Também nesse formato, o Projeto Mudarte, de iniciativa da Secretaria de Educação e Cultura Municipal, é desenvolvido na rede de ensino em horário complementar, desenvolvendo atividades artísticas, culturais e socioeducativas referentes ao desenvolvimento dos aspectos éticos e de cidadania. O assistente social desse município foi contratado visando implementar ação, contribuindo para que o projeto atinja seus objetivos.

De acordo com a afirmação dos profissionais assistentes sociais, no decorrer do tempo, o serviço social foi ampliando seu espaço de atuação profissional na área da Educação municipal e sua prática profissional foi legitimando-se por dar respostas às diversas demandas existentes nas unidades de ensino, extrapolando a demanda institucional inicial.

Essa forma de inserção do serviço social e de outros profissionais, formando uma equipe interdisciplinar para atuar na política de educação, confirma a tendência atual das políticas sociais que atendem o segmento família, criança e adolescentes, de criar vínculos com a educação, especificamente com a escola, reforçando a importância da função social realizada pela família e pela escola no processo de socialização e inclusão social desse segmento populacional.

Esse desenho implica a redefinição de novas formas de trabalho coletivo nos espaços educacionais, unindo educadores com outros profissionais, como assistentes sociais, psicólogos, fonoaudiólogos, entre outros, contribuindo com seu saber específico na formulação de uma visão de totalidade do indivíduo e dos processos sociais em que se inserem a instituição, os profissionais e os usuários dos serviços prestados na área da Educação.

Quarto motivo

Diz respeito à implantação do serviço social na área da Educação em decorrência da criação de lei municipal que institui esse cargo, e nessa condição encontram-se apenas 3,57%, ou seja, o município de Laranjal Paulista, conforme relato:

> A princípio foi promulgada a lei municipal em março de 2005, a seguir apresentamos o Serviço Social escolar ao prefeito, secretário da educação, coordenadora pedagógica, diretores de escola e creches, professores e funcionários, demonstrando seus objetivos que são atender às carências apresentadas por grande número de alunos da rede municipal de ensino, face aos inúmeros problemas de natureza socioeconômica e familiares que interferem em seu pleno desenvolvimento pessoal e social, além de realizar uma pesquisa levantando os maiores problemas em oito escolas e quatro creches... (AS – Laranjal Paulista)

Esse fato condiz com um dos maiores entraves identificados nos vetos aos projetos de leis municipais e/ou estaduais que visam implantar o serviço social na área da Educação: o argumento da inconstitucionalidade formal dos referidos projetos de lei, proposto por iniciativa parlamentar do Poder Legislativo (Assembleia Legislativa ou Câmara de Vereadores).

De acordo com parecer da assessoria jurídica do Conselho Federal de Serviço Social (Cfess, 2000), o argumento é pertinente, e não cabe à iniciativa parlamentar apresentar projeto de lei que disponha sobre matéria que autorize ou envolva a criação, a estruturação e atribuições de serviços das secretarias do estado ou do município em órgãos da administração direta.

O poder de iniciativa, nessa hipótese, é exclusivo do titular do Poder Executivo (presidente, governadores e prefeitos), a quem compete privativamente dispor sobre projetos de lei que "criem cargos, funções ou empregos públicos na administração direta e autárquica ou aumento de sua remuneração ou que estabeleçam determinados serviços para órgãos da Administração Direta" (Cfess, 2000, p.26).[2] Portanto, depara-se com um impasse de ordem política, ou seja, a vontade, o interesse político do prefeito, em consonância com o legislativo, de implantar o serviço social na política de educação municipal.

Quinto motivo

Justificando a implantação do serviço social na área da Educação por questões políticas, ou seja, por determinação do prefeito, sem maiores esclarecimentos, o assistente social da prefeitura foi designado para atuar nas creches municipais. Nessa situação encontram-se 14,28%: Borebi, Cosmópolis, Ipiguá e Barão de Antonina.

Sexto motivo

Diferentes situações consideradas peculiares a cada município que determinaram a implantação do serviço social na área da Educação, conforme segue:
- a criação do serviço de assistência ao escolar com o objetivo de prestar atendimento social e psicológico aos alunos da rede municipal de ensino (Educação Infantil) que possuem dificuldades que interferem no processo ensino-aprendizagem, havendo um município, Franca, representando 3,57% nessa condição;
- a implantação do serviço social na educação ocorreu por iniciativa da própria assistente social contratada pela prefeitura que tem formação anterior de educadora (professora com formação em

---

2 De acordo com o artigo 61, parágrafo 1º, inciso II, alíneas "a" e "e", é aplicável aos estados e municípios, nos termos da Jurisprudência Pátria: "a iniciativa reservada das leis que versem sobre o regime jurídico dos servidores públicos revela-se, enquanto prerrogativa conferida pela Carta Política ao Chefe do Poder Executivo, projeção específica do princípio da separação dos poderes" (ADIN 248 – RJ, STF/pleno, RTJ 152/341).

magistério), com especialização na área escolar, que argumentou sobre a importância da intervenção do serviço social nessa área, fato ocorrido também em apenas 3,57%, em Santa Rita do Passa Quatro;
- em Hortolândia, Santa Bárbara do Oeste e Garça, que representa 10,71% dos municípios pesquisados, a implantação do serviço social na educação ocorreu para atender a uma demanda institucional específica: a triagem dos usuários de creche, evasão escolar e gradativamente foi conquistando espaços de intervenção do serviço social em outras ações;
- a implantação do serviço social na educação em Santo André (3,57%) ocorreu por uma situação específica: o convênio da Prefeitura Municipal (Secretaria de Educação) com a Federação das Entidades Assistenciais (Feasa) do município que congrega as creches particulares, exigindo a contratação de assistentes sociais por parte dessa Prefeitura Municipal, visando o acompanhamento da rede de creches municipais e particulares (conveniadas), explicitado no seguinte relato:

> O Serviço Social na educação ocorreu por intermédio de um convênio firmado entre a Feasa e a Secretaria de Educação municipal. Esta parceria possibilitou a abertura de sete novas creches, atendendo em torno de duas mil crianças, abrindo inclusive um considerável número de empregos, num momento em que a Região do ABC batia recordes de desemprego (1998). Foram contratadas inicialmente cinco assistentes sociais, hoje somos doze profissionais. Vencer as resistências e dar visibilidade ao trabalho profissional foi o grande desafio. (AS – Santo André)

Há diferentes formas de inserção do serviço social no espaço educacional, geralmente respondendo às requisições institucionais. Na óptica da totalidade na apreensão da realidade, o serviço social participa do processo de produção e reprodução das relações sociais; portanto, pode ampliar seu espaço de intervenção, considerando os condicionantes histórico-sociais dos contextos em que se insere e atua estabelecendo estratégias político-profissionais, visando reforçar os interesses das classes subalternas, alvo prioritário das ações profissionais.

Corrobora-se, portanto, a afirmação de Iamamoto (2004, p.12):

[...] a profissão é tanto um dado histórico, indissociável das particularidades assumidas pela formação e desenvolvimento de nossas sociedades, quanto resultante dos sujeitos sociais que constroem sua trajetória e redirecionam seus rumos. Considerando a historicidade da profissão – seu caráter transitório e socialmente condicionado – ela se configura e se recria no âmbito das relações entre o Estado e a sociedade, fruto de determinações macrossociais que estabelecem limites e possibilidades ao exercício profissional, inscrito na divisão social e técnica do trabalho e apoiado nas relações de propriedade que a sustentam.

Para complementar o entendimento da trajetória histórica da inserção dos assistentes sociais na política de educação, considera-se importante retratar as relações de trabalho estabelecidas com as prefeituras municipais paulistas.

A análise da inserção profissional do assistente social na área da Educação é importante, considerando que o mercado de trabalho sofre os impactos das transformações operadas na esfera produtiva, especificamente na esfera estatal. Todavia "o setor público tem sido o maior empregador de assistentes sociais, sendo a administração direta a que mais emprega, especialmente nas esferas estadual, seguida da municipal" (Iamamoto, 1998, p.123).

Constatou-se que na área da Educação pública municipal no estado de São Paulo, quanto ao vínculo empregatício, a maioria dos assistentes sociais, 54,55%, está sob o regime estatutário; 41,81%, pela Consolidação das Leis Trabalhistas (CLT); e o restante, 3,64%, exerce cargos de confiança.

Essa realidade não corresponde à tendência atual do mercado de trabalho de forma geral, pois particularmente para o assistente social, apesar de a esfera pública ter sofrido os efeitos da reforma do Estado com a precariedade das relações de trabalho, ou seja, a redução de concursos públicos, contratação precária, temporária, além das perdas de direitos trabalhistas, ainda é o setor público que mais contrata assistentes sociais.

Essa tendência é confirmada na Pesquisa sobre Perfil Profissional do Assistente Social no Brasil (2005)[3], que constata a existência de 78,15% dos profissionais atuando em órgãos da administração pública, distribuídos da seguinte forma: 13,18% dos assistentes sociais exercem funções em órgãos públicos federais; 24%, em estatais; e 40,97%, em municipais.

Complementando essa questão, em relação ao provimento do cargo de assistente social nas secretarias municipais, os dados apontam que 78,19% dos profissionais estão locados em secretarias municipais da educação, e o restante, 21,81%, em secretarias municipais de assistência social. Essa constatação é interessante e vem ao encontro de uma polêmica que perpassa o ambiente educacional e que dificulta a inserção dos assistentes sociais na política de educação: é a questão do provimento de recursos para a contração desse profissional.

De acordo com grande parte dos educadores, posição assumida até mesmo pela União dos Dirigentes das Secretarias de Educação Municipais (Undime), o assistente social não exerce função de educador; portanto, deve ser remunerado com recursos provenientes da secretarias de assistência social.

Essa questão polemiza o debate em torno da inserção do assistente social na política de educação, demonstrando que existe um desconhecimento em relação ao profissional de serviço social, suas competências e atribuições, especificamente na área da Educação, por parte dos educadores. Destarte a dimensão educativa da intervenção profissional do assistente social não está restrita ao âmbito das instituições educacionais, ao contrário, se insere no universo das práticas sociais e experiências profissionais nos mais diferentes espaços sócio-ocupacionais.

Ressalta-se que a educação é um "fenômeno social, cujas práticas e sujeitos envolvem processos que, embora se relacionem com a Política de Educação, a ela não necessariamente, se circunscrevem" (Almeida, 2005, p.17).

A dimensão educativa da intervenção profissional do assistente social é constitutiva de processos mais amplos, não apenas vinculada a essa política social, e sim ao universo de práticas sociais e experiên-

---
3 Realização Cfess (2002/2005). Universidade Federal de Alagoas. Brasília, 2005

cias profissionais. Dessa forma, a dimensão educativa do trabalho do assistente social, por si só, não justifica sua inserção nas instituições educacionais, mas deve ser considerada por seu envolvimento com os processos sociais, historicamente situados, voltados para a construção de uma nova hegemonia no campo da educação e da cultura.

Outro componente referente à inserção profissional do assistente social nas instituições educacionais diz respeito à valorização salarial da força de trabalho do serviço social. Os dados apontam para uma variação de quatro faixas salariais,[4] distribuídas da seguinte forma: um a dois salários mínimos apresenta o índice 5,45%; de três a quatro salários mínimos são 23,63%; com o vencimento de cinco salários mínimos, são 21,81%; e acima de cinco salários mínimos, encontram-se 49,11% dos profissionais pesquisados.

Constata-se que há uma concentração na faixa salarial de cinco ou mais de cinco salários mínimos, perfazendo um total de 70,92%. Ressalte-se, ainda, que a carga horária se concentra em 40 horas semanais, perfazendo o total de 61,81% e 38,19% com 30 horas semanais.

O que se percebe nesses dados é a precariedade salarial dos profissionais que atuam na educação pública municipal, considerando até mesmo que a maioria cumpre uma carga horária semanal de 40 horas (61,81%), o que demonstra a exploração da força de trabalho profissional nessa área de atuação, que, por sua vez, é condizente com a precariedade da remuneração dos educadores.

---

4 "A categoria dos assistentes sociais não possui ainda legislação fixando piso salarial. Indicamos como parâmetro o Projeto de lei n. 154 de 1996, do deputado Roberto Gouveia, que tramita na Assembleia Legislativa e dispõe sobre os vencimentos e a jornada dos assistentes sociais no serviço público estadual, fixando o piso salarial que seria equivalente, hoje, a R$ 1.300,00, aproximadamente, para uma carga horária de 06 horas para os assistentes sociais da Secretaria de Saúde de Estado. Vale relembrar aqui a trajetória da categoria e esforços empreendidos pelas entidades representativas, em nível nacional, na luta para aprovação do projeto de lei, da falecida deputada Cristina Tavares, o qual, na década de 80, mobilizou a categoria a se organizar em caravanas para irem a Brasília. Este projeto versava pelo piso salarial de dez salários mínimos e seis horas de trabalho, além das condições objetivas para contratação de assistente social, tendo, porém, sido vetado na íntegra pelo então Presidente da República José Sarney" (Informações do Cress disponíveis em: <www.cress-sp.org.br> acesso em: fevereiro de 2006).

Dessa maneira,

[...] as condições de trabalho e relações sociais em que se inscreve o assistente social articulam um conjunto de mediações que interferem no processamento de ações e nos resultados individuais e coletivos projetados, pois a história é o resultado de inúmeras vontades projetadas em diferentes direções que têm múltiplas influências sobre a vida social. Os objetivos e projetos propostos, que direcionam a ação, têm uma importância fundamental, na afirmação da condição dos indivíduos sociais como sujeitos históricos. (Iamamoto, 2004, p.22)

Logo, é na articulação das dimensões realidade objetiva e projeto profissional, em constante contradição, interpretando as mediações presentes no tecido social, que é possível reconhecer as forças sociais historicamente postas naquele determinado contexto.

Uma questão importante que deve ser registrada na inserção do serviço social na política de educação municipal paulista é o procedimento jurídico desse processo, a fonte de recursos financeiros que possibilita a contratação dos assistentes sociais nessa política social.

Os depoimentos registrados nas entrevistas focais corroboram as informações colhidas nos eventos que debatem sobre a temática "Serviço Social na Área da Educação",[5] que os assistentes sociais são remunerados com os recursos financeiros dos 25% da verba destinada constitucionalmente à educação, nos municípios. Esclarecem, ainda, que os recursos financeiros provenientes do Fundef só podem ser utilizados para pagamento de profissionais vinculados ao magistério, sendo 60% do montante; portanto, o assistente social e os demais funcionários inseridos nas unidades educacionais, tais como merendeira, faxineira entre outros, são remunerados com o restante 40%, conforme esclarece o depoimento:

---

5 Eventos sobre essa temática: I Encontro Estadual de Serviço Social na Área da Educação – Rio de Janeiro/RJ em 2004; I Encontro Estadual de Serviço Social Escolar – Limeira/SP em 2005; II Encontro Estadual de Serviço Social na Área da Educação – Limeira/SP em 2006.

Somos pagos com verbas da educação, mas não do Fundef, que só paga profissionais incluídos no Estatuto do Magistério. Na verdade, estamos na Secretaria da Educação, mas não estamos incluídas na estrutura da secretaria. (AS – P. Prudente)

Dentro dos 25% que têm que ser destinados à educação, 15% deve ser investido no ensino fundamental e nos 10% que o município investe na educação infantil estão incluídos o pagamento de assistentes sociais, auxiliar geral, merendeira e demais funcionários, que não são considerados educadores (isto é, incluídos no Estatuto do Magistério), pois na educação infantil não há obrigatoriedade de aplicação mínima de recursos financeiros como no ensino fundamental. Há vários anos é assim e nunca teve nenhum problema com o Tribunal de Contas. (AS – Limeira)

Essa dificuldade financeira é uma determinante considerável na ampliação da contratação de profissionais na política de educação, impasse que precisa ser discutido, refletido até mesmo juridicamente pela categoria profissional de assistentes sociais, com a inclusão dos educadores, demonstrando a real contribuição do serviço social na área da Educação.

No próximo item, o enfoque recai sobre a educação básica, especificamente a Educação Infantil, o Ensino Fundamental e a Educação Especial, níveis de ensino que se constituem espaços profissionais para o assistente social.

A educação básica em debate

No compêndio das análises sobre a política de educação brasileira, destaca-se a educação básica,[6] considerando-se que o foco do presente

---

6 LDB/96, Capítulo II Art. 22 – A educação básica tem por finalidade desenvolver o educando, assegurar-lhe a formação comum indispensável para o exercício da cidadania e fornecer-lhe meios para progredir no trabalho e em estudos posteriores. Artigo 29 – a educação infantil, primeira etapa da educação básica, tem como finalidade o desenvolvimento integral da criança até seis anos, em seus aspectos físico, psicológico, intelectual e social, complementando a ação da família e da

texto está na dimensão da política de educação, especificamente no âmbito da Educação Infantil e do Ensino Fundamental, visto que a inserção do assistente social na educação pública no estado de São Paulo está prioritariamente contida nessa área e no âmbito municipal. Destaca-se, também, a Educação Especial como uma das modalidades incluídas nas práticas profissionais do Serviço Social no âmbito dos municípios, porém com menor expressividade.

Em contrapartida, segundo Barone (2000), a educação básica constitui-se atualmente como prioritária pelos organismos internacionais, reiterando a estreita relação entre educação e desenvolvimento econômico, justificando, por meio de estimativas estatísticas históricas, a relação entre o aumento de renda de uma pessoa analfabeta (em cuja educação se investe determinada quantia) e de um profissional com pós-graduação, em cuja educação adicional fosse investido o mesmo montante de recursos. No caso, o aumento de salário da pessoa analfabeta seria proporcionalmente maior que o salário do profissional com pós-graduação.

O investimento em educação básica (educação primária) traria mais vantagens sociais do que investir em outros níveis de educação, pois, somando-se os maiores aumentos de renda pessoal, conseguir-se-ia um incremento maior da renda nacional por unidade de valor adicional investida.

É importante analisar a concepção de educação básica que está inscrita no discurso político-normativo educacional do Estado brasileiro atual, fruto do contexto político nas últimas duas décadas, considerando que essa expressão é construída e reconstruída no processo histórico.[7]

---

    comunidade. Artigo 32 – O ensino fundamental, com duração mínima de oito anos, obrigatório e gratuito na escola pública, terá por objetivo a formação básica do cidadão. Incluem-se também na educação básica: o ensino médio, artigo 35 e as modalidades: educação de jovens e adultos, educação profissional, educação especial e educação indígena.
7 Para análise mais detalhada da construção e reconstrução da concepção de educação básica no Brasil, visão restrita e visão ampliada, ver os estudos de Torres (1996a e 1996b).

A utilização das expressões: educação básica, ensino básico e escolarização básica como equivalentes tem sido bastante comum. Esta não-diferenciação traz embutida a imprecisão conceitual: ora nomeia uma instrução elementar, inicial, de primeiras noções ou de rudimentos da leitura, da escrita, do cálculo, da geometria e da geografia; ora designa ensino primário (que antecede, principia), fundamental (de base) ou, simplesmente, obrigatório (compulsório); ora significa educação geral ou base cultural, que inclui saberes clássicos, universais, eruditos e as bases das ciências e da produção moderna. (Freitas, 2003, p.2).

Torres (1996) destaca as diferenças entre a visão restrita e ampliada de educação básica que permeia o debate dos organismos e encontros internacionais sobre a educação, conforme o Quadro 5:

Quadro 5 – Comparativo entre visão restrita e visão ampliada da educação básica.

Visão Restrita	Visão Ampliada*
Dirige-se a crianças	Dirige-se a crianças, jovens e adultos
Realiza-se no equipamento escolar	Realiza-se dentro e fora da escola
Equivale à educação de 1° grau ou a algum nível escolar estabelecido	Não se mede pelo número de anos de estudo, mas pelo efetivamente apreendido
Garante-se por meio do ensino de determinadas matérias	Garante-se pela satisfação das necessidades básicas de aprendizagem
Reconhece como válido um único tipo de saber	Reconhece diversos tipos e fontes de saber, incluídos os saberes tradicionais
Limita-se a um período da vida de uma pessoa	Dura a vida toda e se inicia com o nascimento
É homogênea, igual para todos	É diferenciada (já que são diferentes as necessidades básicas de aprendizagem dos diversos grupos e culturas)
É estática, mantém-se relativamente inalterada	É dinâmica, muda ao longo do tempo
É de responsabilidade do Ministério da Educação	Envolve todos os ministérios e instâncias governamentais responsáveis por ações educativas
Guia-se por enfoques e políticas setoriais	Requer enfoques e políticas intersetoriais
É de responsabilidade do Estado	É de responsabilidade do Estado e de toda a sociedade e exige construção do consenso e coordenação de ações.

Fonte: Torres (1996).
* Destaca-se que a concepção de educação básica ampliada foi determinada em 1990 na Conferência Mundial sobre Educação para Todos, em Jomtien – Tailândia.

A concepção de educação básica assumida no Brasil é a difundida pelo Banco Mundial, ou seja, a educação básica restrita, que compreende aproximadamente nova anos de instrução, que corresponde, de acordo com a LDB de 1996, ao Ensino Fundamental.

Para Torres (1996), essa concepção de educação básica afasta-se da "visão ampliada" de educação básica determinada em 1990 na Conferência Mundial de Educação para Todos, que incluía igualmente crianças, jovens e adultos, iniciando-se com o nascimento e se estendendo pela vida toda, não se limitando à escola de primeiro grau, nem tampouco a um determinado número de anos ou níveis de estudo, mas que se define por sua capacidade de satisfazer as necessidades básicas de aprendizagem de cada pessoa, como foi descrito no Quadro 5.

A Constituição Federal de 1988 expressou um momento distinto da história política brasileira, em virtude da mobilização da sociedade civil organizada, que marcou os trabalhos constituintes, alcançando grandes avanços no sentido da garantia dos direitos sociais. Especificamente na área da Educação, expressou-se o contraditável desse processo político que, apesar de conseguir avanços, por exemplo, a gratuidade do ensino na rede pública, não conseguir impedir o avanço na iniciativa privada nesse setor.

Cabe destacar que a Constituição Federal de 1988 estabeleceu o Ensino Fundamental como o básico a ser assegurado universalmente, como obrigatoriedade do Estado, mesmo para os que não tiveram acesso ao ensino em idade própria (artigo 208, inciso I e artigo 210). Essa escolarização mínima para todos corresponde a uma concepção limitada de educação básica.

Já na formulação político-normativa brasileira dos anos 1990, podem-se ver reflexos da concepção ampliada de educação básica recomendada em Jomtien em 1990.

Na LDB de 1996, adotou-se uma concepção abrangente de educação que abarca a família, a convivência, o ensino, a pesquisa, o trabalho, os movimentos sociais, as organizações sociais e as manifestações culturais. É no interior dessa concepção que a lei definiu a educação escolar como aquela que se desenvolve predominantemente por meio do ensino, em instituições próprias, e a vinculou ao mundo do trabalho e da prática social. Assegurou também tratamento peculiar para os que têm necessidades especiais, para populações indígenas e para as rurais.

Constata-se, dessa maneira, que a LDB de 1996 apresenta, dentre suas características, uma maior flexibilidade na organização e funcionamento do ensino, o que na prática se desdobra no favorecimento do processo de descentralização e municipalização do Ensino Fundamental, além da definição dos Parâmetros Curriculares Nacionais (PCN), cujo objetivo foi fornecer subsídios para a elaboração e/ou revisão curricular de cada estado, município e escola, orientando a formação de professores e o Sistema de Avaliação do Ensino Básico (Saeb), no qual o MEC argumenta que as informações e análise do desempenho dos alunos são primordiais para elaborar medidas visando a diminuição da repetência escolar.

Há uma contradição presente na referida lei, considerando que, apesar da ampliação no sentido da educação básica, o básico obrigatório – cuja garantia e universalização de oferta são assumidos como dever do Estado – é o Ensino Fundamental, de acordo com a Lei n. 9.394/96, artigo 4°, inciso I e VIII e artigo 5°. Portanto, o governo assume uma visão restrita da educação básica, pois não envolve todos os níveis de ensino previsto nessa etapa da educação, ou seja: Educação Infantil, Ensino Fundamental e Ensino Médio.

> Justifica-se tal redução com a urgência de se dar prioridade ao Ensino Fundamental a partir de "diagnósticos" que indicam uma baixa média de anos de escolarização da população e da força de trabalho, altos índices de analfabetismo, baixa efetividade do ensino e produtividade do sistema escolar, iniquidades regionais, entre outros problemas. (Freitas, 2002, p.4)

A priorização do Ensino Fundamental é reafirmada no artigo 60 do Ato das Disposições Constitucionais Transitórias (ADCT), que diz:

> Nos dez primeiros anos da promulgação da Constituição, o poder público desenvolverá esforços, com a mobilização de todos os setores organizados da sociedade e com a aplicação de, pelo menos, cinquenta por cento dos recursos a que se refere o art. 212 da Constituição Federal, para eliminar o analfabetismo e universalizar o ensino fundamental.

Essa determinação jamais pôde ser cumprida pelo governo federal, por isso propôs a alteração no texto constitucional por meio da Emenda Constitucional 14/96, que diminui para 30% o percentual de investimento da União no Ensino Fundamental e cria o Fundef.

Em relação ao Ensino Médio, a expressão "progressiva extensão da obrigatoriedade e gratuidade do ensino médio", contida na Constituição Federal de 1988, demonstra que essa etapa de ensino ficou em segundo plano, apenas como uma intenção futura, sem nenhuma garantia da legítima obrigatoriedade do Estado.

No que tange ao Ensino Infantil, pela primeira vez na história a Constituição Brasileira instituiu como competência dos municípios atuar em seu provimento, apesar de não ter definido sua obrigatoriedade, nem fonte e percentuais de financiamento.

Interpretando os pilares da educação básica ampliada, identificam-se aspectos relevantes para o serviço social:
- realiza, dentro e fora da escola – nesse sentido, é importante reconhecer as relações sociais que os educandos estabelecem fora das unidades educacionais, tendo como pressuposto que o processo de aprendizagem é contínuo e não se encerra na escola;
- diferencia (já que são diferentes as necessidades básicas de aprendizagem) dos diversos grupos e culturas – revela a necessidade de valorizar as diferentes formas de manifestações culturais –, respeitando as diversidades culturais que incluem as questões de gênero, etnia, religião, entre outros. Portanto, respeita as diferenças, ou seja, é contra qualquer tipo de preconceito e discriminação;
- requer enfoques de políticas intersetoriais – denota a visão do aluno como ser humano genérico, criança e adolescente concreto que tem fome, insegurança, cansaço, sentimentos de inferioridade e incapacidade, formas específicas de lazer e de organização familiar, enfim, expressões sociais próprias da classe social a que pertencem, por isso trazem necessidades que ultrapassam a especificidade da escola, implicando ações articuladas com as demais políticas setoriais.

Lutar para que essa visão ampliada da educação se efetive é afirmar a importância de educação para todos, respeitando a diversidade e as desigualdades sociais presentes na sociedade brasileira e que precisam ser ponderadas pelos profissionais que atuam no universo educacional. Destaca-se a seguir, em linhas gerais, a configuração da Educação Infantil e do Ensino Fundamental no Brasil, considerando serem essas etapas de ensino as instâncias que se constituem em espaços de atuação do serviço social nos municípios do estado de São Paulo.

Ressalta-se que a inserção do serviço social na política de educação municipal paulista, nas diferentes etapas de ensino, se delineia da seguinte forma:

Quadro 6 – Distribuição dos municípios por nível de ensino

Nível de Ensino	Municípios	Número Total	Porcentual
Educação Infantil	Borebi Santo André São José dos Campos Ipiguá Itu Batatais	6	21,43%
Educação Infantil e Ensino Fundamental	Presidente Prudente Limeira Santa Rita do Passa Quatro Jacareí Laranjal Paulista Franca São Bernardo do Campo Vargem Grande Paulista Santa Bárbara do Oeste Tupã Leme Garça Cosmópolis Dracena Botucatu São Carlos Assis Lorena Barão de Antonina	19	67,86%
Educação Especial	Mauá Embu Hortolândia	3	10,71%

Fonte: Pesquisa realizada com os assistentes sociais que atuam na área da Educação nos municípios paulistas, período 2005-2006.

Verifica-se que a maior incidência da inserção do serviço social na política de educação municipal é na Educação Infantil, resultado obtido pelo somatório dos municípios que atendem especificamente essa etapa de ensino, ou seja: 21,43% com aqueles que a intervenção profissional abrange a educação fundamental (67,86%), perfazendo um total de 89,29% dos municípios pesquisados.

As interpretações das informações obtidas na investigação foram didaticamente separadas por etapas de ensino, considerando suas peculiaridades, resguardadas as atribuições próprias do exercício profissional do assistente social.

Educação Infantil

Um breve resgate da trajetória histórica da Educação Infantil faz-se necessário para compreender as atuais mudanças ocorridas nas legislações brasileiras que versam sobre essa etapa de ensino, que assumiu um *status* qualitativamente superior ao que lhe era conferido nas constituições brasileiras anteriores.

De acordo com os estudos de Kramer (1982), a trajetória da Educação Infantil e suas mudanças acompanham a evolução da concepção de criança, que é construída de acordo com o modo de produção vigente em cada período e contexto histórico.

No século XVI, convivem na sociedade duas concepções de criança: a que considera ingênua, inocente e expressa a atitude dos adultos de "paparicação", e a outra como imperfeita e incompleta, sendo traduzida pela necessidade de o adulto moralizar a criança.

Com a expansão do capitalismo, acelerado com as mudanças científicas e tecnológicas, era preciso cuidar da criança para uma atuação futura como força de trabalho. A criança é concebida e caracterizada pela sociedade capitalista como um ser a-histórico, acrítico, fraco, incompetente, economicamente não produtivo, que merece os cuidados dos adultos.

As aspirações educacionais aumentam à proporção que o capitalismo acredita que a escolaridade poderá representar maiores ganhos, o que provoca frequentemente a inserção da criança no trabalho simultâneo à vida escolar. [...] A educação tem um valor de investimento a médio ou longo prazo e o desenvolvimento da criança contribuirá futuramente para aumentar o capital familiar. (Kramer, 1992, p.23)

No Brasil, no período escravista, as crianças eram vistas como adultos em miniatura. Nesse período, as primeiras iniciativas voltadas para o atendimento a crianças tinham um caráter higienista, dirigido contra o alto índice de mortalidade infantil, atribuído aos nascimentos ilegítimos da união entre escravos e senhores, e a falta de educação física, moral e intelectual das mães.

Após a Proclamação da República, surgem as primeiras creches, que atendiam somente filhos de mães trabalhadoras e a ação era restrita a alimentação, higiene e segurança física das crianças.

A partir da década de 1930, com a aceleração do processo de industrialização e urbanização, organizam-se as políticas sociais visando responder à nova fase de desenvolvimento do capitalismo. Surgem vários órgãos de amparo assistencial e jurídico à infância, tais como: Departamento Nacional da Criança, em 1940; Instituto Nacional de Alimentação e Nutrição, em 1972; Serviço de Assistência ao Menor (SAM) e Fundação Nacional do Bem-Estar do Menor (Funabem), em 1941; Legião Brasileira de Assistência Social (LBA) em 1942; entre outros. Apesar da criação desses órgãos, as políticas sociais de atenção a crianças não conseguiram atingir toda a população que necessitava de atendimento.

Nas décadas de 1960 e 1970, ocorreu um avanço nas políticas sociais, especificamente na educação, o grau básico é obrigatório e gratuito, conforme consta na Constituição Federal de 1971.

Em consequência do expressivo número de evasão escolar e repetência nesse período, foi instituída a educação pré-escolar, denominada compensatória, para crianças de quatro a seis anos, de baixa renda, visando reduzir as carências culturais dessa faixa populacional.

A elaboração da abordagem da privação cultural veio fundamentar e fortalecer a crença na pré-escola como instância capaz de suprir as "carências" culturais, linguísticas e afetivas das crianças provenientes das classes populares. Vista dessa forma, a pré-escola, como função preparatória, resolveria os problemas do fracasso escolar que afetava principalmente as crianças negras e filhas de imigrantes, nos países da Europa. (Kramer, 1982, p.9)

Foi essa a concepção de pré-escola que chegou ao Brasil na década de 1970, tendo como discurso oficial a proclamação da educação compensatória como solução de todos os problemas educacionais.

Ainda de acordo com Kramer (1982), essas pré-escolas não possuíam caráter formal, consequentemente não havia investimento para a qualificação de profissionais, sendo muitas vezes voluntários. As creches públicas restringiam seu atendimento a uma ação assistencialista, e o contrário ocorria com as creches privadas, que desenvolviam atividades educativas, voltadas para os aspectos cognitivos, psicológicos e sociais das crianças.

Nos anos 80 os problemas relacionados à educação pré-escolar são: ausência de uma política global e integrada; falta de coordenação entre programas educacionais e de saúde; predominância do enfoque preparatório para o primeiro grau; insuficiência de docentes qualificados; escassez de programas inovadores e falta de participação familiar e da sociedade. (ibidem, p.5)

No decorrer dos últimos vinte anos,

[...] muitos estudos vêm mostrando a importância desse período para o lançamento dos alicerces de um desenvolvimento integral, sadio e harmonioso da criança, do jovem e do adulto. A produção acadêmica sobre o tema tem aumentado, bem como também a consciência da necessidade de uma política de educação infantil, integrada e articulada nas três esferas de governo: União, estados e municípios. (Fonseca, 1999, p.198)

No processo constituinte para a elaboração da Constituição de 1988, a mobilização dos educadores e dos movimentos sociais foi decisiva para incluir a creche e a pré-escola no quadro da política de educação, como ação complementar à família, dever do Estado e direito da criança.

A perspectiva pedagógica que orienta essa posição tem como concepção de criança um ser social, histórico, pertencente a determinada classe social e cultural.

Na referida constituição, a educação de crianças de zero a cinco anos, concebida, muitas vezes, como amparo e assistência, passou a figurar como direito do cidadão e dever do Estado, numa perspectiva educacional, em resposta aos movimentos sociais em defesa dos direitos da criança e do adolescente.

Nesse contexto, a proteção integral à criança deve ser assegurada, com absoluta prioridade, pela família, pela sociedade e pelo poder público.

Em 1990, com a promulgação da Lei n. 8.069, do ECA, ratificaram-se os direitos desse segmento populacional como "dever do Estado assegurar [...] atendimento em creche e pré-escolas às crianças de zero a seis anos..." (Brasil, 1990) e foram estabelecidos mecanismos de participação e controle social na formulação e na implementação de políticas para a infância, com a criação de conselhos de direito nas três esferas de governo, juntamente com os fundos e os conselhos tutelares.

Decorrente da luta da sociedade organizada, e especialmente dos assistentes sociais, foi aprovada também, na década de 1990, a Lei Orgânica da Assistência Social (Lei n.742 de 7/12/1993) configurando à assistência social o caráter de política pública, direito de cidadania e dever do Estado.

Essa lei refere-se também à faixa etária que integra a Educação Infantil, considerando esse segmento populacional como destinatário de suas ações, visando garantir, por intermédio da rede de proteção social, o atendimento necessário e adequado, incluindo serviços educacionais, assistenciais e de saúde, com ações integradas às demais políticas sociais.

A LDB/96 confirmou mais uma vez a obrigação do Estado em relação à oferta de ensino público às crianças de zero a seis anos, incluindo a Educação Infantil no bojo da educação básica, sendo dividia em creche (zero a três anos) e pré-escola (quatro a seis anos), conforme artigo 30.

Não colocou, portanto, a creche como ensino obrigatório, mas reconheceu sua importância como primeira etapa da educação básica, direito da criança e parte integrante do processo educacional e não mais como atendimento informal, destinado apenas à socialização das crianças nessa faixa etária.

As estatísticas comprovam que o acesso a essa etapa de ensino está muito aquém da demanda existente. Essa fase de desenvolvimento da criança é essencial para garantir a plena evolução de seu potencial cognitivo, psicológico e social. As crianças das classes empobrecidas, muitas vezes, não possuem oportunidades para desenvolver suas capacidades, pois não há creches e pré-escolas suficientes para todos.

Estudos realizados por educadores comprovam que a criança que participa da creche, especialmente da pré-escola, tem mais facilidade de obter sucesso em outros graus de ensino. Nesse aspecto, a articulação da política da educação com a política da assistência social na efetivação de ações que envolvam a educação infantil viabilizará a garantia do direito da plenitude de desenvolvimento da criança nessa importante faixa etária.

O ECA reconhece a criança e o adolescente como sujeitos de direitos, respeitando suas condições peculiares de desenvolvimento, assegurando-lhes, com absoluta prioridade, "a efetivação dos direitos referentes à vida, à saúde, à alimentação, à educação, ao esporte, ao lazer, à profissionalização, à cultura, à dignidade, ao respeito, à liberdade e à convivência familiar e comunitária" (ECA, artigo 4°). Dessa maneira, a Educação Infantil, considerada primeira etapa da educação básica, conforme determina o artigo 29 da LDB de 1996, e que "tem como finalidade o desenvolvimento integral da criança até seis anos, em seus aspectos físicos, psicológicos, intelectuais e sociais", precisa que seus educadores e o próprio ambiente educacional estejam preparados de forma condizente com as peculiaridades, particularidades da referida faixa etária, visando propiciar um atendimento de qualidade que equacione o cuidar e o educar na perspectiva de direito social da criança, objetivando seu pleno desenvolvimento.

Investigando a realidade dos municípios paulistas constatou-se que, dos 28 municípios que participaram da pesquisa, 25 deles (89,29%) contam com a intervenção do serviço social na Educação Infantil.

A presença do serviço social na educação infantil e especialmente nas creches é decorrente da trajetória histórica da constituição das creches na sociedade brasileira, que sempre esteve atrelada à área da assistência social; portanto, os assistentes sociais possuem uma longa experiência profissional nesse contexto. O que caracteriza a função atual da Educação Infantil é a integração entre educação e assistência social, articulando o ato de educar ao ato de cuidar.

A transferência das creches para a área da Educação é muito recente, como já foi citado, assim a consolidação desse direito e a garantia de efetivação de uma ação que englobe o "cuidar e educar" ainda são condições escamoteadas na política educacional e tratadas como "oferta pobre para uma população pobre", não alterando seu caráter compensatório, traço marcante das políticas sociais.

Apesar da experiência acumulada do serviço social em creches, o processo de transferência dessas para a área da Educação altera substancialmente essa instituição, influenciando na relação que o serviço social estabelece com esse espaço sócio-ocupacional. Mudanças significativas ocorrem nas creches relacionadas a diversas questões: a organização do trabalho coletivo na área da Educação com a presença de professores, pedagogos, coordenadores pedagógicos, supervisores de ensino; a visão educativa que começa a ser delineada; o ordenamento jurídico e a configuração da política de Educação Infantil exigem um novo enfoque da prática profissional. É nesse sentido que a pesquisa desvela a efetivação da prática profissional do assistente social nesse novo contexto da política de Educação Infantil.

> A transferência das creches para educação mudou muita coisa. Agora creche é um direito, faz parte da educação, mas existe uma demanda reprimida, então é o Serviço Social que tem que trabalhar com este processo seletivo. Não é fácil. Claro que acreditamos na universalização, mas... Outra questão que mudou foram os profissionais. Agora os professores são mais qualificados... Nós prestamos assessoria às creches, porque aqui no município quase todas as creches são conveniadas, isto é, pertencem a entidade sociais, então nós passamos a exigir um padrão mínimo de qualidade. Com isso, as creches tiveram que se adaptar e melhoraram muito. Por isso, acredito que esta transferência tenha sido para melhor. (AS – Franca)

Destacam-se, a seguir, seis municípios em que a intervenção profissional do assistente social é restrita à Educação Infantil, sendo distribuídos da seguinte forma:
- Creches: perfazem um total de 50%: Borebi, Santo André e São José dos Campos, e o município de Borebi é considerado de pequeno porte e os municípios de Santo André e São José dos Campos são considerados de médio porte;
- Educação Infantil completa (creche e pré-escola): totalizam 50%: Ipiguá, município considerado de pequeno porte; Itu e Batatais, considerados de médio porte.

A reflexão sobre o trabalho do assistente social realizado nessa etapa de ensino será efetivada de forma conjunta creche e pré-escola, pois as unidades de ensino atendem essas duas etapas no mesmo espaço institucional.

Dos seis municípios que atuam na Educação Infantil, em três deles (Borebi, Ipiguá e Itu), o serviço social realiza as seguintes atividades:
- palestras para os pais;
- visitas domiciliares, quando necessárias;
- encaminhamentos da família aos recursos da comunidade;
- ficha de anamnese dos alunos;
- organização de diversas festas e campanha do agasalho;
- controle nutricional e de peso das crianças;
- campanhas com a participação de psicólogas, enfermeiras e médicos para orientação dos pais;
- atendimentos individuais de mães, quando necessários.

Salienta-se que, nos municípios supracitados, há apenas um assistente social para atuar com as diversas políticas sociais, inclusive com a rede municipal de ensino. Essa condição de trabalho é determinante na efetivação da prática profissional que, na educação, acaba sendo realizada de forma pulverizada, mediante atendimento das demandas trazidas pelos usuários das diversas unidades educacionais. Portanto, podemos inferir que há dificuldades para que o profissional possa investigar as demandas individuais para torná-las coletivas e, assim, dar visibilidade aos interesses dos usuários.

A explicitação da prática profissional do assistente social revela que reconhecer a instituição educacional como espaço contraditório, que implica correlação de forças historicamente determinadas, em que os usuários podem deter parcela do poder, é determinante para que a atuação profissional possa ser direcionada para fortalecimento deste poder.

Em um dos municípios (Borebi) é atribuído ao assistente social a função de coordenação da creche, realizando atividades burocráticas administrativas que distanciam o profissional das atribuições pertinentes à profissão.

Ainda em outro município (Itu), o serviço social faz parte da equipe técnica composta de psicólogos, psicopedagogos, fonoaudiólogos, enfermeiras que compõem o Centro Especializado Municipal de Atendimento ao Deficiente Auditivo, ligado à Secretaria Municipal da Educação, que além de realizar as atividades pertinentes a esse centro, viabiliza ações nas creches e pré-escolas municipais. No entanto, de acordo com a própria descrição do assistente social, essas ações são pontuais e estão restritas à triagem para transporte dos alunos e inserção das crianças nas creches e pré-escolas.

Constata-se que esses profissionais encontram dificuldades para materializar os conhecimentos obtidos pelos avanços teórico-metodológicos e ético-políticos construídos pela profissão, principalmente após o processo de ruptura,[8] e das leis específicas que regulamentam a Educação Infantil para a efetivação da prática profissional.

Percebe-se que a prática profissional do assistente social é fragmentada em diversas ações que visam atender as demandas emergentes, requeridas especialmente pela instituição. Esse enfoque profissional dificulta decifrar as mediações presentes e apreender as particularidades descritas pelos sujeitos que, na verdade, são expressões das desigualdades sociais do processo de produção e reprodução da sociedade. Essa leitura da realidade é o caminho para projetar e forjar formas de

---

8 Processo de intenção de ruptura: remonta à transição dos anos 1970 a 1980, momento histórico que gestou a primeira condição para a construção no novo projeto ético-político profissional, que vigora atualmente, que se viabilizou pela recusa e pela crítica do conservadorismo profissional. Para análise desta questão, verificar particularmente Netto (1989).

resistência e defesa dos direitos sociais dos usuários atendidos pelo assistente social.

Em relação à estrutura de técnicos para atuar na educação, constatou-se que dois municípios (Borebi, Ipiguá) contam com um assistente social e um psicólogo para atender à demanda do município em geral e especificamente nas creches.

Em Itu, há um Centro Especializado Municipal de Atendimento ao Deficiente Auditivo, cuja equipe é formada por uma assistente social, duas psicólogas, uma psicopedagoga, duas fonoaudiólogas e duas enfermeiras. Quando necessário, a rede pública de ensino encaminha para o assistente social desse Centro os alunos que apresentam alguma demanda considerada pelos educadores como "social".

Os relatos sobre a prática profissional desenvolvidas nesses municípios revelam que ultrapassar a perspectiva psicologizante das demandas sociais ainda é um grande desafio para esses profissionais.

Em outro grupo de três municípios (Santo André, São José dos Campos e Batatais), o serviço social se insere na estrutura da educação, especificamente para atuar com creches, e é organizado em equipe, contando com assistentes sociais, pedagogos e psicólogos, efetivando uma ação direta nas creches e também uma ação de assessoria.

As atividades realizadas por essa equipe envolvem toda a comunidade escolar, ou seja, educadores, alunos e famílias que efetivam as seguintes atividades:
- projetos sociais envolvendo famílias, professores e funcionários das unidades educacionais;
- projeto de formação continuada com educadores e funcionários visando a valorização pessoal e profissional, além de propiciar a integração da equipe;
- reuniões técnicas com a equipe;
- orientação e acompanhamento do conselho de escola e associação de pais e mestres;
- trabalho socioeducativo com famílias, denominado Projeto Escola de Pais, trabalhando temas de interesse das famílias que contribuem para a formação de uma visão crítica principalmente em relação à educação dos filhos;

- realização de oficinas temáticas com funcionários;
- realização do cadastro socioeconômico das famílias visando a classificação por prioridade para inscrição nas creches – discussão com a equipe técnica;
- elaboração do plano anual do trabalho da equipe técnica;
- trabalho com famílias de alunos visando a permanência nas unidades educacionais dos alunos em situação de risco social ou vulnerabilidade temporária com acompanhamento por meio de visitas domiciliares, denominado Projeto Acolhe;
- interação com a comunidade, com a realização de cursos para empregadas domésticas e oficinas de trabalhos manuais oferecidas pelos pais no espaço escolar e aberto a toda comunidade;
- encaminhamentos aos recursos da comunidade visando atender especialmente as necessidades básicas das famílias.

Observa-se que as ações incluem aspectos socioeducativos efetivados em reuniões e capacitações com educadores e famílias; prestação de serviços sociais por meio de encaminhamentos aos diversos recursos da comunidade; assessoria e acompanhamento dos conselhos de escolas e associações de pais e mestres até o atendimento direto às famílias.

Ao ativar as duas dimensões da prática profissional, ou seja, a prestação de serviços sociais e a ação socioeducativa envolvendo todos os sujeitos pertencentes à comunidade escolar, o profissional possibilita a ultrapassagem da mera demanda institucional para a demanda profissional,[9] ampliando o espaço ocupacional do assistente social com propostas de trabalho que redirecionam as prioridades reais, materiais e sociopolíticas dos usuários.

---

9 "Demanda institucional representa a requisição de resultados esperados dentro dos objetivos institucionais e colados ao esperado pela instituição do profissional, logicamente em consonância com o perfil ideológico da organização" (Pontes, 1995, p.167). "Demanda profissional é a legítima demanda advinda das necessidades sociais dos segmentos demandatários dos serviços sociais. A demanda profissional incorpora a demanda institucional mas não se restringe a esta, podendo e devendo ultrapassá-la. A construção da demanda profissional impõe ao profissional a recuperação das mediações ontológicas e intelectivas que dão sentido histórico à particularidade do Serviço Social numa dada totalidade relativa" (ibidem, p.174).

Ressalte-se que, em Santo André, há assistentes sociais em todas as creches, tanto municipais quanto conveniadas, porém o cargo que ocupam é de Orientador de Atividade Socioeducativa (Oase), apesar de desenvolverem atividades profissionais do serviço social.

Em relação à articulação da política de Educação Infantil com outras políticas sociais, dois municípios que atendem somente essa etapa de ensino (Batatais e São José dos Campos) realizam projetos em parceria com a Secretaria Municipal de Assistência Social e da Saúde.

O serviço social implantou um projeto de acompanhamento dos alunos que se encontram em situação de risco social[10] ou vulnerabilidade temporária, em um dos municípios (Batatais), realizando visitas domiciliares com o objetivo de garantir o retorno e a permanência da criança nas unidades educacionais, intervindo junto às famílias. Em outro município (São José dos Campos), há um sistema de gestão integrada que articula todas as secretarias municipais, efetivando ações que atendam principalmente às famílias.

A Educação Infantil, sendo considerada direito da criança, adquiriu *status* de universalidade. Dessa maneira, independe da condição de classe social, de diversidade cultural, superando até mesmo a cisão entre atendimento de caráter apenas assistencial de crianças até três anos, e atendimento de cunho educativo, para crianças a partir de quatro anos, que é considerado de preparo para o Ensino Fundamental.

Em todos os municípios pesquisados, onde há o profissional assistente social inserido na Educação Infantil, esse profissional exerce a função de porta de entrada de acesso ao direito à creche para esse segmento populacional, contraditoriamente às legislações que o garantem como política educacional.

Os profissionais utilizam-se de várias denominações – como "triagem, cadastro de classificação socioeconômica, processo admissional" – para a realização de seleção de usuários que serão atendidos nas

---

10 São consideradas crianças e adolescentes em situação de risco pessoal e social aquelas que sofrem maus-tratos; abuso físico, psicológico, sexual; envolvidas com o uso e/ou tráfico de drogas; delinquência ou ainda crianças e adolescentes sem saúde, sem escola, sem habitação, sem alimentação, sem lazer, sem afetividade, enfim na verdade são violadas em seus direitos sociais.

creches, por meio de crivo da necessidade socioeconômica da família ou da condição de trabalhadora da mãe. Essa prática realizada historicamente pelas creches justificava-se pelo fato de essa instituição ser vinculada à área da Assistência Social e efetivada, muitas vezes, por Organizações Não Governamentais (ONG), visando atender filhos das famílias das camadas pobres, dessa forma não se caracterizando como direito universal.

A seletividade para o acesso da população às políticas públicas ainda é uma atividade predominante na profissão. Nesse sentido, a inserção do serviço social na educação municipal tem a intenção velada de amenizar, controlar, os conflitos e tensões afloradas na contradição entre o direito à Educação Infantil, especialmente o atendimento de crianças de zero a três anos em creches, e a real situação desse âmbito de ensino que não dispõe de recursos suficientes de atendimento à demanda existente. Portanto, o direito educacional – determinado constitucionalmente e por leis que regulamentam a política de atendimento a crianças e adolescentes (ECA/90, LDB/96) –, na prática, ainda não se efetivou.

Constata-se que, pelo fato de esse nível de ensino (Educação Infantil) não fazer parte das prioridades eleitas pelas agências financiadoras do setor educacional, seu atendimento tem sido financiado com as sobras de recursos da educação e complementados com os recursos da assistência social, de conformidade com o interesse dos governantes municipais em priorizar esse atendimento.

É preocupante a realização dessa prática da "seletividade" pelos assistentes sociais sem demonstrar nenhuma estratégia que vislumbre uma análise da demanda reprimida visando "publicizá-las" e considerá-las na projeção de encaminhamentos, tomando essa questão como objeto de sua ação, articulando esforços em prol dos interesses dos usuários.

É imprescindível que o assistente social estimule a reunião de pessoas que vivem problemas comuns (falta de vagas nas creches) para que possam organizar-se, criando condições tanto de compreensão do problema em sua estrutura como aglutinando forças que expressem coletivamente a necessidade social daquele segmento populacional.

A dimensão investigativa da prática profissional também é determinante nesse processo; por meio da análise da demanda reprimida, que se encontra diluída em situações particulares, é possível elaborar um diagnóstico social, oferecendo subsídios para a implementação das políticas educacionais no âmbito municipal.

Apenas o município de Presidente Prudente, que atua com as creches e também com o Ensino Fundamental, informa que o serviço social participa de uma Central de Vagas para Creche, organizada com a participação de diversas secretarias municipais: assistência social, educação e planejamento, além de representantes do conselho tutelar e da Vara da Infância e da Juventude do Poder Judiciário, que têm a finalidade de administrar o acesso das crianças às creches do município. Como aponta o texto a seguir:

> No município tem uma grande demanda reprimida por creche, então foi implantada uma central de vagas e o assistente social da educação participa. Então, sugerimos um levantamento da demanda reprimida, um perfil, assim poderemos ter dados concretos e dizer qual é a realidade. É claro que a gente luta pela universalização do atendimento, mas tem uma população de mais ou menos 700 pessoas nesta faixa etária, que as famílias têm renda na faixa de cinco ou mais salários mínimos, então queremos saber o perfil de quem está fora da creche para comparar. Esta discussão trouxemos para a Unesp – Faculdade de Pedagogia, que vai nos ajudar nesta pesquisa, (AS – Presidente Prudente)

Considerando a demanda reprimida, esse grupo organizou critérios para priorizar o atendimento, porém o serviço social está propondo um estudo referente à demanda reprimida, até mesmo possibilitando a localização dessas crianças nos bairros inseridos no mapa da exclusão existente no município. Dessa forma, esses profissionais pretendem conquistar espaços para influenciar no planejamento para a construção de novas creches.

Essa experiência demonstra que a prática profissional contém um constituinte político na medida em que atua como condição inibidora ou estimuladora sobre o potencial político da base popular.

Está posto o grande desafio, pois, apesar de constituído como direito universal, as estatísticas apontam uma grande demanda reprimida no atendimento de crianças nessa etapa de ensino, sem contar com a necessidade de investimento na qualidade dos serviços prestados, visto que, historicamente, as creches, em sua grande maioria, eram mantidas por ONG e tinham uma perspectiva assistencialista e filantrópica.

O Anuário Estatístico de 2000 do Instituto Brasileiro de Geografia e Estatística (IBGE) ilustra a questão citada, com os seguintes dados: na faixa etária de zero a três anos, o atendimento no Brasil é de apenas 9,4%; e na faixa etária de quatro a seis anos, 61,4% frequentam a escola.

No capítulo que trata sobre a educação básica, a lei supracitada define a finalidade da Educação Infantil, ou seja: "a educação infantil, primeira etapa da educação básica, tem como finalidade o desenvolvimento integral da criança até 5 anos, em seus aspectos físicos, psicológico, intelectual e social, complementando a ação da família e da comunidade" (LDB, 1996, artigo 29 – Brasil, 1998). O tratamento desses vários aspectos como dimensão do desenvolvimento, e não como aspectos distintos ou áreas separadas, é fundamental, pois evidencia a necessidade de considerar-se a criança em sua totalidade para promover seu desenvolvimento integral e sua inserção na esfera pública.

A referida lei incumbiu as instituições de Educação Infantil de elaborar suas propostas pedagógicas, considerando a diversidade brasileira, reconhecendo a multiculturalidade que se entrecruza com a grave desigualdade social, visando garantir o respeito à diversidade e aos direitos de todas as crianças pertencentes a esse segmento populacional. Para isso, a lei aprega a necessidade da participação efetiva dos professores, juntamente com as famílias.

As Diretrizes Curriculares Nacionais para a Educação Infantil estão descritas na Resolução CNE/CBE n.1, de 7 de abril de 1999, com o objetivo de orientar as instituições dessa etapa de ensino na organização, na articulação, no desenvolvimento e na avaliação de suas propostas pedagógicas.[11]

---

11 As Diretrizes Curriculares Nacionais da educação infantil (DCN) têm como fundamentos norteadores da proposta princípios éticos, políticos e estéticos, de

Fica, portanto, explícita, para a Educação Infantil, a existência de um espaço sócio-ocupacional para o serviço social visando implementar ações não exclusivamente educativas e nem prioritariamente assistenciais, mas socioeducativas. O assistente social poderá viabilizar a articulação da política de assistência social, da saúde e da educação no intuito de garantir o atendimento nos aspectos físico, social, intelectual e emocional das crianças de zero a cinco anos e suas famílias, especialmente aquelas vulnerabilizadas pela pobreza.

A partir da Constituição Federal de 1988, do Estatuto da Criança e do Adolescente de 1990, determinam o dever do Estado com a educação infantil mediante a garantia de atendimento em creches e pré-escola. A LDB/96 confirma a gratuidade desse atendimento e determina que as instituições de educação infantil sejam inseridas no sistema de ensino, sendo este um direito universal. Esta lei traz alterações no trabalho do Serviço Social, considerando que as novas diretrizes e parâmetros de ação foram determinados do ponto de vista legal, social e educacional. Então, a partir daí, cuidar e educar têm sido funções complementares e indissociáveis na educação infantil, derrubando o caráter assistencialista, porém concretizando a assistência social e a educação como direito de cidadania e dever do Estado. (AS – Prudente)

Em sete municípios (Limeira, Presidente Prudente, Santa Rita do Passa Quatro, Jacareí, Laranjal Paulista, Franca e São Bernardo do Campo) que atendem o conjunto de unidades educacionais referentes à Educação Infantil e ao Ensino Fundamental, a prática profissional desenvolvida é organizada em projetos que, em alguns casos, incluem ações que abrangem toda a comunidade escolar visando fortalecer a gestão democrática da educação; prestar atendimentos socioassistenciais e socioeducativos, bem como propiciar a articulação da educação com as demais políticas sociais.

---

forma que as instituições de Educação Infantil promovam "práticas de educação e cuidados, possibilitando a integração entre os aspectos físicos, emocionais, afetivos, cognitivo/linguísticos e sociais da criança, entendendo que ela é um ser completo, total e indivisível" (Artigo 3º, inciso III – DCN).

É importante salientar que nesses municípios, nas Secretarias de Educação, há uma equipe técnica organizada, contando com um número significativo de profissionais como pedagogos, psicólogos, assistentes sociais e, em um deles, até mesmo fonoaudiólogo.

Em todos os municípios é marcante a contribuição do assistente social no processo de formação continuada dos funcionários e educadores das creches e pré-escolas, especialmente refletindo sobre temas relacionados à questão social (violência doméstica, drogas, pobreza) e aos instrumentos jurídicos e políticos que orientam o atendimento desse segmento populacional, especialmente o ECA, conforme ilustram os depoimentos:

> A formação dos educadores, dirigentes das unidades educacionais, orientadores pedagógicos, auxiliares de desenvolvimento infantil e os demais funcionários de apoio sobre a questão da violência doméstica é muito solicitado ao assistente social. Somos solicitados para orientar como tratar a criança, não hostilizar... trabalhar esta questão com o pedagogo. Discutimos como identificar os sinais que demonstram violência doméstica. (AS – Presidente Prudente)

> Nós entendemos que é importante trabalhar com educadores e com todos os funcionários da escola. Temos que começar sempre do universo da escola, independente da família, Primeiro temos de estar bem, ter uma equipe que sabe o que está fazendo, que conhece o seu projeto político-pedagógico, que está preparada e com o olhar entendendo aquele aluno, o contexto que ele representa. Se a equipe estiver assim, com certeza, ela contaminará a família facilmente. (AS – Limeira)

> Eu vejo nas reuniões com os professores, a questão do ECA, quando você coloca qual a visão que o professor tem sobre o estatuto? O professor diz: "o ECA passa a mão na cabeça da criança, só fala de direitos e depois do estatuto piorou muito, porque os pais não podem mais bater nos seus filhos". Nestas horas precisamos ter um posicionamento bem forte, conhecimento claro do ECA para poder fundamentar nosso discurso. (AS –Franca)

A intervenção do serviço social com as famílias também está presente nesses municípios, viabilizando a ação conjunta entre família e unidade educacional no processo educativo das crianças e, ao mesmo tempo, ampliando o universo cultural e crítico dessas famílias, com o intuito de se tornarem sujeitos de direitos, protagonistas essenciais na educação de seus filhos.

Uma das características da prática profissional do assistente social nesse espaço sócio-ocupacional é, portanto, a "ação de cunho socioeducativo ou ação socializadora, voltada para mudanças na maneira de ser, de sentir, de ver e agir dos indivíduos, que busca a adesão dos sujeitos; incide tanto sobre questões imediatas como sobre a visão de mundo" (Iamamoto, 1992, p.101).

A prática profissional e sua dimensão educativa

Partindo do princípio gramsciano de que todo processo educativo é dimensionado por uma ideologia, a ação educativa desencadeada pelos assistentes sociais não é unívoca; explicita a trajetória histórica da profissão que até a década de 1980 era predominante na perspectiva de integração à sociedade. A partir desse período, conforme analisa Netto (1999), determinadas circunstâncias históricas favorecem a consolidação de um projeto profissional que tem como um de seus marcos históricos o Código de Ética de 1993, que reafirma a conexão entre o projeto ético-político profissional e projetos societários cuja teleologia comporta uma ética de emancipação humana. Sua projeção ideal é orientada na direção da construção de uma sociedade que "propicie aos trabalhadores um pleno desenvolvimento para a invenção e vivência de novos valores, o que, evidentemente, supõe a erradicação de todos os processos de opressão e alienação" (Cfess, 1993).

É importante esclarecer que essa dimensão educativa da prática profissional do assistente social está inscrita no significado social da profissão, que atua nas relações sociais, isto é, na reprodução da própria sociedade, da totalidade do processo social, da dinâmica tensa das relações entre as classes sociais. "Trata-se da reprodução de um modo de vida que envolve o cotidiano da vida em sociedade: um modo de viver e

trabalhar de forma socialmente determinada" (Iamamoto, 1992, p.85).
Nesse sentido, a reprodução das relações sociais refere-se à:

[...] reprodução das forças produtivas e das relações de produção na sua globalidade, envolvendo, também, a reprodução espiritual, isto é, das formas de consciência social, jurídica, filosófica, artística, religiosa. Mas é também a reprodução das lutas sociais, das relações de poder e dos antagonismos de classes. (Iamamoto, 1992, p.99)

O papel educativo do assistente social é, portanto, no sentido de elucidar, desvelar a realidade social em todos seus meandros, socializando informações que possibilitem à população ter uma visão crítica que contribua com sua mobilização social visando a conquista de seus direitos.

Ressalta-se que as informações obtidas pela pesquisa que gera este texto são insuficientes para identificar a perspectiva ideológica impressa nas atividades socioeducativas desenvolvidas pelo assistente social na área da educação. Todavia, é notório que a profissão tem um acúmulo teórico referente a diversas questões que envolvem o cotidiano profissional e que são também pertinentes a essa área, ou seja, família, criança e adolescente; dimensão educativa e política da profissão; violência doméstica; questões de gênero, entre outros, subsídios suficientes para qualificar a relação teórico-prática que deve ser viabilizada pelos profissionais, conforme um dos princípios fundamentais do Código de Ética Profissional (Cfess,1993): "compromisso com a qualidade dos serviços prestados à população e com o aprimoramento intelectual, na perspectiva da competência profissional".

De acordo com o Plano Nacional de Educação Infantil de 2006:[12]

---

12 De acordo com o descrito no Plano Nacional de Educação Infantil (2006), o processo de elaboração do referido plano ocorreu a partir de 1990 quando o MEC mobilizou encontros com gestores da educação estadual e municipal visando discutir questões relativas à definição de política de Educação Infantil, definindo os principais objetivos para a área; a expansão da oferta; o fortalecimento das instâncias competentes; a definição da concepção de educação a ser adotada e o cuidado com aspectos indissociáveis das ações dirigidas às crianças e à melhoria da qualidade de atendimento em instituições de Educação Infantil (Brasil, 2006).

a inclusão da creche no capítulo da educação na Constituição Federal de 1988, explicita a função educativa desta, da qual é parte intrínseca a função de cuidar. Essa inclusão constitui um ganho sem precedentes na história da Educação Infantil em nosso país (Brasil, 2006, p.9).

A integração das instituições de Educação Infantil ao sistema educacional não foi, no entanto, acompanhada, em âmbito nacional, da correspondente dotação orçamentária. A alteração jurídica da política de Educação Infantil após LDB de 1996 configura novas diretrizes e parâmetros de ação indicando a necessidade de um reordenamento na estrutura funcional e organizacional dessas instituições.

Analisando a situação atual das creches e pré-escolas no texto constitucional (CF/88) e na própria LDB/96, Costa (2004) considera que estamos no início de um processo de reestruturação administrativa, técnica, política e pedagógica, especialmente junto às instituições de Educação Infantil atuantes na esfera da assistência social e o binômio "educar e cuidar" estão intrinsecamente imbricados e precisam ser analisados.

Costa (2004, p.1) acrescenta ainda uma importante questão confirmada por demandas apresentadas para a intervenção do serviço social nos municípios paulistas:

> [...] as creches e pré-escolas que sempre atuaram no âmbito da Assistência Social, ao assumirem prioritariamente o caráter educativo, continuam mantendo suas especificidades, mediante as características sociais e econômicas da população atendida. Porém este fato não as alija das diretrizes, objetivos e metas que emergem dessa nova visão, tendo em vista uma política de educação infantil que abrange todas as crianças, independentemente da classe social.

A LDB/96 estabelece, em seu artigo 11, inciso V, que os municípios deverão incumbir-se da oferta de Educação Infantil em creches e pré-escolas e, com prioridade o Ensino Fundamental. Em decorrência dessa responsabilidade constitucional para o município, e a adoção, por parte da União e dos estados, de políticas que priorizam fortemente o Ensino Fundamental, por meio do Fundef, que induz a municipalização dessa etapa de ensino, há uma redução de investimentos na rede de educação infantil para fazer frente às novas despesas decorrentes da absorção de escolas estaduais, especialmente as primeiras quatro séries do Ensino Fundamental.

As diferentes instâncias organizadas em prol da política de educação, tais como: Sindicato Nacional dos Docentes de Ensino Superior (Andes), Ação Educativa etc., fazem críticas à política de Educação Infantil, pois embora seja considerada constitucionalmente como etapa inicial da educação básica, não foi valorizada no texto da Lei n.9.394/96 (LDB), pois não prevê condições para sua efetiva implementação, isto é, dotação orçamentária e distribuição de competências entre as diversas instâncias governamentais.

Essas instituições novamente evidenciam que a política nacional da educação está estreitamente vinculada às disposições dos organismos internacionais, cuja preocupação central é que o atendimento escolar não implique aumento dos gastos públicos. Acrescentam, ainda, que o custo-aluno da Educação Infantil, por suas próprias peculiaridades, é necessariamente mais elevado que o custo-aluno do Ensino Fundamental, pois, além disso, há uma grande demanda reprimida a ser atendida.

Segundo a Andes, é importante considerar as experiências municipais de maior investimento na Educação Infantil, que repercute imediatamente no acesso e permanência, com mais êxito, no Ensino Fundamental.

Destaca-se a seguir o quadro demonstrativo da situação das matrículas na Educação Infantil na rede de ensino no estado de São Paulo, referente ao ano 2000.

Quadro 7 – Demonstrativo da situação das matrículas na Educação Infantil na rede de ensino no estado de São Paulo referente ao ano 2000

Rede de Ensino	Creche	Pré-Escola	Total
Estadual	522	119	641
Municipal	143.776	940.703	1.084.479
Federal	150	200	350
Total	258.949	1.130.293	1.389.242

Fonte: Censo Escolar 2000 – Estado de São Paulo.

Esses dados quantitativos demonstram que o município é o principal responsável pelo atendimento da Educação Infantil, pela disparidade de atendimento nessa etapa de ensino, entre as diferentes instâncias governamentais.

A trajetória histórica da experiência profissional dos assistentes sociais, especificamente em creches, palco de inúmeras demandas sociais provenientes do perfil da população que sempre foi atendida nessa instituição, por si só justifica a transferência ou a contratação desse profissional para integrar a equipe técnica na área da educação pública municipal, situação comprovada pela pesquisa, conforme indica o número de municípios em que esse profissional atua na Educação Infantil.

Fonseca (1997) aponta que o que caracteriza a função atual da Educação Infantil é a integração entre educação e assistência social, sendo "educar e cuidar" ações que se complementam no processo educativo.

A necessidade de articulação entre essas políticas setoriais visando garantir o direito à Educação Infantil foi abordado no documento de 1999, Ação Compartilhada das Políticas de Atenção à Criança de Zero a Seis Anos do Ministério da Previdência e Assistência Social, afirmando a necessidade de:

> [...] identificar as famílias com crianças de zero a seis anos existentes no município, demandatárias da assistência social; identificar e apoiar tecnicamente em parceria com a educação, as demandas existentes nas localidades que não possuam as devidas estruturas (físicas, de recursos humanos, pedagógicas e administrativas), conforme normas emanadas dos Conselhos Estaduais ou Municipais de Educação; apoiar as famílias destinatárias da assistência social que possuam filhos em creches e pré--escolas, através da inclusão em programas oficiais de auxílio de geração de renda, de mecanismos de encaminhamentos, de esclarecimentos sobre o acesso a programas de enfrentamento à pobreza, garantindo às crianças inclusão e promoção social; articular e planejar programas e cursos de apoio socioeducativo às famílias além de garantir que os recursos oriundos da assistência social aplicados em creches e pré-escolas sejam destinados ao seu público-alvo. (Brasil, 1999)

Na maioria dos municípios pesquisados que atendem especificamente essa etapa de ensino não há visibilidade de que essa ação seja desenvolvida de forma articulada, conforme indica o documento referido. As ações desencadeadas no sentido de efetivar a assistência social aos usuários dessa política educacional são fragmentadas em atendimentos individualizados que desmobilizam o sentido de direito social. Assim, a articulação exigida por esses parâmetros governamentais revela que o trabalho do profissional assistente social no interior dessas unidades educacionais poderá facilitar essa diretriz, pelo fato de ser uma das atribuições profissionais peculiares a esse profissional.

O conhecimento da realidade social concreta demonstra a contradição entre os direitos apregoados pelas regulamentações jurídicas em relação à política de educação infantil e sua efetivação, especialmente quando o município não dispõe de vagas correspondentes à demanda, condicionando o acesso a esse direito a critérios de seletividade, comumente a manutenção do emprego da mãe, ou em casos específicos do pai. Ora, em tempos de reestruturação produtiva, de crise de emprego, a existência desse critério pressiona as famílias, tornando as crianças vulneráveis ao trabalho precoce, à violência, enfim, a diversas situações que as colocam em risco social.

Uma das formas de pressão para conquista dos direitos é a mobilização da comunidade escolar por intermédio das instâncias de poder decisório existentes na própria escola pública. Porém, os seis municípios que atendem exclusivamente a Educação Infantil têm apenas um assistente social que realiza atividades com a associação de pais e mestres.

Esse fato demonstra que os assistentes sociais, na busca pela ampliação dos direitos, precisam assegurar a participação da comunidade escolar nos espaços de tomadas de decisões e exercício do poder coletivo, democratizando as relações no âmbito das unidades educacionais visando a que os interesses dos usuários sejam "publicizados".

Desse modo, o momento atual requer, especialmente dos assistentes sociais que atuam nessa etapa de ensino, ocupar espaços de discussão viabilizando a mobilização dos sujeitos envolvidos e da sociedade em geral na luta em prol desse direito, até mesmo se unindo às entidades representativas da política de educação, fortalecendo a luta por esse direito social.

Destacando na prática profissional dos assistentes sociais a efetivação de atividades socioeducativas, 50% dos municípios atuam especialmente com famílias, e desses, dois municípios (Santo André e São José dos Campos) incluem os funcionários nessas atividades.

É importante salientar que a predominância das atividades educativas com famílias pode estar relacionada ao reconhecimento, por parte dos educadores, do papel complementar da família no processo educativo, porém, muitas vezes, essa é culpabilizada pelas dificuldades enfrentadas pelos alunos em seu processo educativo, cabendo ao assistente social a função de orientar a família, esclarecendo sua função educativa, sem contextualizar a situação da família nesse momento histórico.

Essa ação unilateral com a família, sem o envolvimento dos educadores, limita o entendimento da totalidade do processo educativo e das nuanças que envolvem as expressões sociais e culturais presentes no espaço educacional, considerando a complexidade da realidade social.

A efetivação de uma ação socioeducativa que envolva todos os representantes da comunidade escolar proporcionando o acompanhamento dessa criança/família desde os primeiros anos de seu desenvolvimento, identificando e visando sanar uma gama de situações que podem interferir no pleno desenvolvimento desse ser social, sujeito de direito.

A possibilidade de identificar na tenra idade situações que possam afetar o desenvolvimento integral da criança como um ser genérico, que possui necessidades nos aspectos biopsicossociais e culturais, que possam ser identificadas precocemente antes de se tornar um desencadeador do fracasso escolar, é essencial para o sucesso escolar. Situações sociais que não estão circunscritas apenas no âmbito da criança e da família, mas que são pertinentes às relações sociais reproduzidas no interior das instituições educacionais também podem ser identificadas com a ação interdisciplinar e com a participação de todos os representantes da comunidade escolar, mobilizados em prol da permanência, com qualidade, da criança na escola.

Destacam-se, assim, na prática profissional desenvolvida pelo assistente social na educação infantil, relacionadas aqui sem considerar a direção implementada pelos profissionais, as seguintes ações:
- a efetivação do processo seletivo para inclusão das crianças em creche, em decorrência da grande demanda reprimida;
- a presença constante de ações ditas socioeducativas, que envolvem os educadores, mas especialmente as famílias, além de ações socioassistenciais.

Constata-se que o fortalecimento da gestão democrática não foi alvo de investimentos por parte dos profissionais. Democratizar as relações de poder no interior das escolas é um exercício de participação, é um passo importante para mobilizar a consciência crítica e participativa da população em especial das famílias, muitas vezes subalternizadas pela própria condição social e de dominação cultural que a sociedade lhes impõe.

A escola precisa compreender a participação da comunidade como usuária consciente desse serviço público, não apenas para servir de instrumento de controle em suas dependências físicas.

Nesse sentido, o assistente social poderá contribuir, como os usuários dessa política, na construção da visão crítica da realidade,

> [...] num trabalho incessante para elevar intelectualmente estratos populares cada vez mais amplos, isto é, para dar personalidade ao amorfo elemento de massa, o que significa trabalhar e suscitar intelectualmente elites intelectuais de um tipo novo, que surjam diretamente das massas e permaneçam em contato com elas. (Gramsci, 1977, p.1.591)

O Ensino Fundamental

A educação formal, vista como necessária, tem como marca dominante o caráter rudimentar, moralizante, tutelar, meritocrático e seletivo da educação do povo, o que tem sido demonstrado pela historiografia da educação brasileira.[13]

Analisa-se o Ensino Fundamental, com base na Constituição Federal de 1988, que alterou a terminologia: o Ensino Primário e de Segundo Grau receberam a denominação Ensino Fundamental e Ensino Médio, respectivamente, mas essas mudanças vieram acompanhadas de outras questões mais fundamentais, como a noção de sistema e sua abrangência nas diferentes esferas administrativas; inovações no que se refere ao financiamento da educação no Brasil etc.[14]

Por meio da Constituição Federal de 1988 foi atribuída especial atenção ao Ensino Fundamental, entendido como dever do Estado em seu artigo 208:

"I – o ensino fundamental obrigatório e gratuito, inclusive para os que a ele não tiveram acesso na idade própria" (CF/1988, art.208, inciso I). Porém, ainda o artigo 208 da Constituição Federal que trata sobre o dever do Estado com a educação, descreve no inciso II que esse dever será garantido mediante "progressiva extensão da obrigatoriedade e gratuidade ao ensino médio", portanto, fica explícita a desobrigação do Estado nesta etapa do ensino básico.

Em relação ao Ensino Fundamental, considerado na Constituição Federal de 1ª à 8ª séries, constitui-se etapa obrigatória da educação básica, como direito público subjetivo, isto é, não exige regulamentação para ser cumprido e a ausência de oferta dessa etapa, ou ainda sua oferta irregular por parte do Estado, acarreta responsabilização da autoridade competente.

---

13 Em relação a essa temática, é importante registrar os estudos de Romanelli (1987) e de Germano (1994), para pesquisa de uma retrospectiva histórica mais detalhada sobre a evolução da educação no Brasil, especialmente no Ensino Fundamental.
14 Para aprofundar os estudos, consultar Libâneo et al. (2002).

De acordo com a LDB/96, artigo 32, o objetivo desse nível de ensino é a formação básica do cidadão, mediante:

I – o desenvolvimento da capacidade de aprender tendo como meio básico o pleno desenvolvimento da leitura, da escrita e do cálculo;

II – a compreensão do ambiente natural e social, do sistema político, da tecnologia, das artes e dos valores em que se fundamenta a sociedade;

III – o desenvolvimento da capacidade de aprendizagem, tendo em vista a aquisição de conhecimentos e habilidades e a formação de atitudes e valores;

IV – o fortalecimentos dos vínculos de família, dos laços de solidariedade humana e de tolerância recíproca em que se assenta a vida social (LDB/96, artigo 32).

Ainda de acordo com a LDB/96, o Ensino Fundamental, como toda a educação básica, pode organizar-se por séries anuais, por períodos semestrais, por ciclos, por períodos de estudos, por grupos não seriais, por idade, por competência, enfim, qualquer outra forma que o processo de aprendizagem requer.

A nova lei da educação, portanto, faculta aos sistemas de ensino desdobrar o Ensino Fundamental em ciclos, como ocorre no estado de São Paulo, que adotou essa opção e vem passando o primeiro ciclo: 1ª à 4ª séries, para a responsabilidade dos municípios. Essa medida gerou um modelo que vem se estabelecendo em todo o país, e progressivamente o segundo ciclo: 5ª à 8ª séries.

Em relação à jornada escolar, também pode ser progressivamente ampliada para o período integral, a critério dos sistemas de ensino, sendo exigido ao menos quatro horas de efetivo trabalho em sala de aula.

As Diretrizes Curriculares Nacionais, definidas pelo Conselho Nacional da Educação para as etapas da educação básica devem ser a base nacional comum a ser cumprida nos currículos do Ensino Fundamental e Médio e uma parte pode ser diversificada e complementada de acordo com cada sistema de ensino.

A Resolução CNE/CBE n.2/98 (Brasil, 1998), que fixa as Diretrizes Curriculares Nacionais para o Ensino Fundamental, apresenta como princípios norteadores de ação pedagógica: a autonomia, a responsabilidade, a solidariedade, o respeito ao bem comum, os direitos e deveres de cidadania, os exercícios da criticidade. Além desses, apresentam ainda os princípios estéticos, tais como a sensibilidade, a criatividade e a diversidade de manifestações artísticas e culturais.

A Educação Fundamental deve relacionar a vida cidadã às seguintes áreas do conhecimento: Língua Portuguesa, Língua Materna (indígena e migrantes), Matemática, Ciências, Geografia, História, Língua Estrangeira, Educação Artística, Educação Física e Educação Religiosa.

Os parâmetros curriculares nacionais, nas diversas etapas de ensino, outro fundamento da política de educação brasileira, são concebidos como um referencial de qualidade para a educação no Ensino Fundamental em todo o país, sendo uma proposta aberta e flexível, a ser concretizada nas decisões regionais e locais sobre currículo. Nessas diretrizes estão contidos os temas transversais, que se constituem num conjunto de temas que aparecem transdisciplinarmente, permeando a concepção em diferentes áreas de saber, seus objetivos, conteúdos e orientações didáticas.[15]

Os temas transversais são: ética, saúde, meio ambiente, pluralidade cultural, orientação sexual e trabalho/consumo, temáticas atuais de abrangência mundial, que se apresentam de acordo com as diferenças e peculiaridades de cada contexto regional.

Analisando o documento supracitado,

> [...] sob a ótica do Serviço Social, depara-se com grandes possibilidades: a socialização dos alunos, a integração escola-sociedade, o reconhecimento

---

15 Temas transversais (regulamentado pela Lei Federal n.9.394/96 – artigo 27, inciso I): "a difusão de valores fundamentais ao interesse social, aos direitos e deveres dos cidadãos, de respeito ao bem comum e à ordem democrática, que deverão ser observados nos conteúdos da Educação Básica[...] A transversalidade pressupõe um tratamento integrado das áreas e um compromisso com as relações interpessoais no âmbito da escola, pois os valores que se quer transmitir são os experimentados na vivência escolar e a coerência entre eles deve ser clara para desenvolver a capacidade do aluno de intervir na realidade e transformá-la, tendo essa capacidade relação direta com o acesso ao conhecimento acumulado pela humanidade" (Brasil, 1998, p.65).

por parte da escola da cultura local, regional, o respeito à diversidade que leva a procedimentos diferentes no processo ensino-aprendizagem. Provavelmente, este referencial ético-político, mobilizará atitudes de intervenção na realidade social, alterando significativamente as relações socais estabelecidas com a sociedade. (Martins, 2001, p.122)

Para exemplificar, serão indicadas a seguir algumas situações sociais concretas que poderão emergir da reflexão dos temas transversais:
- Ética: discriminação de classe social, gênero e etnia; violência doméstica; falta de condições de vida que apontam o desrespeito aos direitos humanos.
- Saúde: dificuldade de acesso aos recursos de saúde pública que oportuniza, consequentemente, a exposição de alunos a diversas doenças que afetam o resultado do processo de aprendizagem; a questão do uso de drogas que tem atingido todas as classes sociais.
- Orientação sexual: vivência da sexualidade; doenças sexualmente transmissíveis; abuso sexual; gravidez precoce.
- Meio ambiente: a falta de infraestrutura de saneamento básico nos bairros afetando a vida da população e o meio ambiente.
- Trabalho e consumo: desemprego, subemprego; trabalho infantil.

Um dos municípios pesquisados relata a experiência de atuação do serviço social em relação aos parâmetros curriculares nacionais, esclarecendo que essa é uma ação interdisciplinar que deve se abordada pelo profissional de acordo com sua especificidade, o professor, o pedagogo, o psicólogo e o assistente social.

Os parâmetros curriculares, na verdade, trabalham com algumas questões sociais, ou seja: questões de sexualidade, drogas, saúde além de ética, cidadania, pluralidade. São assuntos com os quais os educadores trabalham. Então, logicamente, tem a parte pedagógica, mas a contribuição do Serviço Social, da psicologia, também são importantes. Estamos fazendo um trabalho, o projeto se chama Valorizando o Ser, que trata sobre a sexualidade, envolve diferentes questões sobre esta temática. Em relação às drogas também temos um trabalho em parceria com a universidade, inclusive tivemos uma capacitação com um grupo de São Paulo... Esta é uma questão delicada para tratar. Vamos devagar, procurando sempre recursos teóricos e apoio de outras instituições. (AS – P. Prudente)

Ressalte-se que, na etapa de Ensino Fundamental, foi proposto pelo governo federal o Programa Bolsa Escola "que deve ser implementado como parte integrante do projeto político-pedagógico" (Libâneo et al., 2002, p.213). Dessa forma, exigirá acompanhamento da vida escolar do aluno e a interação com a comunidade do Ensino Fundamental ao médio. O pagamento da bolsa escola é por família e não por criança, e a frequência dos alunos às aulas será fiscalizada de forma rigorosa.

A Constituição Federal de 1988 prevê, para a erradicação do analfabetismo e universalização do Ensino Fundamental no Brasil, a aplicação de recursos do município, do estado e da União. Em relação à União, ficou estabelecido que, no prazo de dez anos, deveria destinar 50% de seus recursos vinculados à educação, visando atingir a meta proposta. O dispositivo, que nunca foi respeitado, foi retirado da Constituição sob o pretexto de que estava inviabilizando o Ensino Superior. Isso é uma falácia, pois se fosse verdade, a Universidade brasileira não estaria enfrentando dificuldades financeiras em decorrência dos cortes no orçamento público.

A Emenda Constitucional 14/96 altera os artigos 34, 208 e 211 da Constituição Federal e modifica a redação do artigo 60 das disposições transitórias, apresentando dois tipos de mudança: a primeira diz respeito à transferência das responsabilidades com a educação da União para os estados e municípios, e a segunda na forma de financiamento da educação.

Essa medida é a resposta do governo à situação aqui exposta, alterando o texto constitucional, objetivando direcionar uma parcela maior para o Ensino Fundamental com a criação de um Fundo de Desenvolvimento e Manutenção do Ensino Fundamental e Valorização do Magistério (Fundef) (Lei n.9.424/96),[16] com investimentos de estados

---

16 O Fundo de Manutenção e Desenvolvimento do Ensino Fundamental e de Valorização do Magistério – Fundef – foi implantado nacionalmente, em 1º de janeiro de 1998, quando passou a vigorar a nova sistemática de redistribuição dos recursos destinados ao Ensino Fundamental.

e municípios, proporcionais às arrecadações e ao número de alunos atendidos nas redes de ensino municipal, e, dessa forma, determina compulsoriamente a municipalização do Ensino Fundamental.

O Fundef é formado por 15% dos recursos destinados aos estados, mais 15% dos municípios oriundos do Fundo de Participação do Estado e Municípios e do ICMS, que será administrado pelos governos estaduais. Estabelece ainda que, 60% do total dos 25% do orçamento devem ser aplicados no Ensino Fundamental, e o repasse dos recursos, conforme já citado, será realizado de acordo com o número de alunos matriculados no município, podendo ocasionar o sucateamento, a terceirização e a privatização da Educação Infantil e do Ensino Médio.

De acordo com a legislação que regulamenta o Fundef, não é permitido:
- pagar despesas de creche, pré-escola, Ensino Médio ou Superior;
- pagar salários de profissionais de outras etapas de ensino, ou daqueles que, sendo profissionais do Ensino Fundamental, não estejam realizando atividades nessa etapa específica de ensino;
- pagar cursos de habilitação de profissionais que estejam fora do Ensino Fundamental;
- construir ou manter quadras de esporte ou bibliotecas fora das dependências da escola;
- comprar alimentos para a merenda escolar;
- pagar serviços médico-odontológicos, farmácia, psicólogo e assistente social.

É importante lembrar que o governo divulga, para justificar a implantação do Fundef, a lógica de que existem recursos e falta gestão competente na área da Educação. Utilizam a retórica de que a descentralização, a transferência de responsabilidade entre estado e município significa a democratização, pois possibilita a transferência e a fiscalização do ensino à população, que está mais próxima dos municípios.

De acordo com o posicionamento do Sindicato Nacional dos Docentes de Ensino Superior (Andes), com esse procedimento, além de seguir a lógica da descentralização, no sentido de transferência apenas das responsabilidades, o Fundef parte do estabelecimento de um custo--aluno abaixo do já praticado em muitas unidades federadas, e muito aquém das necessidades de uma educação de qualidade.

Segundo o MEC, em fevereiro de 2006, o valor mínimo anual por aluno de 1ª à 4ª séries do Ensino Fundamental foi de R$ 682,60 para escolas urbanas, e R$ 696,25 para as rurais; de 5ª à 8ª séries, os valores são de: R$ 716,73 para escolas urbanas, e de R$ 730,38 para as rurais. Para os alunos de Educação Especial, o repasse foi de R$ 730,38, e nesse período o fundo distribuiu R$ 32,7 bilhões.

Esses valores também vão referenciar os vencimentos do magistério das escolas públicas de educação básica, concorrendo para intensificar a desvalorização salarial.

Na LDB/96, a figura do "regime de colaboração", conquanto repita o dispositivo constitucional, não objetiva formas de responsabilidade compartilhada. Nesse vácuo legal e na esteira do fundo, estão sendo criados incentivos à municipalização do Ensino Fundamental das mais variadas formas e por meio de diversos mecanismos.

Segundo Fernandes Neto (2007, p.2), representante do Movimento dos Trabalhadores na Educação/São Paulo,

[...] a municipalização não garante a autonomia financeira, administrativa e pedagógica das escolas, porque a maioria das cidades depende do repasse das verbas advindas do estado e da União, além da avaliação do rendimento escolar; aumenta significativamente a inspeção escolar e o controle ideológico nos estabelecimentos escolares.

Ainda segundo Fernandes Neto (2007), com o processo de municipalização e insuficiência de recursos dos municípios para assumirem essa função, esses serão obrigados a incentivar parcerias com as empresas e a comunidade; portanto, essa descentralização objetiva, em última instância, desobriga o Estado de suas funções em relação à educação. Outra consequência é a fragmentação da categoria profissional de educadores, uma vez que, dividindo os sindicatos, debilitará a luta por uma educação pública, gratuita, laica e de qualidade em todo o ensino, além da desvalorização salarial.

Apesar, portanto, de a nova LDB/96 estabelecer que o custo mínimo por aluno deve ser capaz de assegurar ensino de qualidade, ocorre que a demanda pelo ensino de qualidade é crescente, e a qualidade pretendida requer ampliação dos recursos destinados à educação, o que não acontece atualmente.

Segundo Arelaro (2005), o Ensino Fundamental no Brasil é alvo de intenso debate pelos educadores, interpretando diferentes questões como: sua obrigatoriedade jurídica; períodos e ritmos pedagógicos; avaliação educacional; sistemática de financiamento adotada bem como a (des)valorização dos profissionais da educação, tanto em termos de remuneração salarial como de formação profissional; o processo de municipalização e a privatização dessa etapa de ensino.

Isso demonstra a complexidade do Ensino Fundamental, que abrange, entre outras situações, diferentes questões, tais como:

- a quantidade de instituições, de profissionais e de alunos envolvidos neste nível de ensino, em consequência de sua obrigatoriedade;
- a faixa etária, que atende, em média, de 7 a 14 anos, englobando o início da adolescência, período de transformações intensas nos aspectos físico, emocional e cultural;
- as situações que envolvem o cotidiano das crianças e jovens nos tempos atuais, entre outras, uso e tráfico de drogas; violência doméstica e urbana; trabalho infantil; gravidez na adolescência; prostituição;
- a perda de atrativo social da escola, como possibilidade de ascensão social e econômica, desmotivando o estudo;
- a cultura individualista, consumista, impregnada pela comunicação de massa, que invade o cotidiano das crianças e dos adolescentes.

Enfim, o ambiente educacional, especificamente o Ensino Fundamental, passou a conviver com uma série de fenômenos sociais exacerbados pela conjuntura sociocultural e política atual, que altera o ambiente educacional exigindo a contribuição de outros profissionais que, articulando saberes, possam dar respostas às demandas postas nas instituições educacionais.

Em contrapartida, o exame da literatura existente referente à inserção do serviço social na área da Educação demonstra que o Ensino Fundamental não tem sido a prioridade da intervenção do assistente social, e, nesse sentido, a relevância desta pesquisa é justamente a possibilidade de mapear, no estado de São Paulo, a existência de experiências profissionais que atuam nos mais diferentes níveis de ensino, e especificamente no Ensino Fundamental, revelando as peculiaridades de demandas e respostas profissionais construídas historicamente nesse contexto educacional.

A presença do profissional de serviço social no Ensino Fundamental

A pesquisa revelou que dos 28 municípios pesquisados, em 19 deles (67,85%), o serviço social, além da Educação Infantil, também atua no Ensino Fundamental, e 15,78%, ou seja: Franca, Presidente Prudente, e Laranjal Paulista atendem a Educação de Jovens e Adultos (EJA)[17] incluída na rede pública municipal. Destaca-se, ainda, que dos 19 municípios citados, oito (42,10%) atendem o Ensino Fundamental completo, ou seja, da 1ª à 8ª séries.

Dessa forma, observou-se haver uma expressiva presença do serviço social no Ensino Fundamental, especificamente no estado de São Paulo, porém as experiências existentes não estão sistematizadas de modo a possibilitar a visibilidade da intervenção profissional nessa etapa de ensino da educação.

---

17   Educação de Jovens e Adultos (EJA): é uma modalidade de ensino destinada a oferecer oportunidades de estudos para aquelas pessoas que não tiveram acesso ao ensino fundamental ou médio na idade regular. Este tipo de ensino leva em conta as condições de vida e de trabalho dos alunos. De acordo com a LDB/96 – Título V, Capítulo II, Seção V – artigos 37 e 38 – os sistemas de ensino manterão cursos e exames, obedecendo à base nacional comum do currículo, habilitando o aluno ao prosseguimento dos estudos. A idade mínima para matrícula inicial no ensino fundamental em curso de educação de jovens e adultos é de 14 anos completos e para a conclusão do curso a idade mínima é de 15 anos completos.

Esse fato demonstra a importância da socialização de informações em relação à prática profissional no ensino, e especialmente a articulação entre os profissionais, objetivando a oportunidade de discussões sobre as questões teórico-metodológicas e ético-políticas peculiares ao exercício profissional do assistente social nesse contexto da política de educação.

Interpretando as informações fornecidas por esses municípios, verificou-se a existência de diferentes perspectivas de intervenção do serviço social nessa etapa de ensino.

É notório que essa reflexão é imbuída de uma visão dialética da realidade, pautada pelo entendimento de que a atividade profissional do assistente social não depende exclusivamente de sua vontade. O exercício profissional é efetivado no âmbito das instituições que articulam um conjunto de condições que informam o processamento da ação e condicionam a possibilidade de realização dos resultados. Nessas determinações estão incluídas as relações de trabalho para os funcionários, e entre eles o assistente social, até as condições de intervenção propriamente ditas, ou seja, recursos materiais, financeiros, humanos e técnicos para a realização de trabalho no marco de sua organização coletiva. Portanto,

> [...] as condições de trabalho e relações sociais em que se inscreve o assistente social articulam um conjunto de mediações que interferem no processamento da ação e nos resultados individual e coletivamente projetados, pois a história é o resultado de inúmeras vontades projetadas em diferentes direções que têm múltiplas influências sobre a vida social. (Iamamoto, 2004, p.24)

As relações sociais estabelecidas em contextos determinados envolvem também o profissional assistente social como protagonista de sua ação; portanto, as respostas acionadas nas instituições, que são espaços contraditórios, envoltos por forças econômicas, políticas, sociais e culturais da sociedade, são influenciadas também pelo perfil social e profissional e pela apropriação teórico-metodológica que faz em sua leitura dos processos sociais, dos princípios éticos, do domínio de habilidades adequadas ao trabalho realizado. De modo que a compreensão do assistente social sobre o espaço onde atua, das competências e atribuições da profissão naquela determinada realidade, condiciona sua estratégia e a qualidade dos serviços prestados.

Fundamentando-se nessa premissa, o conhecimento da prática profissional dos assistentes sociais na educação municipal no estado de São Paulo foi compilado por intermédio das informações obtidas nos questionários e nas entrevistas focais, onde os próprios profissionais apresentam como ocorre seu "fazer" profissional.

O rol de atividades profissionais descritas nos questionários possibilita a análise das demandas e das respectivas respostas que os assistentes sociais têm construído nesse grupo de municípios, indicando atribuições específicas do serviço social na política de educação municipal.

Dessa forma, identificaram-se diferentes nuanças da prática profissional que inferem sobre a existência de dois tipos de prática, sem adentrar na particularidade de cada município, conforme será descrito a seguir.

Dos 19 municípios que atendem essa etapa de ensino, o primeiro grupo, que será denominado por 'A', é formado por 11 municípios (57,89%), que atendem:
- 1ª a 4ª séries: cinco municípios – Vargem Grande Paulista, Santa Bárbara do Oeste, Tupã, Leme, Garça;
- 1ª a 8ª séries (Ensino Fundamental completo): seis municípios – Cosmópolis, Dracena, Botucatu, São Carlos, Assis, Lorena.

Nesse grupo, a prática profissional é realizada por meio das seguintes atividades:
- atendimento individual aos alunos e às famílias encaminhadas pelo conselho tutelar ou aquelas cujos filhos apresentam algum problema psicológico;
- encaminhamento aos recursos da comunidade;
- acompanhamento de projetos sociais, especificamente em relação à frequência escolar;
- administração de vagas em creches;

- plantão social fornecendo orientações gerais de acordo com as necessidades apresentadas pelos usuários;
- visitas domiciliares visando à concessão de benefícios.

Considerando a explanação das atividades realizadas pelos assistentes sociais nas instituições que congregam a política de educação desse grupo específico de municípios, constata-se que a ação profissional é direcionada às solicitações, ou aos problemas que emergem no âmbito da instituição, sem a realização de uma análise institucional, sem conhecimento do perfil dos sujeitos envolvidos no processo educativo desencadeado nas unidades educacionais.

Dessa forma, viabilizam o atendimento das demandas imediatas que, muitas vezes, são levadas na direção oposta aos interesses dos usuários, pois não são articuladas em um contexto mais amplo, que capte, além da aparência, a essência dos fenômenos apresentados. Não efetivando a análise da realidade para compreender e desocultar o movimento real, não conseguem identificar estratégias coletivas de ação que possibilitem o planejamento de sua prática interventiva visando atender aos interesses dos usuários da política de educação.

A prática profissional nesses municípios é, portanto, uma ação pulverizada, com um enfoque individualista e psicologizante ante as expressões da questão social, com expressivos traços de conservadorismo. O conservadorismo "é o resultado de um contramovimento aos avanços da modernidade e, nesse sentido, suas reações são restauradoras e preservadoras, particularmente da ordem capitalista" (Yasbek, 1999, p.23).

Nesse sentido, na intervenção do assistente social consolida-se o individualismo que favorece a valorização da subjetividade em detrimento dos processos sociais, o que se opõe à sociabilidade, conforme afirma Netto (1992, p.37),

> [...] *psicologizar* os problemas sociais, transferindo a sua atenuação ou proposta de resolução para a modificação e/ou redefinição de características pessoais do indivíduo – é então que emergem, com rebatimentos prático-sociais de monta, as estratégias, retóricas e terapias de ajustamento etc.

O grupo 'B', formado por sete municípios, que atendem de:
- 1ª a 4ª séries: dois municípios – Limeira e Presidente Prudente;
- 1ª à 8ª séries: cinco municípios – Santa Rita do Passa Quatro, Jacareí, Laranjal Paulista, São Bernardo do Campo e Franca.

Nesses municípios o serviço social realiza as seguintes atividades:
a) pesquisa visando a elaboração do perfil da população escolar;
b) elaboração e execução de projetos e programas visando atender as demandas como violência doméstica, drogas, integração da equipe e das famílias nas unidades educacionais; participação em comissões e projetos da secretaria da educação, até mesmo realizando parecer técnico do serviço social; desenvolvimento de projetos especiais: saúde visual, prevenção de questões de saúde, gestão de creches municipais e conveniadas, acompanhamento da frequência escolar; orientação a toda comunidade escolar especificamente em relação ao Estatuto da Criança e do Adolescente e à violência doméstica;
c) articulação da educação e com outras políticas sociais, até mesmo por meio de projetos sociais; efetivação de planejamento estratégico na rede municipal de ensino; ação social articulada com todas as secretarias municipais; articulação estreita com o conselho tutelar;
d) atividades socioeducativas incluindo toda a comunidade escolar e formação continuada com educadores e funcionários; atuação conjunta com toda equipe da unidade escolar no processo de inclusão social;
e) orientação aos conselhos de escola e associações de pais e mestres;
f) acompanhamento de casos emergentes.

Ressalta-se que em dois municípios (Limeira e Laranjal Paulista), apesar de realizarem a maioria das atividades descritas, tendo uma infraestrutura adequada para a efetivação do trabalho profissional, uma intervenção planejada e o reconhecimento do poder público, o trabalho desenvolvido, no aspecto geral, apresenta fragilidade no entendimento da dimensão política do exercício profissional, no que tange à necessidade de investir na participação efetiva dos sujeitos nos espaços educacionais.

Em Limeira, a atuação com famílias é efetivada especialmente por meio de grupos operativos aplicando o método de Pichon,[18] cujo público-alvo são famílias com alto grau de vulnerabilidade social, com problemas de alcoolismo e que os filhos apresentam problemas de comportamento. O depoimento a seguir explicita a afirmação:

> Nós utilizamos no trabalho com famílias a teoria de Pichon, psicólogo argentino que desenvolveu a Teoria dos Vínculos e a partir daí um grupo estuda esta teoria aqui no Brasil... Trabalhamos com grupos operativos no projeto denominado Familiando, que é formado por famílias que estão abaixo da linha da pobreza, que não têm outras oportunidades. Este grupo permanece mais ou menos por um ano e tem tido bons resultados. Nós fizemos uma capacitação sobre esta teoria e trabalhamos nesta linha. (AS Limeira)

O município de Limeira destaca-se no cenário paulista por sua atuação no sentido de mobilizar o debate em torno da temática: serviço social no âmbito da educação pública, com a organização de "Encontros Estaduais" além da organização de site divulgando o trabalho que realiza no município; portanto, contribuindo para o fortalecimento desse espaço sócio-ocupacional do serviço social.

Observa-se que especialmente em dois municípios (Presidente Prudente e Franca) há uma visão de totalidade na prática desenvolvida, envolvendo todos os representantes da comunidade escolar (educadores, funcionários de apoio, famílias e alunos) no intuito de construir um processo de educação transformadora que deve centrar-se na omnilateralidade[19] pela:

---

18 Enrique Pichon Rivière, psiquiatra, desenvolveu a Teoria do Vínculo. Essa metodologia tem como princípio básico elevar a família à condição de parceira nos programas sociais. Trabalha com grupos operativos. Maiores informações verificar no endereço na internet <http://www.geocities.com/Athens/Forum/5396/ecro.html>

19 "A omnilateralidade é o chegar histórico do homem a uma totalidade de capacidades e, ao mesmo tempo, a uma totalidade de capacidade de consumo e gozo, em que se deve considerar, sobretudo, o usufruir dos bens espirituais, além dos materiais de que o trabalhador tem estado excluído em consequência da divisão do trabalho" (Manacorda, 2003, p.106).

[...] apreensão do homem enquanto totalidade histórica que é, no mesmo momento natureza, individualidade, sobretudo relação social. Uma unidade na diversidade física, psíquica e social; um ser de necessidades imperativas (mundo das necessidades materiais) em cuja satisfação se funda sua possibilidade de crescimento em outras esferas (mundo da liberdade). (Frigotto, 1991, p.268)

Percebe-se nas atividades realizadas pelo serviço social que a luta continua para que no espaço contraditório das políticas sociais, especificamente na política de educação, materializada nas unidades educacionais, seja possível a socialização do conhecimento acumulado historicamente pela humanidade, tanto na esfera científica como filosófica e cultural. A cultura, segundo Gramsci (1991), não significa simplesmente a aquisição de conhecimentos, mas sim posicionamento crítico diante da história, da realidade concreta.

Ao construir o perfil dos usuários atendidos nas unidades educacionais, utilizando-se da dimensão investigativa da prática profissional e a proximidade que o assistente social tem com os usuários, qualifica-se a relação de ensino-aprendizagem, pois possibilita a compreensão dos aspectos socioculturais próprios da classe social e do território de procedência dessa população.

Para a realização de uma prática coerente com uma perspectiva crítica, faz-se necessário um projeto profissional que acompanhe o movimento da realidade social; projeto que implica investigações abrangentes e de fundo da realidade sobre a qual atuam os profissionais.

A investigação e a produção de conhecimentos no meio profissional passa a ser objeto de interesse, não a partir da preocupação em não se tornar somente um usuário/reprodutor de conhecimentos reproduzidos em outras áreas, mas por ser indispensável, na medida em que é a partir de uma apropriação criteriosa do conhecimento produzido sobre o econômico, o político, o social e o cultural, na sua historicidade – o que demanda uma formação profissional permanente, nessa direção – que os assistentes sociais podem se construir como intelectuais/profissionais que, ao desvendarem o movimento da realidade, tornam-se capazes de captar as possibilidades de ação presentes nesse movimento, ao mesmo tempo em que explicitam questões pertinentes que necessitam de investigação mais sistemática e aprofundada. É aí que está posta a possibilidade de rompimento com a subalternidade histórica da profissão. (Vasconcelos, 2002, p.127)

O processo de formação continuada que o serviço social realiza envolvendo educadores, funcionários, diretores e coordenadores pedagógicos contribui para o desvelamento da realidade social em que a escola se insere, tendo em vista a adequação do projeto pedagógico a essa realidade, e permite também a reflexão das expressões da questão social que incidem no processo educativo. Os depoimentos a seguir exemplificam o exposto:

> Nós trabalhamos com todos os segmentos da comunidade escolar, pois todos estão envolvidos no processo educativo. As pessoas que trabalham na educação têm que ter consciência de que seu trabalho faz parte de uma rede de educação, têm de compreender e respeitar os alunos, as famílias... compreender o contexto onde eles vivem. Temos que valorizar o trabalhador da escola, mostrar a sua importância no processo educativo, ele faz a diferença. Ele é muito importante. Sempre mostramos para todos que a maneira como você atende a criança, a família, acaba estimulando ou desestimulando a sua participação e a permanência do aluno na escola. Precisamos demonstrar para a família o real valor da educação. (AS – Prudente)

> O Serviço Social atuou no ano passado nas Reuniões de Estudo Pedagógico – REP, trabalhamos com relação à educação inclusiva e nós discutimos que esta questão é para trabalhar as diferenças, mas não apenas na inclusão preconizada, ou seja, a inclusão do cadeirante, surdo, mudo... mas também do diferente que não aprende, que vem para escola com piolhos, o diferente que é superdotado, aquele considerado problemático em consequência da sua indisciplina, as diferentes famílias. Enfim, diferenças culturais, sociais etc. Os debates foram muito interessantes, e eu acredito que os educadores repensaram muito a sua prática. (AS – Franca)

Outra contribuição do serviço social, nesse sentido, é a interpretação do novo paradigma jurídico no atendimento da criança e do adolescente que é a Doutrina de Proteção Integral, fundamentada na concepção de criança/adolescente como pessoa em condição peculiar de desenvolvimento e sujeito de direito.

Em um dos municípios (Presidente Prudente) o serviço social divulga o Estatuto da Criança e do Adolescente, especialmente para famílias e funcionários de apoio, por intermédio de cartilhas. Utilizando-se dos conhecimentos da educação popular, consegue atingir grande contingente de pessoas numa linguagem acessível, conforme depoimento da assistente social:

> Para esclarecer sobre o ECA, nós elaboramos uma cartilha, não só explicando cada artigo do estatuto, mas na prática na área onde os educadores trabalham trazendo questões relacionadas com a prática e em contrapartida os fundamentos legais. E aquela visão que o ECA só garante direitos e não deveres para as crianças e adolescentes, a gente demonstra na relação com a prática, que para todo direito tem um dever. Então, o que é direito da criança pequena na creche? É o direito ao sono, à brincadeira, enfim, o que os educadores fazem no dia-a-dia, e o dever? A criança ser respeitada de acordo com as características da sua faixa etária – é isto que está na lei. (AS – Presidente Prudente)

Outro aspecto marcante nesse grupo de municípios é o planejamento das ações por meio da elaboração de projetos atendendo demandas específicas, constantemente presente no cenário escolar, tais como violência doméstica, uso e até o tráfico de drogas e situações referentes às inter-relações no contexto educacional.

A articulação das políticas sociais é uma das funções atribuídas ou assumidas pelo serviço social no espaço sócio-ocupacional da política de educação, ocorrendo em consequência de diversos fatores. A função estratégica da educação no desenvolvimento de projetos sociais com esse segmento populacional – criança e adolescente – traz como consequência a invasão do espaço escolar por programas, projetos de outras políticas sociais, que geram demandas administrativas e operacionais que são realizadas pelo assistente social.

As unidades educacionais, no contexto do modelo econômico atual, são atravessadas por uma série de fenômenos, expressões da questão social, que precisam ser interpretadas, desocultando nas manifestações singulares, particulares, o aspecto coletivo, para que possam ser encaminhadas e atendidas por outras políticas sociais, especialmente da saúde e assistência social.

Uma das diretrizes da política de atendimento à criança e ao adolescente estabelecidas pelo Estatuto da Criança e do Adolescente, que prima pela centralidade da educação nos programas e projetos de atendimento a esse segmento populacional, incluindo aqueles que operacionalizam a aplicação das medidas socioeducativas prescritas pelo Juizado da Infância e da Adolescência, a articulação da escola com outras políticas sociais é primordial.

Nesse aspecto, há um constante relacionamento, especialmente entre a escola e o conselho tutelar, visando garantir a efetivação do direito à educação, previsto no artigo 53 do Estatuto da Criança e do Adolescente.

Esses e outros determinantes impõem ao assistente social uma tomada de posição: efetivar diversos encaminhamentos dos problemas sociais identificados de forma individualizada, desconectada, pulverizada, fragmentada ou articulada. Segundo Faleiros (1985), a articulação é, ao mesmo tempo, técnica, profissional e política, e consiste nas análises concretas das situações para se pensar a produção dos efeitos econômicos, políticos e ideológicos que permitam maximizar o relacionamento existente em razão dos interesses da população em suas relações de dominação e exploração.

Esse posicionamento profissional implica uma prática educativa, que é a:

> [...] expressão concreta da possibilidade de trabalharmos com os sujeitos sociais na construção do seu real, do seu viver histórico. É uma prática que se despoja da visão assimétrica dos sujeitos com os quais trabalha e que se posiciona diante deles como cidadãos, como construtores de suas próprias vidas. É, portanto, prática do encontro, da possibilidade do diálogo, da construção partilhada. (Martinelli et al., 1995, p.147)

É importante destacar que a hegemonia coloca-se num campo de lutas, de alianças, de construção e desconstrução de saberes e experiências, considerando que "toda relação de hegemonia é necessariamente uma relação pedagógica" (Gramsci, 1977, p.1.332), trazendo em si possibilidades de emancipação coletiva, tanto para o indivíduo como para a coletividade.

> [...] a compreensão da esfera da cultura é fundamental para os assistentes sociais à medida que as suas ações profissionais, travadas na relação direta com as formas de vivência cotidiana dos sujeitos sociais, permitem identificar os modos como se forma a identidade social, o senso comum, a função das ideologias, dos mitos, ou seja, aquilo que Gramsci chamou de conformismo e, ao mesmo tempo, é o terreno para a criação de uma vontade política capaz de romper com a razão instrumental que funda a ordem capitalista. (Simionatto, 2001, p.12)

Desse modo, o assistente social poderá discutir novas formas de organização da vida social e de identificação de diferentes sujeitos políticos, tanto no âmbito das instituições quanto na comunidade.

Dos 19 municípios que atendem a Educação Fundamental, apenas seis desenvolvem atividades com as instâncias de poder decisório, e com os conselhos de escola e associações de pais e mestres somam-se três municípios; apenas com a associação de pais e com o conselho de escola, também um município, e ainda, um município com a Associação de Amigos da Escola.

Constata-se, portanto, que também nessa etapa de ensino, os profissionais não utilizam o espaço democrático de forma estratégica visando à participação de todos os sujeitos da comunidade escolar para a efetivação de uma gestão democrática, facilitando o processo organizativo da escola na luta a favor da qualidade do ensino, contribuindo para que esses espaços se tornem de fato legítimos.

Ressalta-se que contribuir para o alargamento dos canais de participação dos usuários nas decisões institucionais, especialmente por meio da ampla socialização de informações sobre os direitos sociais e os serviços, é uma das atribuições do assistente social, caminho estratégico na luta pela conquista da cidadania, isto é, a garantia de acesso aos direitos sociais historicamente conquistados.

Em análise das informações, constatou-se que, dos 19 municípios que o serviço social atende nessa etapa de ensino, 10 deles (52,63%) afirmaram realizar atividades socioeducativas planejadas com grupos de diferentes segmentos da comunidade escolar. Tendo como referência os 10 municípios (100%), destaca-se a distribuição dos municípios por segmento que atende:
- somente com famílias – dois municípios (20%);
- somente com alunos – um município (10%);
- com toda a comunidade escolar – sete municípios (70%).

A ênfase encontra-se no desenvolvimento de atividades socioeducativas com todos os representantes da comunidade escolar (70%), de acordo com as explanações; porém, é mais significativa a capacitação social de funcionários em geral.

As atividades efetivadas com os vários segmentos da comunidade escolar foram descritas nos questionários, conforme exposto a seguir:
- Famílias: grupo de mães; reuniões de pais e mestres; o desenvolvimento de alguns projetos socioeducativos tais como: Escola de Pais; Encontro de Pais na Escola; Projeto Laços de Família (entre pais e alunos).
- Educadores: capacitação social de membros da comunidade escolar: professores, diretores das unidades educacionais, funcionários de apoio e funcionários da creche etc.

A ação socioeducativa com os educadores/funcionários é marcante na descrição da prática profissional dos assistentes sociais em 11 municípios (39,28%) do universo de municípios pesquisados (28), demonstrando a importância da interação entre os saberes. A contribuição do serviço social, decodificando a realidade social vivenciada pelos moradores dos bairros atendidos pelas unidades educacionais, favorece o desenvolvimento de uma consciência crítica e coletiva do mundo, suporte importante para sedimentar a prática educativa dos professores e demais funcionários envolvidos no espaço educacional.

De acordo com as informações dos assistentes sociais, as temáticas abordadas com maior frequência são: violência doméstica; Estatuto da Criança e do Adolescente; família; comportamentos inadequados dos alunos/indisciplina; a questão das drogas; pobreza; questão de gênero, ampliando para toda a comunidade escolar o alcance do processo educativo desencadeado pelos educadores no *lócus* escolar, principalmente para as famílias dos alunos.

A seguir são descritos os programas e projetos desenvolvidos na área da educação em parceria com outras políticas sociais, conforme apontado na pesquisa e indicado no Quadro 8:

Quadro 8 – Programas e projetos[20] desenvolvidos na área da Educação em parceria com outras políticas sociais

Programa e/ou projeto	Instância governamental	Política social
Programa Erradicação do Trabalho Infantil (Peti)	Estadual	Assistência social
Programa de Ação Complementar de Saúde e Educação (Pacse)	Estadual	Saúde
Programa Renda Mínima	Federal	Assistência social
Programa Bolsa Escola	Federal	Assistência social e Educação
Programa Ação Jovem	Federal	Assistência social e Educação
Programa Lazer e Recreação (Prolar)	Municipal	Assistência social e Educação
Programa Bolsa Família	Federal	Assistência social
Programa Renda Cidadã	Estadual	Assistência social
Programa Espaço Amigo	Municipal	Assistência social
Programa Creche Noturna	Municipal (*)	Assistência social e Educação
Programa Saúde Bucal	Municipal (*)	Saúde
Projeto Criança Segura	Municipal (*)	Assistência social
Projeto de Bolsa de Estudos	Municipal (**)	Assistência social e Educação
Projeto Saúde do Escolar	Nacional	Saúde e Educação
Projeto Criança Cidadã	Municipal	Assistência social e Educação
Projeto Ação Conjunta Conselho Tutelar	Municipal	Assistência social e Educação
Projeto Sistema de Gestão Integrada	Municipal (*)	Todas as secretarias municipais
Programa de Inclusão Social	Municipal	Assistência social e Educação

Fonte: Secretarias de governo.
(*) Projetos desenvolvidos nos municípios que atendem somente Educação Infantil.
(**) Quando a bolsa é concedida para estudo de inglês, a instância é particular.

---

20 O formato desses projetos estão disponíveis nos sites: www.planalto.gov.br; www.fomezero.gov.br; www.desenvolvimentosocial.sp.gov.br.

A relação da política da educação, especialmente com a política de assistência social, claramente evidenciada, demonstra que essa vem sendo uma das opções de inclusão e da permanência dos alunos das classes populares na escola, considerando a desigualdade social existente no país.

Ponderando sobre a divisão coletiva do trabalho nas organizações de educação, isto é, as funções estabelecidas para os profissionais nessa área, não há condição de a escola assumir a administração e o acompanhamento desse volume de projetos sociais desenvolvidos em parceria com a educação para que esses consigam atingir uma de suas principais metas – o acesso, o regresso e a permanência das crianças das classes empobrecidas na escola.

Segundo Boschetti (2002), o isolamento da política de assistência social, com seus fortes traços de residualidade, seletividade e focalização como bases de sua efetivação, fortalece o viés assistencialista em detrimento da perspectiva de acesso aos direitos sociais. Quer dizer que a assistência social na "era das bolsas" é marcada por um caráter marcadamente curativo, tendo perdido força os projetos de caráter preventivo.

Apesar de não ser esse o foco desta pesquisa, é interessante apontar uma reflexão sobre esse aspecto em virtude da intensidade de projetos sociais que exigem como contrapartida das famílias beneficiárias a permanência das crianças e adolescentes na escola, o que, direta ou indiretamente, estabelece uma relação estreita com a política da educação.

Sob a óptica dos direitos humanos, Zimmermann (2005) analisa o Programa Bolsa Família, afirmando que o acesso à alimentação é um direito humano de todas as pessoas em estado de vulnerabilidade e não apenas daquelas consideradas elegíveis e que atendem as condicionalidades impostas pelo programa. Da mesma forma, não deve haver provisão de um tempo máximo de acessibilidade ao programa, mas esse deve ser concebido para atender as pessoas enquanto houver um quadro de vulnerabilidade e, se necessário, a vida toda.

É importante reconhecer, ainda, como afirma Yasbek (2004), que o Programa Bolsa Família (e outros programas de transferência de renda) possui um significado real para os beneficiários, uma vez que para muitas famílias pobres do Brasil esse programa é a única possibilidade de obtenção de renda. Quanto à questão da qualidade e quantidade de pessoas beneficiadas, o programa significa um avanço em relação às propostas antecedentes. Entretanto, na óptica dos direitos humanos, o referido programa ainda apresenta a série de entraves antes descrita.

Esta pesquisadora compartilha das críticas referentes à política das "bolsas" e à exclusão de grande contingente da população desses programas sociais. Porém, acredita ser relevante a relação estabelecida entre educação e assistência social, pelo fato de essa propiciar às classes sociais subalternas, excluídas de recursos materiais, que não sejam também penalizadas pelo não acesso à educação sistematizada, considerando o papel estratégico que a educação ocupa na formação de uma consciência crítica.

Ressalta-se que o conceito gramsciano de escola e de intelectual vai além do comum desses termos, pois, para ele, todos os homens são intelectuais, em diversos graus, e toda instituição, independentemente de sua natureza – política, religiosa, industrial – é uma escola. Refletir a educação é pensá-la além das instituições, apesar da importância dela; é considerar que:[21]

> A educação é um processo contraditório (unidade e oposição), uma totalidade de ação e reflexão: eliminando a autoridade caímos no espontaneísmo libertário em que não se dá a educação; eliminando a liberdade caímos no autoritarismo, no qual também não existe educação, mas domesticação ou puro adestramento. O ato educativo realiza-se nessa tensão dialética entre liberdade e necessidade. (Gadotti, 2001, p.79)

Nesse sentido, o processo educativo envolve diversos espaços, o próprio sujeito, a família, as organizações de cultura, o partido e, dentre eles, a escola. O processo educativo, segundo o pensamento

---

21 "A noção de escola, para Gramsci, refere-se a todo tipo de organização cultural para a formação de intelectuais; essas organizações são criadas e sustentadas historicamente pelas diferentes práticas ou forças produtivas da sociedade" (Nosella, 1992, p.108).

gramsciano, precisa ser considerado para além da formação da escola. No entanto, a escola ocupa um lugar privilegiado, tendo em vista a tarefa de:

> [...] inserir os jovens na atividade social, depois de tê-los levado a um certo grau de maturidade e capacidade, à criação intelectual e prática e a uma certa autonomia na orientação e na iniciativa. (Gramsci, 1991, p.121)

Lutar pelo direito à educação de todas as crianças e adolescentes e estendê-la à família é uma das opções possíveis para ampliar o horizonte cultural das classes subalternas, pois com a "conquista de uma consciência superior [...] cada qual consegue compreender seu valor histórico, sua própria função na vida, seus próprios direitos e deveres" (Gramsci, 1999-2002, p.24).

A articulação de políticas sociais, dentre elas especialmente a assistência social com o intuito de minimizar as desigualdades sociais e contribuir para o acesso e a permanência das crianças e adolescentes na escola é, portanto, uma das atribuições do assistente social na política de educação.

Essa é uma das formas mais estreitas de aproximar a prática profissional do assistente social aos valores que orientam o projeto ético-político profissional, exercendo a dimensão política da profissão, construindo estratégias no desvelamento das mediações presentes nos espaços socioinstitucionais.

Apenas 10,71% dos municípios destacam a importância da dimensão investigativa da prática profissional do assistente social[22] utilizada mais frequentemente para conhecer a realidade sociofamiliar e da comunidade circunscrita na abrangência das unidades escolares. Destacam-se as pesquisas referentes ao perfil socioeconômico-cultural dos alunos, visando subsidiar o planejamento pedagógico da escola. A sistematização e a socialização do conhecimento que o assistente

---

22 De acordo com as diretrizes gerais para a formação profissional do assistente social, a dimensão investigativa é constitutiva do trabalho do assistente social e como subsídio para a produção do conhecimento sobre processos sociais e reconstrução do objeto da ação profissional (Abepss, 1996).

social constrói sobre as condições de vida da população usuária da escola pública para a comunidade escolar contribuem para que a própria população tome consciência de sua realidade, agora desvelada, mobilizando-os na conquista de seus direitos sociais, conforme ilustra o seguinte depoimento:

> Há três anos, fizemos um trabalho de avaliação e reorganização da entrevista inicial realizada com todas as famílias que matriculam seus filhos e, por intermédio desses dados, montamos o projeto pedagógico das unidades educativas. Então organizamos o perfil de toda a rede de ensino. Esses dados são importantes para compreender qual clientela atendemos e que programas ou projetos podemos desenvolver para aquela determinada realidade. Para os educadores e para nós, esses dados são extremamente importantes. Este ano apresentamos esses dados para uma educadora que está fazendo o mestrado e foi possível discutir com ela algumas particularidades da composição familiar dos alunos. É muito interessante. Os dados falam com a gente e então podemos trabalhar de acordo com a realidade objetiva. (AS – P. Prudente)

O conhecimento dos recursos disponíveis na comunidade e no município favorece a construção da autonomia dos usuários na utilização dos serviços sociais existentes na perspectiva de direito e não de benevolência.

O que se destaca na prática profissional do assistente social é a avaliação socioeconômica das famílias para concessão de benefícios, atividade presente em todos os municípios pesquisados.

A Educação Especial

A Educação Especial é uma modalidade da educação escolar oferecida preferencialmente na rede regular de ensino, para educandos que apresentem necessidades especiais, sendo tratada na LDB/96 em um capítulo específico (Capítulo V – artigos 58 a 60).

A Resolução do Conselho Nacional de Educação (CNE) e a Câmara de Educação Básica (CEB) n.2 de 11 de setembro de 2001 instituíram

Diretrizes Nacionais para a Educação Especial na educação básica. O artigo 3º expressa o entendimento da concepção de educação especial, ou seja:

[...] modalidade da educação escolar, entende-se um processo educacional definido por uma proposta pedagógica que assegure recursos e serviços educacionais especiais, organizados institucionalmente para apoiar, complementar, suplementar e, em alguns casos, substituir os serviços educacionais comuns, de modo a garantir a educação escolar e promover o desenvolvimento das potencialidades dos educandos que apresentam necessidades educacionais especiais, em todas as etapas e modalidades da educação básica. (Brasil, 2001b, artigo 3º)

Esse processo tem sido chamado de inclusão, e, para ocorrer a inclusão desses alunos nas classes comuns, a lei requer capacitação dos professores e apoio especializado na escola para atender as peculiaridades dos educandos dessa modalidade de ensino.

O conceito de necessidades especiais amplia o de deficiência, uma vez que se refere "a todas as crianças e jovens cujas necessidades decorrem de sua capacidade ou de suas dificuldades de aprendizagem" (Brasil, 1994).[23]

Diversos educadores (Libâneo et al., 2005; Mrech, 2004; entre outros) apontam críticas em relação ao processo de inclusão de alunos especiais realizado no Brasil, pois não houve uma capacitação antecipada dos professores para lidar com essas dificuldades educativas, nem as escolas públicas foram equipadas com uma infraestrutura adequada para atender esses alunos. Portanto, fica explícito que o interesse do Estado não é oferecer educação de qualidade para todos, mas sim

---

23 O princípio fundamental da linha de ação da Conferência Mundial sobre Necessidades Educativas Especiais, realizada em Salamanca, Espanha, em 1994, é: "que as escolas devem acolher todas as crianças, independentemente de suas condições físicas, intelectuais, sociais, emocionais, linguísticas ou outras. Devem acolher crianças com deficiência e crianças bem-dotadas; crianças de populações distantes ou nômades; crianças de minorias linguísticas, étnicas ou culturais e crianças de outros grupos ou zonas desfavorecidos ou marginalizados" (Brasil, 1994, p.18).

diminuir os custos das escolas especiais e, dessa forma, melhorar a relação custo-benefício a favor do sistema educativo.

Como afirmam Libâneo et al. (2005, p.266), "é preciso refletir sobre o sentido de escola inclusiva e de todas as diferenças que ela deve abarcar: questões de classe, gênero, etnia devem estar na agenda da escola que se deseja inclusiva".

O Censo Demográfico de 2000 do IBGE registra 1.602.605 crianças e adolescentes que apresentam necessidades especiais no Brasil, na faixa etária de 7 a 14 anos, e o Censo Escolar de 2004 (elaborado e publicado pelo Instituto Nacional de Estudos e Pesquisas Educacionais Anísio Teixeira – Inep[24]) aponta que há 365.343 alunos matriculados no Ensino Fundamental, representando um acesso de apenas 22,8% nessa etapa do ensino obrigatório.

É importante destacar que a exclusão educacional pode ocorrer em três dimensões distintas, mas que se complementam. A primeira é relacionada ao próprio processo de ensino – aprendizagem –, seja em decorrência dos alunos apresentarem altas habilidades, os superdotados, ou o inverso, déficit de aprendizagem.

A segunda dimensão está relacionada às necessidades temporárias ou permanentes, decorrentes da questão social que se expressam de diferentes formas no cotidiano de vida dos alunos e suas famílias, tais como: condições econômicas de uma parcela significativa da população que obriga crianças ao trabalho infantil;[25] crianças que moram em

---

24 O Inep é uma autarquia federal vinculada ao Ministério da Educação e do Desporto (MEC), sua missão é promover estudos, pesquisas e avaliações sobre o sistema de ensino brasileiro com o objetivo de subsidiar a formulação e implementação públicas para a área educacional a partir de parâmetros de qualidade, bem como produzir informações claras e confiáveis aos gestores, pelos educadores e público em geral. Para gerar seus dados e estudos educacionais o Inep realiza levantamentos estatísticos e avaliativos em todas as etapas e modalidades de ensino. Maiores informações no endereço na internet <http://www.inep.gov.br/institucional//>.

25 De acordo com a Pesquisa Nacional por Amostra de Domicílios de 2001 (Pnad, 2001), de 16 milhões de crianças entre cinco e nove anos, 296.705 ainda trabalhavam; entre 10 e 14 anos, tínhamos 1,9 milhão trabalhando. O Censo Escolar de 2000, elaborado pelo Inep, indica ainda que a evasão escolar é de 4,8%.

locais distantes de qualquer escola; famílias em situação de extrema pobreza; crianças vítimas de abusos ou negligência de várias formas; crianças que estão fora da escola por qualquer motivo.

A terceira dimensão refere-se à questão dos preconceitos de diversas formas, contraditoriamente muito presente no ambiente educacional, seja de classe, gênero, etnia, valores culturais, opção sexual etc., que deve ser desvelada pelos assistentes sociais, reconhecendo os direitos e respeitando as diferenças e preferências individuais.

Esse posicionamento profissional condiz com um dos princípios do Código de Ética Profissional do Assistente Social de 1993 (6º princípio), que se refere ao empenho na "eliminação de todas as formas de preconceitos, o respeito à diversidade, à participação de grupos socialmente discriminados e à discussão das diferenças".

Em relação ao preconceito, o depoimento a seguir descrito exemplifica e demonstra a imperiosa necessidade de um processo de reflexão com os educadores para repensar a relação que estabelecem com os alunos e famílias, numa esfera de confronto de valores.

> Eu percebo que muitas vezes o educador vê o aluno como um marginal em potencial, porque dentro da sala de aula ele tem problemas de disciplina, por exemplo, ou porque ele conta histórias de violência. Então o professor já coloca uma tarja e muitas vezes o próprio professor não percebe que faz isso. Então parece que, em determinados momentos, ele esquece que está diante de uma criança de sete ou oito anos de idade. Então nós procuramos trazer o contexto da vida do aluno e da família para dentro da escola, para discutirmos com o professor. Esta discussão é socializada para com o professor, o coordenador pedagógico, o diretor e o assistente social, assim organizamos propostas de desenvolvimento para os alunos respeitando os seus valores culturais. (AS – Limeira)

Nesse contexto, que denominamos de "exclusão ampliada", o desafio de assegurar os direitos das pessoas com necessidades especiais é grande, pois inclusão não significa simplesmente "estar numa sala comum", mas garantir professores capacitados para atender as especificidades dos diferentes tipos de deficiência; infraestrutura física e de serviços, articulada aos recursos da comunidade; parceria com os pais no processo de inclusão da criança na escola e na sociedade; enfim, exige uma reorganização da escola e de sua relação com a sociedade.

A educação para todos, meta dos governos, precisa prever investimentos que incidam sobre o processo de desenvolvimento dos sujeitos, por intermédio de uma educação de qualidade e buscar a criação de condições que garantam o acesso e a permanência das crianças e adolescentes na escola pública, com provisão de suportes físicos e sociais.

Esses dados refletem que a educação como direito de todos ainda é apenas "letra morta" expressa nas leis brasileiras, apesar dos vários programas que o governo federal tem implementado visando educação inclusiva, programas que têm contribuído para dar visibilidade à situação de exclusão que ocorre na rede pública de ensino.

Em 10,71% dos municípios nos quais o serviço social atende exclusivamente a educação especial (Mauá, Embu e Hortolândia), todos possuem mais de 100 mil habitantes e estão incluídos nos municípios que possuem médio Índice de Desenvolvimentos Humano (IDHM).

Nesses municípios, o assistente social integra uma equipe técnica formada pelos seguintes profissionais: psicólogo, pedagogo, que estão presentes em todas as equipes, e terapeuta ocupacional, fisioterapeuta, fonoaudióloga em apenas um município.

Um dos municípios (Embu) tem uma escola especial que realiza as seguintes atividades:
- atividades socioeducativas com famílias: grupo de mães e Associação de Pais e Mestres além de orientação ao Conselho de Escola formado por representantes de toda comunidade escolar;
- apoio ao trabalho de inclusão, desenvolvido na rede de ensino municipal atuando na formação de educadores;
- Conselho de Escola e Associação de Pais e Mestres;
- parcerias com o Conselho Tutelar e a Secretaria Municipal de Saúde.

Outro município (Mauá) possui um Centro Municipal de Educação Inclusiva e realiza as seguintes atividades:
- triagem para inserção no atendimento e nos benefícios – atribuição exclusiva do assistente social;.
- orientação às famílias referentes ao Beneficio de Prestação Continuada (BPC);
- acompanhamento das famílias, visando garantir a frequência nos atendimentos com os outros profissionais da equipe técnica;
- formação de funcionários da rede municipal de ensino;
- grupos de atendimento interdisciplinares;
- visitas domiciliares, hospitalares e em escolas.

Em outro município (Hortolândia), existe um Centro Integrado de Educação e Reabilitação Municipal que desenvolve um trabalho de assessoria com Educação Infantil e o Ensino Fundamental, porém as atividades mais específicas do serviço social estão concentradas no atendimento prestado nesse núcleo.

A assistente social atua na rede de ensino como um todo, somente nos casos de crianças vítimas de maus-tratos, violência doméstica, em situação de risco pessoal e social, fazendo uma ação articulada com o Conselho Tutelar.

Referente aos três municípios que atendem exclusivamente a Educação Especial, somente em Embu há uma intervenção em relação ao Conselho de Escola e à Associação de Pais e Mestres.

Aranha (2001, p.8), referindo-se especificamente às pessoas com algum tipo de deficiência, advoga que:

> [...] cabe à sociedade oferecer os serviços que os cidadãos com deficiência necessitarem nas áreas física, psicológica, educacional, social e profissional. Mas lhe cabe, também, garantir o acesso a tudo de que dispõe, independente do tipo de deficiência e grau de comprometimento apresentado pelo cidadão.

Para que a inclusão social e escolar seja construída, Aranha (2001) adota como objetivo primordial de curto prazo a intervenção junto às diferentes instâncias, que contextualizam a vida desses sujeitos na comunidade, no sentido de nelas promover os ajustes (físicos, materiais, humanos, sociais, legais etc.) que se mostrem necessários para que a pessoa que apresente deficiência possa imediatamente adquirir condições de acesso ao espaço comum da vida na sociedade.

A prática profissional dos assistentes sociais no âmbito da política de educação municipal paulista: aspectos consensuais

Apresentam-se, a seguir, elementos comuns que foram detectados na prática profissional dos assistentes sociais nos municípios pesquisados, embora com intensidade, perspectivas filosóficas e teórico--metodológicas heterogêneas configurem-se como parte integrante das demandas institucionais e/ou profissionais presentes nos diferentes contextos institucionais e níveis de ensino da política de educação.

A intervenção junto às famílias é uma demanda institucional e também profissional muito presente na prática profissional dos assistentes sociais na área da Educação. A atuação do serviço social com famílias, historicamente, sempre esteve contemplada, em especial de forma fragmentada, ou seja, cada integrante da unidade familiar é visto de forma individual, descontextualizada do grupo familiar.

No caso da educação, a intervenção geralmente é restrita à mãe dos alunos, aquela que mantém contato com a unidade escolar nos eventos como festas, reuniões ou quando solicitada pela professora para resolver problemas cognitivos ou de comportamentos dos filhos.

Este tem sido um grande desafio para a profissão; a busca da visão da família como um grupo, uma unidade com características e dinâmicas próprias. O trabalho com famílias na área da Educação envolve plantões sociais, visitas domiciliares, reuniões, atendimentos individuais. Esse trabalho é provocado por situações de duas ordens: uma relacionada às diferentes necessidades concretas apresentadas pelos alunos, determinadas pela condição de classe social e condição socioeconômica, e outra relacionada à necessidade de informações e orientações referentes a diversos aspectos da vida familiar e comunitária clamando por uma ação socioeducativa desenvolvida pelo serviço social.

Em relação à primeira situação, o traço assistencial da política de educação é contemplado com os seguintes recursos: merenda escolar (complemento à alimentação diária dos alunos); transporte (para aqueles que residem distante da escola) e materiais escolares.

Nesse sentido, uma das funções do assistente social, inserido na política de educação, é encaminhar as famílias para atendimento de suas necessidades concretas em outras políticas sociais, facilitando o acesso aos direitos sociais. Dessa forma, o serviço social contribui para minimizar ou sanar dificuldades que influenciam na permanência e no desenvolvimento com sucesso do processo de ensino-aprendizagem dessas crianças.

Outro aspecto que o serviço social desenvolve junto às famílias relaciona-se à ação socioeducativa. "As ações socioeducativas estão relacionadas às ações que através da informação, reflexão ou mesmo da relação, visam provocar mudanças (valores, modos de vida)" (Mioto; Campos, 2003, p.11).

A palavra "educativo" denota o sentido de socialização de informações, conhecimentos com a finalidade de propiciar um processo reflexivo que envolve uma percepção mais objetiva de sua própria vida e das condições sócio-históricas que a determinam, considerando os indivíduos como sujeitos de direito, protagonistas de sua própria história, cidadãos. De acordo com as respostas dos questionários, é heterogênea a concepção dos profissionais a respeito dessa denominação, demonstrando a necessidade de aprofundamento teórico sobre essa questão, para conseguir identificar se na prática profissional que desenvolvem há uma direção socioeducativa ou simplesmente uma reunião informativa.

Dos 28 municípios pesquisados, 45,94% responderam que efetivam uma ação socioeducativa com famílias, alunos e educadores; seis municípios não realizam essa atividade e cinco não responderam à questão. Os dados falam por si, indicando a falta de clareza dos profissionais sobre esta dimensão da prática profissional.

A maioria dos profissionais, que considera realizar uma ação socioeducativa, inclui nesse mote diferentes abordagens, ou seja: grupos de mães, reunião de pais, palestras com os pais, reunião com os professores e também capacitações sistemáticas com educadores, além de reuniões sistemáticas com as famílias, sempre com o intuito de socializar informações. Nas entrevistas focais, questionados sobre a concepção socioeducativa, os assistentes sociais foram unânimes em afirmar que o assistente social é um educador social e realiza uma ação socioeducativa que incide sobre os conhecimentos e valores da população na qual atua. Seguem alguns depoimentos que ilustram essa afirmativa:

> Eu sempre me considerei um educador social, e eu não tenho dúvidas de que somos educadores sociais. A visão que temos da realidade social com a qual trabalhamos, por exemplo, com o trabalho que fazemos com os pais na escola é um trabalho educativo. (AS – Franca)

> Nós sempre falamos na reunião: todos que estão envolvidos na escola são educadores... as faxineiras, serviços gerais etc. Portanto, nós nos incluímos. Não como profissionais do magistério, não é este o sentido, mas educadores à medida que desenvolvemos um trabalho de informação, de formação, você é um educador. Sempre orientamos nas reuniões de funcionários. As pessoas envolvidas na escola têm que ter consciência de que seu trabalho faz parte do processo educativo. Elas têm que ter noção do que verbalizar, das suas atitudes, pois, com certeza, fazem parte do processo educativo. (AS – Presidente Prudente)

Educação social foi sempre componente da ação do serviço social – um influxo pedagógico nem sempre explícito, mas presente e que não se expressa necessariamente em palestras. Como ensina Palma (1987, p.164), "O assistente social é um educador social, influir e orientar a consciência popular é um componente da identidade profissional do Serviço Social".

Educação social – própria do Serviço Social, aquela que a profissão implementa ou deveria implementar – está, em cada caso, dialeticamente articulada com esta prática que os segmentos afetados realizam diante da sua situação. Até mesmo quando os setores populares são beneficiários passivos, quando o paternalismo da instituição monopoliza a decisão e execução da solução, transmite-se nesta relação uma clara educação social, cujo conteúdo está condicionado pela forma que a própria relação assume. (ibidem, p.167)

Destaca-se na abordagem que o serviço social realiza com as famílias temas relacionados à violência doméstica, à compreensão do Estatuto da Criança e do Adolescente, à concepção de família entre outros.

Há diferentes vertentes que fundamentam teoricamente essa abordagem, ou seja: a vertente da teoria sistêmica,[26] e da teoria histórico-crítica,[27] apesar de frequentemente os profissionais não terem conhecimento da real dimensão da fundamentação teórica na qual alicerçam sua prática profissional.

A maioria dos municípios que oferece Educação Infantil e Ensino Fundamental concorda que a participação da família nas unidades educacionais de Educação Infantil é maior, fato justificado pela faixa etária das crianças, que precisam ser conduzidas à escola pelos pais ou responsáveis; portanto, essa aproximação facilita o contato com os educadores. O contrário é verdadeiro: no Ensino Fundamental, geralmente as crianças vão sozinhas para a escola e os pais participam menos do processo educativo de seus filhos, cuja aproximação se torna um desafio para o assistente social. Em relação à participação das famílias nas instâncias de poder decisórios existentes na escola pública, poucos municípios atuam nesse sentido.

---

26 Teoria sistêmica: "a realidade familiar, a realidade social e econômica e a cultura estão organizadas como um todo articulado e como um sistema, composto por diferentes subsistemas que se articulam entre si de maneira dinâmica" (Bronfenbrenner, em comunicação apresentada no Seminário Internacional Violência e Criança. Brasil/Israel realizada na USP, em São Paulo, em 6 a 8 de novembro de 2000 apud Azevedo; Guerra, 2000, p.1).

27 A teoria histórico-crítica reconhece que "as determinações estruturantes do desenvolvimento histórico objetivo, decorre das condições materiais de existência (responsável pela estruturação das sociedades humanas em classes antagônicas de proprietários e não proprietários) e que decorre das relações de poder (responsável pela estruturação da sociedade humana em grupos nem sempre antagônicos de detentores do poder e excluídos do poder, poder esse decorrente da conversão de diferenças de gênero, geração, etnia etc. em desigualdades e, portanto, em pretexto de dominação, opressão e exploração dos fracos pelos fortes" (Azevedo; Guerra, 2000, p.1).

A intervenção do serviço social junto aos educadores também é marcante, especialmente no aspecto de capacitação continuada. Em vários municípios essa ação abrange todos os segmentos de funcionários existentes na escola pública municipal, tanto no Ensino Infantil quanto no Ensino Fundamental, ou seja: diretor, coordenador pedagógico, professor, Atendentes de Desenvolvimento Infantil (ADI), merendeira, faxineira etc.

O objetivo explicitado neste trabalho é o de que a capacitação desenvolvida pelo serviço social com esses educadores possibilita decodificar o social, socializar conhecimentos acerca da realidade social e dos diversos aspectos e fases da vida humana. Essa intervenção contribui para desencadear um processo de interdisciplinaridade no espaço educacional.

A troca de conhecimentos e informações é essencial para efetivar uma ação conjunta, numa perspectiva de totalidade, pois o conhecimento "é um meio através do qual é possível decifrar a realidade e clarear as condições do trabalho a ser realizado" (Iamamoto, 1998, p.43). Nesse aspecto,

[...] a interdisciplinaridade configura-se quando há a interação entre duas ou mais disciplinas, havendo troca de informações e de conhecimentos e transferência de métodos de uma disciplina para outra. Esta interação pode ir da simples comunicação de ideias à integração mútua de conhecimentos, [...] da terminologia, da metodologia, dos procedimentos. (Fazenda, 1979, p.13)

Dessa forma, a interdisciplinaridade possibilita tanto a interlocução entre as áreas dos saberes quanto impede o estreitamento e a cristalização de cada uma delas no interior de seus respectivos domínios. Além disso, "favorece o alargamento e a flexibilização dos conhecimentos disponibilizando-os em novos horizontes do saber" (Rodrigues, 2000, p.127). Os depoimentos a seguir exemplificam o exposto:

O trabalho em equipe é importante na educação. O Serviço Social tem uma leitura diferenciada do que acontece na escola. Nesse sentido, nossa visão completa a equipe. Mas é um desafio, na educação tem o pedagogo, o psicólogo que também já tem uma ação mais específica... e o Serviço Social na concepção de muitos profissionais, tem uma varinha mágica que vai resolver todos os problemas, principalmente de indisciplina. A nossa leitura realmente é bastante diferenciada... é o entendimento global das situações. (AS – Franca)

Dentro do espaço escolar emanam as questões de cunho social, temos este enfoque – e não existem outros profissionais que trabalham estas situações como nós. Talvez seja simples, mas muito significativa, por exemplo, a questão de faltas dos alunos ou evasão escolar. É lógico que pode estar diretamente relacionada ao ensino, à sala de aula, mas pode também ter uma questão na família e que podemos intervir. Então o assistente social troca, pois fazemos uma leitura ampla da realidade, o que não acontece na escola, que muitas vezes tem uma visão superficial do que possa estar acontecendo com o aluno e sua família, então o assistente social desmistifica esta visão, principalmente com a sua atuação concreta na situação em questão. (AS – Presidente Prudente)

A intervenção do serviço social junto aos alunos ocorre especialmente por meio de abordagens individuais, em especial com aqueles alunos considerados problemas, que são encaminhados pelos educadores para o assistente social. Esses problemas referem-se às situações de comportamento: indisciplina, dificuldade de aprendizagem que os professores consideram relacionados a algum déficit cognitivo ou causas psicológicas, faltas reiteradas, condições de saúde, entre outros.

Constatou-se, ainda, que não é expressiva a intervenção do serviço social junto aos alunos de forma coletiva, reforçando sua organização e participação, como em grêmios estudantis, conselhos de escola, visando dar ênfase ao protagonismo juvenil, exercício pedagógico fundamental para mobilizar nos jovens o interesse pela participação social no contexto da sociedade.

Apenas um dos municípios pesquisados (Franca) já desenvolveu um projeto com alunos na sala de aula, em conjunto com o professor. Essa atividade foi realizada com todas as primeiras séries do Ensino Fundamental do município, iniciando pelas escolas que possuíam classes de aceleração, cujos alunos são estigmatizados pela escola, sendo constatado que a maioria era encaminhada para o atendimento individual com o serviço social, conforme o depoimento do assistente social:

> Para o Serviço Social este trabalho com alunos, foi a primeira vez que a gente viu as crianças pelos 'nossos olhos'. Até então, a gente conhecia o aluno pelo olhar da mãe, do psicólogo, do professor. Foi importante, pudemos entender melhor as relações presentes na escola. O objetivo era também, a partir deste contato com as crianças na sala de aula, juntamente com o professor, diminuir um pouco aquela questão dos atendimentos individuais. No grupo com as crianças a gente tinha subsídios para discutir com o professor sobre o comportamento dos alunos. Então diminuiu muito o número de casos encaminhados para a equipe resolver. (AS – Franca)

O projeto ocorria quinzenalmente, na sala de aula, por meio de dinâmicas de grupo, de reflexões referentes à vivência social e comunitária, às relações estabelecidas em sala de aula e demais temas de interesse daquele determinado grupo de alunos.

As avaliações realizadas com professores, alunos e o serviço social demonstraram que houve um resultado positivo desse trabalho, que possibilitou a troca de conhecimentos, incidindo na forma de atuar do professor em sala de aula e também no comportamento e interesse dos alunos pela escola.

É interessante registrar que, na maioria dos municípios pesquisados, as atividades desenvolvidas pelo serviço social se iniciaram com o atendimento individual de alunos, considerados problemáticos pelos educadores, e na análise dessa demanda institucional foram detectados outros aspectos da dinâmica institucional sobre os quais o assistente social poderia intervir, redimensionando a demanda inicial apresentada pela instituição. Portanto, o "aluno" configurou-se como a demanda principal da educação, desvelando a visão fragmentada e descontextualizada dos educadores em relação aos aspectos sociais que envolvem a população atendida pela escola pública e a própria estrutura da política de educação.

Em relação ao público-alvo da intervenção do serviço social, alunos, famílias e educadores, outra característica determinante na política de educação é o aspecto quantitativo. Os números são sempre superlativos e a proporção entre o público-alvo e o número de assistentes sociais é quase sempre desproporcional, fator que pode interferir na proximidade do profissional com alguns segmentos e na qualidade dos serviços prestados.

Nesse aspecto, considerando o fato de o professor ser o profissional que estabelece o vínculo mais estreito com as crianças/adolescentes na escola, seu papel de educador, no sentido amplo do termo, precisa ser valorizado. Decorrente disso, a capacitação, como forma de socialização do conhecimento da realidade social e das relações sociais numa perspectiva de totalidade, torna-se essencial, contribuindo para que o projeto político-pedagógico da escola seja coerente com as condições socioeconômicas e culturais do perfil de alunos/famílias e da própria comunidade onde a escola está inserida.

A semelhança entre os trabalhos desenvolvidos pelos profissionais inseridos na política de educação também passa pelas demandas mais frequentes, conforme serão descritas a seguir.

A evasão escolar é um fenômeno preocupante na política de educação. Garantir juridicamente o acesso à educação é apenas a primeira etapa do processo. Fatores educacionais e sociais estão imbricados, gerando determinações que afetam a luta pela permanência com sucesso da criança e adolescente na escola pública. Portanto, essa é uma das demandas para o serviço social em todos os municípios pesquisados, variando as formas de enfrentamento com intervenções que vão desde visita domiciliar, para identificar os motivos da evasão escolar precedendo uma intervenção junto à criança e à família com vistas ao retorno da criança para a escola, até intervenções mais amplas.

Nessa segunda opção, registra-se o exemplo de um município (Prudente) que se articulou com uma faculdade de Serviço Social no desenvolvimento de uma pesquisa com os estagiários de serviço social para identificar os motivos que levaram os alunos à evasão escolar. O objetivo era encontrar opções coletivas que pudessem minimizar esse fato. Em termos gerais, os resultados mostraram que os motivos da evasão escolar relacionavam-se a dois fatores: ao processo educativo desenvolvido nas escolas e às expressões da questão social que incidem sobre a família e os alunos.

Alguns depoimentos coletados pelos alunos entrevistados nesta pesquisa e aqui transcritos, de acordo com a fala da assistente social entrevistada, confirmam os resultados da pesquisa, como:

> Eu não gosto da professora, do jeito que ela me trata, por isso não vou pra escola.
>
> Não consigo aprender o que a professora ensina.
>
> Ajudo a minha mãe a cuidar dos meus irmãos pequenos pra ela trabalhar, então não dá para ir na escola.
>
> Estou sempre doente por isso falto tanto na escola.

Diante disso, foi efetivada uma campanha na escola denominada "Volte para Ficar", trabalhando com as famílias, alunos e educadores, revendo as situações apontadas pela pesquisa. No transcorrer deste trabalho, conforme depoimento das assistentes sociais, foi muito difícil intervir até mesmo com os próprios educadores, que se expressavam da seguinte forma: "Vocês vão trazer de volta para a escola os alunos problemáticos".

Essa experiência retrata a importância do serviço social na política de educação, especialmente desmistificando concepções cristalizadas que permeiam o senso comum dos educadores que não possuem conhecimento da área social. O preconceito está presente na sociedade sob diferentes formas, e, muitas vezes velada, discriminando o pobre, o negro, a mulher, a pessoa com necessidades especiais, incluindo as instituições que, pela própria atribuição educativa, não poderiam ter uma visão preconceituosa, deturpada do social.

O preconceito é uma das expressões do pensamento cotidiano, marcado pelo senso comum, e que precisa ser superado inicialmente, conforme as formulações de Gramsci, com o bom senso e, por fim, como práxis libertadora. "Assim, o contraponto ao preconceito dá-se por meio do resgate da ética na perspectiva da afirmação dos indivíduos sociais, como sujeitos livres, críticos e criativos" (Paiva; Sales, 2001, p.195).

É sabido que é impossível banir o preconceito da sociedade em sua totalidade, porém cabe ao profissional assistente social, munido de conhecimentos teórico-práticos e de postura ético-política, intervir estrategicamente visando a desalienação dos diferentes atores que contracenam no espaço institucional.

O desvelamento da raiz fundante da desigualdade social, que marca a sociedade capitalista e, de forma peculiar, a sociedade brasileira, é o debate sobre o respeito às diferenças, são atribuições do assistente social nos diferentes espaços sócio-ocupacionais, contribuindo para a construção de uma cultura humanista, democrática e plural.

Outra demanda peculiar a todos os municípios são as situações que envolvem a violência doméstica, seja violência física, sexual, seja psicológica. Aliás, as instituições educacionais, por possibilitarem o contato permanente com a população infantil, são capazes de perceber as mudanças comportamentais peculiares às crianças vitimizadas pela violência doméstica ou negligências. Dessa forma, os assistentes sociais conquistaram espaço na área da Educação intervindo sobre a questão da violência doméstica tanto no aspecto preventivo, orientando os educadores para detectar sinais de violência doméstica nos alunos, orientando também os pais no sentido de prevenção, quanto intervindo nas situações em que já ocorreu, acompanhando a família e o aluno, vítima da violência doméstica, para as providências necessárias.

A experiência referente a essa temática – violência doméstica –, realizada em um dos municípios, como descrita a seguir, demonstra a relevância dessa atividade do serviço social na área da Educação.

> Os assistentes sociais fizeram uma disciplina na Unesp de Franca sobre violência doméstica e aí passamos o conhecimento para todos, isto é, trabalhamos a questão da violência doméstica para todos os profissionais envolvidos na escola, inclusive como identificar a violência doméstica. O interesse foi tão grande que alguns professores fizeram o curso do Lacre na USP, trazendo mais subsídios para trabalharmos. (AS – Franca)

Um foco que trabalhamos muito é a violência doméstica, tanto com os funcionários como também com as famílias. Trabalhos de forma interdisciplinar, pois nesta questão todos têm muito a contribuir, o psicólogo, o pedagogo, o assistente social. Fazemos um trabalho preventivo e também orientamos quando a criança já foi vitimizada, há toda uma orientação em relação à atitude a tomar, os procedimentos necessários. Todos os profissionais que atuam na rede de ensino já sabem. Em relação a isso, a rede avançou muito nos últimos anos. (AS – P. Prudente)

Outra demanda requerida pela política de educação e/ou por iniciativa do assistente social é a articulação escola-sociedade, sendo até mesmo identificada como uma particularidade do serviço social na área da Educação.

O Serviço Social é uma profissão que tem características singulares. Ela não atua sobre uma única necessidade humana (tal como o dentista, o médico, o pedagogo...) nem tampouco se destina a todos os homens de uma sociedade sem distinção de renda ou classe. Sua especificidade está no fato de atuar sobre todas as necessidades humanas de uma dada classe social, ou seja, aquela formada pelos grupos subalternizados, pauperizados ou excluídos dos bens, serviços e riquezas dessa mesma sociedade. É por isso que os profissionais de Serviço Social atuam, basicamente, na trama das relações de conquista e apropriação de serviços e poder pela população excluída e dominada. (Netto; Carvalho, 1987, p.51)

A visão de totalidade[28] do assistente social propicia a articulação entre as diversas políticas sociais envolvidas na rede de proteção social existente em cada realidade específica. Referindo-se especificamente à política de atendimento à criança e ao adolescente, o conceito de rede está definido no próprio Estatuto da Criança e do Adolescente como um conjunto articulado de ações governamentais

---

28 Totalidade: "categoria ontológica que representa o concreto, síntese de determinações, sendo um complexo constituído de outros complexos subordinados, ou seja, toda parte é também um todo [...] um complexo de forças com relações diversas que agem em conjunto. Essa complexidade não elimina o caráter de elemento" (Lukács, 1979, p.39).

e não governamentais da União, estados e municípios, buscando a construção de consensos e a implementação de políticas que atendam às necessidades desse segmento.

A articulação escola-sociedade é efetivada em diferentes prismas, dependendo das determinações presentes no cenário institucional e da visão política do profissional em viabilizar essa relação. Há variáveis que vão desde os simples encaminhamentos, aos serviços prestados pelas políticas sociais públicas e privadas, com o objetivo de atender as demandas explícitas ou implícitas, identificadas ou solicitadas ao assistente social, até a efetivação de ações de parcerias, que consistam em realizar projetos integrados correspondendo principalmente aos interesses dos usuários.

Nesse aspecto, destaca-se a necessidade de a escola manter contato direto com outras instituições da rede de atendimento à criança e ao adolescente, considerando inclusive a centralidade que a escola ocupa em qualquer proposta de atendimento a esse segmento populacional.

Apesar de não ser uma demanda persistente no resultado obtido pela pesquisa, aparecendo apenas em alguns municípios, considera-se a dimensão investigativa do serviço social de extrema importância para a prática profissional do assistente social e, por isso, será contemplada.

Em muitos municípios denota-se a pesquisa como sinônimo de levantamentos de dados, visando identificar o perfil dos alunos/famílias e suas necessidades, orientando a intervenção do assistente social. Em alguns municípios o serviço social utiliza-se da pesquisa social com uma visão mais crítica e abrangente da realidade social.

Em Presidente Prudente realiza-se anualmente pesquisa sobre o perfil da rede de ensino do município e a análise do material empírico compilado constitui-se referencial para a organização do projeto político-pedagógico das unidades escolares. As informações obtidas nesse levantamento do perfil são temas de debates com os educadores, com o intuito de compreender as famílias atendidas pela rede de ensino, desmistificando preconceitos e mitos existentes em relação à concepção de família.

Recentemente, o município propôs a realização de uma pesquisa sobre o perfil da demanda reprimida de creches, visando fortalecer a luta pela universalização da Educação Infantil e, concomitantemente, levantar prioridades a serem atendidas em curto e médio prazos, para aquelas crianças que, pela condição de vida de suas famílias, são vulneráveis a riscos sociais; portanto, necessitam de atendimento, com urgência, nas unidades educacionais.

Em outro município (Limeira), há um programa informatizado com dados completos sobre a demanda reprimida da Educação Infantil. Esse cadastro possibilita identificar o número de crianças que precisam de atendimento nessa etapa de ensino, incluindo várias informações: composição da família, faixa etária da criança, condições de trabalho da família, renda familiar, escolaridade dos pais, tempo de espera, entre outros.

Nós temos aqui na Secretaria da Educação um programa informatizado, muito avançado. Ele tem vários dados, tais como: a demanda reprimida de creche, em quais bairros estas crianças estão localizadas, faixa etária, condição familiar, condição de trabalho dos pais, enfim, todas as informações sobre esta questão. Isso facilita no planejamento das ações, é uma importante conquista para o Serviço Social. Este programa é alimentado pelas informações de toda rede, através do Serviço Social, que atende nos plantões, é muito interessante. (AS – Limeira)

Essas informações alimentam o processo de planejamento da política de educação municipal no que se refere à Educação Infantil, resultado da ação profissional do assistente social.

Esses exemplos demonstram a importância de inserir no cotidiano da prática profissional do assistente social a dimensão investigativa, a pesquisa social. No entanto, não é expressivo o número de municípios que efetivam essa atividade provavelmente por fatores relacionados ao excesso de atividades desempenhadas pelos profissionais, considerando a proporcionalidade entre o número de assistentes sociais e a amplitude da rede de ensino. A dificuldade do profissional em visualizar a importância dessa atividade parece ser o principal motivo de sua baixa incidência de utilização.

O debate a respeito do referencial teórico-metodológico utilizado pelos assistentes sociais que atuam na área da Educação não foi privilegiado na pesquisa, mas mesmo assim, muitos profissionais, ao descreverem as atividades desenvolvidas pelo serviço social, referem-se aos instrumentais técnico-operativos por eles utilizados, considerando-os como uma atividade profissional. Portanto, considera-se importante destacar os instrumentais mais utilizados pelo serviço social em sua prática profissional na política de educação.

De acordo com Iamamoto (1998), o processo de trabalho no serviço social é pautado pelo instrumental técnico-operativo utilizado por esse profissional. Esse instrumental não compreende apenas o arsenal de técnicas utilizadas para a efetivação dos serviços, mas também o arsenal teórico-metodológico (conhecimentos, valores, herança cultural, habilidades). Essa base teórico-metodológica é constituída pelos "recursos essenciais que o assistente social aciona para exercer o seu trabalho" (Iamamoto, 1998, p.43), a fim de iluminar a leitura da realidade, melhor direcionar e moldar sua ação.

A apropriação do referencial teórico-metodológico, por parte do assistente social, possibilita ao profissional apreender a realidade numa perspectiva de totalidade e construir mediações entre o exercício profissional comprometido e os limites dados pela realidade de atuação.

Nesta pesquisa, os profissionais indicaram apenas os instrumentais técnico-operativos utilizados, sobressaindo-se os seguintes: visita domiciliar, encaminhamento, entrevista e reunião.

> O encaminhamento, muitas vezes confundido com transferência de responsabilidade entre setores e organizações, torna-se um serviço sempre parcial e insuficiente, exigindo novos retornos através de uma recorrência burocrática e do disciplinamento em percursos infindáveis nos corredores das instituições, que acabam por reforçar a dependência e, muitas vezes, a perda de auto-estima. Quando muito, conseguem garantir de alguns recursos, uma satisfação compensatória em meio às informações controvertidas e às respostas insuficientes às demandas criadas. O encaminhamento ainda não é compreendido como a busca de uma solução para os problemas e situações vivenciadas pela população como garantia de direitos. (Sarmento, 2000, p.104)

Salienta-se nesse aspecto uma experiência interessante desenvolvida por um dos municípios pesquisados. Nas reuniões de capacitações realizadas com professores, coordenadores pedagógicos e diretores são socializadas as informações referentes aos recursos existentes no município, para que os educadores possam ser multiplicadores dessas informações, esclarecendo às famílias dos alunos sobre seus direitos e suas vias de acesso a esses recursos.

A equipe de Serviço Social organizou um guia de recursos da comunidade, pensando nos vários tipos de situação que ocorrem no dia-a-dia das unidades educacionais. Então, quando o professor consegue identificar a situação, ele mesmo encaminha para a instituição certa. Por exemplo: o professor suspeita que o aluno está usando drogas. O que fazer? Ligar para o Conselho Tutelar? Muitas vezes, considerando o relacionamento que o professor tem com o aluno e a família, ele mesmo faz o devido encaminhamento. Mas isso só foi possível com a orientação do Serviço Social. E também o professor sente-se seguro para fazer isso porque sabe que se precisar tem o respaldo do assistente social. (AS – Prudente)

A visita domiciliar é uma prática relevante no serviço social conforme descreve Silva (2001, p.30),

> [...] por meio desse contato com as pessoas em seu ambiente familiar, o assistente social consegue aproximar-se do vivido e do cotidiano do usuário, observando as alterações familiares, a vizinhança, a rede social e os recursos institucionais mais próximos. Essa prática supera, em diversos aspectos, a entrevista feita na instituição, pois quando se vê o movimento das pessoas, muitos registros ficam na memória fotográfica do Assistente Social.

Em todos os municípios pesquisados, o assistente social utiliza a visita domiciliar, com as mais variadas finalidades, conforme descreveram nos questionários:

> Com o objetivo de ampliar o conhecimento da realidade sociofamiliar e da comunidade; (AS – Santa Rita do Passa Quatro)

> Avaliação para obter vaga em creche, verificar se os pais realmente estão trabalhando, pois este é o critério para conseguir vaga na creche. (AS – Borebi)
>
> Realizamos visita domiciliar nos casos solicitados pelo Conselho Tutelar. (AS – Tupã)
>
> Para acompanhamento e verificação das condições das famílias que recebem a Bolsa Família. (AS – Tupã)
>
> Para sanar os problemas sociais apresentados pelos alunos/famílias na escola. (AS – Botucatu)
>
> Averiguar e orientar os pais sobre as faltas do aluno na escola e de suas implicações e consequências, através da visita domiciliar, quando a escola já esgotou suas ações. (AS – Assis)

Verifica-se por meio desses depoimentos a contribuição do assistente social nas unidades educacionais, no sentido de facilitar o elo escola–família, especificamente com o instrumento técnico de visita domiciliar, estabelecendo um contato próximo com a realidade social e cultural das famílias. A sistematização dessas informações pode suscitar dados significativos, que foram apresentados de forma individualizada, particular, fragmentada, mas que podem ser rearticulados e interpretados por categorizações, coletivizando-os e propondo ações, intervenções na dimensão coletiva.

A entrevista é muito utilizada quando o profissional precisa obter dados da família, visando atender diferentes objetivos, ou seja, levantamento socioeconômico para o fornecimento de recursos ou inclusão em um programa social; triagem para conseguir vaga em creches ou para realizar qualquer tipo de orientação social, conforme demonstram os depoimentos dos profissionais a seguir:

> Realizamos entrevistas com as famílias para incluí-las no Programa Bolsa Família. (AS – Vargem Grande Paulista)

A entrevista visa a realização do estudo socioeconômico para a concessão de passes escolares. (AS – São Carlos)

Para fazer o cadastro socioeconômico e a classificação por prioridade de todas as famílias que solicitam vagas em creche para seus filhos, nós realizamos uma entrevista. (AS- Santo André)

Entrevistamos os pais das crianças nas situações de violência doméstica e nas demais intercorrências. (AS – Mauá)

Para Souza (1998), um dos maiores problemas da utilização da entrevista na área social é a questão da objetividade, de conseguir separar as informações dos sentimentos que surgem durante a abordagem. O entrevistador, na

> busca pela objetividade, esforça-se por ignorar as sensações, a imaginação, a arte e o lúdico, ao realizar e analisar a entrevista, deixando na maioria das vezes de abordar ou mesmo de referir-se à "arte" e ao "sentir" como processos de ação-reflexão-ação. (Souza, 1998, p.30)

A identificação dos instrumentais técnico-operativos que os assistentes sociais utilizam na efetivação da prática profissional não evidencia a direção por eles assumida, visto que é o referencial teórico adotado que demonstra se a prática está orientada por uma perspectiva crítica ou conservadora.

Constata-se, porém, de acordo com os objetivos descritos ao utilizarem esses instrumentos, que o mesmo instrumental (visita domiciliar, entrevista, encaminhamento) é utilizado pelos assistentes sociais com posicionamentos divergentes, que indicam direções político-ideológicas, ou seja, com intencionalidades diferentes.

Essa é uma das questões suscitadas pela pesquisa que podem ser aprofundadas em outros estudos, considerando-se a relevância dessa temática.

O encadeamento de referências teóricas e empíricas discutidas nas diversas etapas da presente pesquisa possibilitou uma ampla construção de diversos determinantes desse amálgama que constitui o espaço sócio-ocupacional do serviço social na educação pública municipal paulista. Evidenciou-se, porém, que a riqueza de informações colhidas na pesquisa, fruto da paixão da pesquisadora pelo tema e da ansiedade dos assistentes sociais pesquisados em desfrutar desse espaço de reflexão, implicou uma dispersão do foco da pesquisa; portanto, a seguir, será retomado o ponto de partida, dialeticamente considerado também o ponto de chegada.

5
PERSPECTIVAS DO SERVIÇO SOCIAL NO ÂMBITO DA POLÍTICA DE EDUCAÇÃO

> *"Devemos compreender de modo dialético a relação entre a educação sistemática e a mudança social, a transformação política da sociedade. Os problemas da escola estão profundamente enraizados nas condições globais da sociedade."*
>
> (Paulo Freire, 1987)

Serviço social: o projeto profissional hegemônico

Para refletir sobre a prática profissional dos assistentes sociais no âmbito da política de educação pública municipal, é necessário resgatar, sucintamente, o significado dessa profissão no processo histórico e compreender o parâmetro ético-político profissional hegemônico na profissão explicitados no Código de Ética Profissional de 1993 e no Projeto de Formação Profissional conduzido pela Abepss.

Tendo como pressuposto a visão marxista, a história é um processo de transformações sociais determinadas pelas contradições entre os meios de produção e as forças produtivas, e a luta de classes exprime tais contradições sendo o motor da história.

É, portanto, importante registrar a visão histórica da profissão de serviço social, pressuposto para analisar o trabalho do assistente social na área da educação no contexto atual.

A análise da gênese e do processo histórico de desenvolvimento do serviço social como profissão, inserida na divisão sociotécnica do trabalho atuando no processo de reprodução das relações sociais é desenvolvida especialmente pelos seguintes autores: Iamamoto (1982), Netto (1992), Yasbek (1995), Martinelli (1989). Pretende-se, portanto, apenas relembrar as linhas gerais desse processo.

O serviço social é reconhecido como um tipo de especialização do trabalho coletivo, profissão inscrita na divisão social e técnica do trabalho, intervindo no âmbito da produção e reprodução da vida social. A produção e a reprodução das relações sociais relacionam-se à construção da materialidade e da subjetividade das classes que vivem do trabalho, portanto também "formas de pensar, isto é, formas de consciência, por meio das quais se apreende a vida social" (Marx, 1974, p.27). O serviço social tem na questão social a base de sua fundação como especialização do trabalho.[1]

O serviço social é um trabalho especializado, que interfere na reprodução material da força de trabalho e no processo de reprodução sociopolítica ou ideopolítica dos indivíduos sociais. O assistente social, com outros profissionais, contribui para a criação de consensos na sociedade. Esses consensos são em torno de interesses de classes fundantes, ou seja, dominantes e dominadas, reforçando a hegemonia vigente ou criando uma contra-hegemonia no cenário da vida social.

---

1 Essa afirmação é defendida por vários autores entre eles: Netto, Yasbek, Iamamoto entre outros. "Os assistentes sociais, por meio da prestação de serviços sócio--assistenciais nas organizações públicas e privadas – inseparáveis de uma dimensão educativa ou político-ideológica – interferem nas relações sociais cotidianas, no atendimento às mais variadas expressões da Questão Social. Questão social que é também rebeldia, por envolver sujeitos que ao viverem as desigualdades a elas resistem e expressam seu inconformismo. É nesta tensão entre a produção da desigualdade e produção da rebeldia e da resistência, que trabalham os assistentes sociais, situados nesse terreno movido por interesses sociais distintos, aos quais não é possível abstrair ou deles fugir porque tecem a vida em sociedade" (Iamamoto, 2004, p.17).

O significado sócio-histórico e ideopolítico do serviço social está inscrito no conjunto das práticas sociais que é acionado pelas classes e mediadas pelo Estado em face das sequelas da questão social. Reconhece-se, portanto, que a particularidade do serviço social na divisão social e técnica do trabalho coletivo "encontra-se organicamente vinculada às configurações estruturais e conjunturais da questão social e às formas históricas de seu enfrentamento – que são permeadas pela ação dos trabalhadores, do capital e do Estado" (Abepss, 1996, p.154).

As políticas sociais, ou seja, as instituições que operacionalizam essas políticas, são consideradas o *lócus* privilegiado de intervenção profissional do assistente social, enquanto estruturas sócio-ocupacionais para o serviço social obedecem à seguinte dinâmica:

> [...] como conjunto de procedimentos técnico-operativos; requerem, portanto, agentes técnicos em dois planos: o da sua formulação e da sua implementação. Neste último, onde a natureza da prática técnica é essencialmente executiva, põe-se a demanda de atores da mais variada ordem [...] no ponto em que os diversos indivíduos vulnerabilizados pelas sequelas e refrações da "Questão Social", recebem direta e imediatamente respostas articuladas nas políticas sociais setoriais. Neste âmbito está posto o mercado de trabalho para o Assistente Social. (Yasbek, 1995, p.70)

Conforme, portanto, os estudos de Netto (1992) e Martinelli et al. (1989), entre outros, compreende-se que a institucionalização do serviço social como profissão, assim como as demais profissões, surge visando atender às necessidades sociais desencadeadas pela forma singular de organização da sociedade capitalista, na fase monopolista, de acordo com as estratégias políticas e econômicas desenhadas naquela nova dinâmica social que se impunha.

> Desta forma, a compreensão das políticas sociais como uma mediação necessária à concretização do trabalho do assistente social situa uma dupla implicação para os assistentes sociais: o seu reconhecimento enquanto espaço privilegiado da sua profissionalização e atuação e como aporte importante ao trabalho profissional, ou seja, como meio de operacionalização efetiva de sua atividade laborativa. (Almeida, 1996, p.8)

A trajetória histórica do serviço social é analisada por diversos autores, e entre eles destaca-se Netto (1990, p.303), que explicita os marcos de sua renovação afirmando que:

> [...] a renovação crítico-analítica viabilizada pelo desenvolvimento teórico da perspectiva de intenção de ruptura propicia novos aportes no nível prático-operativo da profissão donde, por exemplo, a circunscrição de formas alternativas de intervenção, no bojo das políticas sociais, junto a movimentos sociais e o reequacionamento do desempenho profissional no marco da assistência pública.

A intenção de ruptura no processo de renovação do serviço social brasileiro intensificou e enriqueceu o debate profissional, tendo como esteio a teoria social de Marx. Nesse sentido,

> [...] o balanço extremamente necessário, dos avanços possibilitados pelo contributo da intenção de ruptura deverá salientar, também, que o enriquecimento profissional sugerido operou-se com a conjugação de dois componentes que indubitavelmente são marcantes: de um lado, uma ponderável abertura e ampliação dos horizontes ideoculturais, que permitiu à profissão aprofundar o rompimento com a notória endogenia das suas representações; de outro, um sensível elemento crítico, responsável pela introdução, no terreno das representações profissionais, de um confronto de ideias e concepções antes não registrado. (Netto, 1990, p.304)

As condições históricas que emergem no Brasil a partir da década de 1980 refletem nas profissões, e especificamente no serviço social, a incorporação das reivindicações progressistas da sociedade que favorecem a consolidação de um projeto ético-político profissional[2]

---

2 Projetos profissionais "apresentam a auto-imagem de uma profissão, elegem valores que a legitimam socialmente, delimitam e priorizam os seus objetivos e funções, formulam os requisitos (teóricos, institucionais e práticos) para seu exercício, prescrevem normas para o comportamento dos profissionais e estabelecem as balizas da sua relação com os usuários dos serviços, com as outras profissões e com as organizações e instituições sociais, privadas e públicas (entre estas, também e destacadamente com o Estado, ao qual coube, historicamente, o reconhecimento dos estatutos profissionais" (Netto, 1999, p.95).

que informa a perspectiva da prática profissional regulamentada em seu Código de Ética Profissional de 1993.

Eticamente consideradas, tais condições têm origem na organização política da categoria profissional, no amadurecimento de uma vertente teórico-histórica e no posicionamento ético das entidades representativas da categoria no encontro, deliberações e intervenções consubstanciadas, em especial, nos Congressos Brasileiros a partir de 1979, na Reforma Curricular de 1982 e 1996, nos Códigos de Ética de 1986 e 1993 (Abramides e Cabral, 1989; Barroco, 1993; Bonetti et al. 1996; Netto, 1996; ABESS/CEDPSS, 1996). (Barroco, 1999, p.130)

Novamente, de acordo com Netto (1999, p.105), o projeto ético-político profissional dos assistentes sociais tem como núcleo central o reconhecimento da liberdade como valor central:

[...] liberdade concebida historicamente, como possibilidade de escolher entre alternativas concretas; daí um compromisso com a autonomia, a emancipação e a plena expansão dos indivíduos sociais. O projeto profissional vincula-se a um projeto societário que propõe a construção de uma nova ordem social, sem dominação e/ou exploração de classe, etnia e gênero.

Esse projeto profissional afirma ainda a defesa intransigente dos direitos humanos e a recusa do arbítrio e dos preconceitos, contemplando o pluralismo; posiciona-se a favor da equidade e da justiça social; ampliação e consolidação da cidadania, visando a garantia dos direitos civis, políticos e sociais das classes trabalhadoras; luta pela democracia, como socialização da participação política e da riqueza socialmente produzida.

É importante esclarecer que o Código de Ética Profissional do Assistente Social,

[...] coerente com sua fundamentação, explicitou seu diferencial em face do discurso liberal ao afirmar a equidade e a democracia como valores ético-políticos. A democracia é tratada como padrão de organização política capaz de favorecer a ultrapassagem das limitações reais que a ordem burguesa impõe ao desenvolvimento pleno da cidadania, dos direitos e garantias individuais e sociais e das tendências à autonomia e à autogestão social, resgatando a concepção marxista presente no pensamento socialista revolucionário. (Barroco, 2001, p.203)

Além disso, o projeto estabelece a necessidade de compromisso do assistente social com a competência profissional por meio do aprimoramento intelectual contínuo, e inclui ainda o compromisso com a qualidade dos serviços prestados à população, tendo como premissa a luta pela publicização dos recursos institucionais, visando a democratização e universalização desses, sobretudo propiciando a efetiva participação dos usuários nos processos decisórios das instituições.

Ressalta-se que a construção desse projeto ético-político profissional resulta do envolvimento da categoria em diferentes espaços de discussão e debates profissionais (Cbas, Abepss, Cefss, Cress) considerados, portanto, hegemônicos na profissão, porém não significa que não haja divergências e contradições.[3]

É diante desse "novo Serviço Social" construído e reconstruído no cenário histórico brasileiro, com o protagonismo de seus agentes profissionais,

[...] que um projeto profissional que objetiva a realização e ampliação de direitos humanos e sociais só se mantém se contar com uma base social de sustentação política, o que coloca a práxis política como meio adequado à realização da ética profissional entendendo-se que tal práxis não é exclusiva da profissão, mas do conjunto das forças sociais progressistas articuladas em projetos sociais. (Barroco, 1999, p.133)

Considerando que o serviço social é uma profissão sócio-histórica, as mudanças societárias que vêm ocorrendo nas últimas décadas, no

---

3 Considera-se projeto ético-político "hegemônico" na profissão aquele estabelecido como referência pela categoria profissional organizada (Cfess/Cress) para a formação profissional, estabelecido mediante currículo mínimo regulamentado pela Associação Brasileira de Ensino e Pesquisa em Serviço Social (Abepss) em 1996; na Lei n.8.662/93 que regulamenta a profissão e no Código de Ética Profissional, Resolução Cfess n.272/93.

processo de produção e reprodução da vida social, corporificadas em alterações nas relações: Estado e sociedade e nas formas de organização e gestão do trabalho, incidem em todas as profissões e especificamente no serviço social.

Nesse processo de reestruturação dos mecanismos de acumulação do capitalismo globalizado, a lógica neoliberal redirecionou as intervenções do Estado e as bases dos sistemas de proteção social. Há uma retração do Estado no campo das políticas sociais, transferindo a responsabilidade para a sociedade civil,[4] genericamente denominada terceiro setor, ampliando o surgimento de organizações não governamentais e da filantropia empresarial.

É importante salientar que mesmo com essas mudanças, o setor público ainda é considerado o espaço sócio-ocupacional privilegiado da intervenção profissional do assistente social. Por sua vez, a descentralização participativa na gestão de políticas públicas, instituída pela Constituição Federal de 1988, cria novos canais de ingerência da sociedade civil organizada, na formulação, gestão e controle das políticas sociais, nos municípios, ampliando a possibilidade de trabalho do assistente social no âmbito dos conselhos de direitos e no planejamento de políticas sociais municipais.

Considerando o significado social do trabalho do assistente social na óptica da totalidade para apreender como ocorre esse processo de intervenção é necessário articular um conjunto de determinantes que está acoplado em três grandes questões. A primeira, relacionada às determinações da conjuntura político-socioeconômica nacional, regional e municipal e da política social, define o caráter dos organismos empregadores, seu quadro normativo, suas relações de poder que interferem na definição de competências e atribuições do assistente social. Incluso nesse mote encontra-se a análise dos recursos disponíveis para a viabilização do trabalho profissional.

---

4 Encontra-se importante problematização da questão sobre "sociedade civil e terceiro setor" no livro de Carlos Montaño (2003). O autor reflete sobre a tentativa do pensamento neoliberal em substituir o conceito gramsciano de "sociedade civil", como arena privilegiada de luta de classes e momento constitutivo do Estado ampliado, pela vaga noção de terceiro setor, apontando perigosas implicações políticas.

A segunda questão relaciona-se às particularidades das expressões da questão social que se manifestam na vida dos sujeitos, em suas formas de organização e luta, que são imbricadas à dinâmica institucional, muitas vezes como demandas veladas, implícitas, potenciais, e que precisam ser decodificadas pelos profissionais.

E a terceira questão é atinente ao profissional assistente social, ou seja, à apropriação que ele faz da:

> [...] perspectiva teórico-metodológica e ético-política, que colocando referências concretas para a ação profissional, possibilite a reconstrução permanente do movimento da realidade objeto da ação profissional, como expressão da totalidade social, gerando condições para um exercício profissional consciente, crítico, criativo e politizante, que só pode ser empreendido na relação da unidade entre teoria e prática. (Vasconcelos, 2002, p.27)

Ressalte-se que o Código de Ética do Assistente Social de 1993,

> [...] ao indicar a centralidade do trabalho na (re)produção da vida social, revela a base objetiva de constituição das ações ético-morais: as capacidades que, desenvolvidas a partir da práxis, objetivam a sociabilidade, a consciência, a liberdade e a universalidade do ser humano-genérico. Em função dessas capacidades objetivas, explicitam-se os valores éticos fundamentais: liberdade, equidade e justiça social, articulando-os à democracia, à cidadania. (Barroco, 2001, p.201)

Diante dos pressupostos teóricos do exercício profissional dos assistentes sociais relacionados à prática profissional exercida na área da Educação, especificamente nos municípios paulistas, pretende-se analisar as particularidades dos espaços sócio-ocupacionais do serviço social, interpretando os espaços que possibilitam a intervenção dessa profissão nessa política social, considerando o arcabouço jurídico, ideológico e operativo da política de educação brasileira e as informações obtidas no processo da pesquisa.

Particularidades do serviço social no âmbito da política de educação: elementos fundantes

Nas últimas décadas, em decorrência do processo de democratização, do acesso das crianças e adolescentes à escola pública,[5] alterou-se significativamente o perfil do aluno/família dessa escola, agora provenientes de segmentos da classe social mais empobrecida, já explicitado anteriormente. Esses usuários expressam objetiva e subjetivamente sua condição, trazendo sentimentos de inferioridade, incapacidade, pensamento ingênuo em relação à realidade social, sentimentos e concepções de mundo esculpidas historicamente, e necessidades concretas de sobrevivência relacionadas à questão de alimentação, habitação, saúde, transporte, vestuário e outros.

Ocorrem, porém, mudanças socioeconômicas e culturais, fruto da era do individualismo, do consumismo, que vêm acompanhados pelo alto índice de violência, tanto objetiva como subjetiva, relacionados, especialmente, à utilização de drogas pelos adolescentes e mesmo pelas crianças, além da força do narcotráfico; a disparidade das desigualdades sociais, signo da sociedade brasileira. Essa gama de questões incide sobre o universo da juventude e seus processos de afirmação e reconhecimento como classe social.

Dentre essas demandas, podem-se acrescentar, entre tantas outras: a gravidez precoce de adolescentes; a precariedade das condições de vida da população e a ampliação do trabalho infantil; a perda de atrativo social da escola como possibilidade de ascensão social e econômica.

Essa gama de situações converge para as instituições educacionais, envolvendo toda a comunidade escolar, visto que está dialeticamente relacionada à vida social e comunitária que sofre com os percalços das condições econômico-sociais desenhadas no cenário brasileiro em

---

5 Apesar da ampliação do número de crianças na escola pública, de acordo com os dados do IBGE de 2000, existe no Brasil quase um milhão e meio de crianças entre 7 e 14 anos sem matrícula e/ou evadidas das escolas, representando 5,5% de brasileiros nessa faixa etária. De acordo com os dados do Inep de 2004, o estado de São Paulo, apesar de ser um dos mais ricos do país, possui 3,2% dessa população fora da escola.

consequência do modelo econômico adotado no país. Apesar de não ser totalmente nova, manifesta-se na sociedade em geral e especificamente no contexto escolar, de forma mais intensa e complexa, prejudicando o processo educativo desenvolvido nas escolas, que passa a necessitar da intervenção de outros profissionais na tentativa de equacioná-la.

O reconhecimento da presença desses elementos no universo escolar, por si só, não constitui uma justificativa para a inserção dos assistentes sociais nesta área. Sua inserção deve expressar uma das estratégias de enfrentamento desta realidade na medida em que represente uma lógica mais ampla de organização do trabalho coletivo na esfera da política educacional, seja no interior das suas unidades educacionais, das unidades gerenciais ou em articulação com outras políticas setoriais. Caso contrário, estará implícito, nas defesas desta inserção, a presunção de que tais problemas seriam exclusivos da atuação de um determinado profissional, quando na verdade seu efetivo enfrentamento requer, na atualidade, não só a atuação dos assistentes sociais, mas de um conjunto mais amplo de profissionais especializados. (Almeida, 2005, p.18)

Constata-se que os educadores sozinhos não estão conseguindo dar conta desses problemas, e há uma urgência histórica de enfrentamento dessas situações, que se configuram em uma intervenção real e concreta, capaz de produzir resultados reais que contribuam para que as unidades educacionais sejam capazes de manter-se nos contornos de sua especificidade – a transmissão do conhecimento acumulado historicamente pela humanidade, tanto na área científica como na filosófica e cultural, posto pela pedagogia histórico-crítica.[6]

---

6 A expressão "pedagogia histórico-crítica" é utilizada por Saviani (1991, p.95) para traduzir a passagem da visão crítica mecanicista, crítica a-histórica, para a visão dialética, ou seja, visão histórico-crítica da educação. O sentido básico da pedagogia histórico-crítica é a articulação de uma proposta pedagógica que tenha o compromisso não apenas de manter a sociedade, mas de transformá-la com base na compreensão dos condicionantes sociais e da visão de que a essa exerce determinação sobre a educação e, reciprocamente, a educação interfere sobre a sociedade contribuindo para sua transformação.

Os determinantes centrais do significado social do Serviço Social como profissão estão relacionados ao âmbito do mundo do trabalho e das relações sociais. Portanto, a análise do processo de intervenção do Serviço Social nos mais diferentes espaços sócio-ocupacionais pressupõe uma rigorosa apreensão da totalidade concreta em termos da processualidade sócio-histórica e econômica, que perpassa o universo institucional em que desenvolverá seu trabalho. Implica, ainda, considerar as contradições advindas da dinâmica das relações sociais vigentes, enquanto expressões do antagonismo entre classes sociais, reproduzidas nos espaços sócio-ocupacionais do Serviço Social, especificamente da educação.

> Esse rumo de análise recusa visões unilaterais que apreendem dimensões isoladas da realidade, sejam elas de cunho meramente economista, policista ou culturalista. A preocupação é afirmar a ótica da totalidade na apreensão da dinâmica da vida social, identificando como o Serviço Social se relaciona com as várias dimensões da vida social. (Iamamoto, 1998, p.27)

Tal antagonismo, decorrente da ação recíproca entre as classes sociais, gera uma atuação profissional necessariamente polarizada pelos interesses em disputa. Conforme Iamamoto (1998, p.43):

> [...] ainda que dispondo de relativa autonomia na efetivação de seu trabalho, o Assistente Social depende, na organização da atividade do Estado, da empresa, de entidades não-governamentais que viabilizem aos usuários o acesso a seus serviços, fornecem meios e recursos para sua realização, estabelecem prioridades a serem cumpridas, interferem na definição de papéis e funções que compõem o cotidiano de trabalho institucional.

A análise das instituições educacionais só poderá ser efetivada se o profissional compreender o significado social da educação pública e da escola na esfera da cultura que, segundo Gramsci (1999-2002), não significa simplesmente aquisição de conhecimentos, mas sim posicionamento crítico diante da história, buscando conquistar a liberdade. A cultura está relacionada à transformação da realidade, pois vislumbra possibilidades de circulação de contraideologias.

o início da elaboração crítica (o que significa levar aos grupos fundamentais não-dominantes), a consciência daquilo que somos realmente, isto é, um 'conhece-te a ti mesmo' como produto do processo histórico até hoje desenvolvido que deixou uma infinidade de traços recebidos sem benefícios no inventário. (Gramsci, 1978, p.12)

Diante desse pressuposto, o assistente social poderá enveredar-se sobre a realidade das instituições educacionais como totalidade, realçando suas contradições, reconhecendo que ela é constituída de mediações, processos e estruturas inseridas na realidade social e que precisam ser interpretadas.

A contribuição do serviço social, portanto, poderá ser uma alternativa construtiva, visando unir esforços com os educadores e usuários da escola pública para lutar por reformas significativas na rota histórica de transformação da escola, para que seja capaz de efetivar uma educação mais democrática, unitária, como tem sido divulgado pelos movimentos e organizações de educadores.

Essa perspectiva relaciona-se a um dos princípios do Código de Ética Profissional, "a articulação com os movimentos de outras categorias profissionais [no caso específico com os educadores], que partilhem dos princípios deste Código e com a luta geral dos trabalhadores".

Considerando que a prática profissional do assistente social está relacionada às condições objetivas de trabalho e às relações sociais inscritas naquele determinado espaço sócio-ocupacional, articulando um conjunto de mediações que interferem no processamento das ações, a análise da política de educação e o rebatimento dessa nas instituições educacionais apontaram as seguintes peculiaridades:
- a possibilidade do contato sistemático com grande parcela da classe subalterna, vitimizada pelo processo de exclusão social, facilitando a efetivação de uma intervenção educativa mais consistente, buscando, em última instância, a construção da autonomia da população usuária destes serviços;
- a posição geográfica que as unidades educacionais ocupam no cenário municipal, sendo muitas vezes o único equipamento social permanente do bairro ou região, construindo uma relação histó-

rica com aquela determinada comunidade, além da quantidade de unidades escolares existentes e seu poder de abrangência. Isto é, a facilidade que proporciona de contato com grande parcela da população proveniente das mais diversas classes ou frações de classe social facilitando a mobilização social;

- o tempo de permanência das crianças/adolescentes na escola possibilita uma ação socioeducativa consistente com os alunos e suas famílias;
- a importância que a escola ocupa na efetivação de ações/projetos/programas relacionados ao aspecto educativo que efetivam a relação da escola com as outras políticas sociais, principalmente assistência social e saúde;
- o aspecto de continuidade marcado pela política educacional, principalmente no aspecto estrutural (unidades educacionais) apesar das mudanças ideológicas que ocorrem na efetivação do processo educativo;
- a peculiaridade no que se refere ao financiamento da política de educação, tendo como garantia constitucional o valor de 25% dos impostos dos estados e municípios e 18% da União aplicados na educação. Em termos numéricos, considera-se um montante privilegiado em termos de recursos destinados às políticas sociais.

Há que ressaltar o papel estratégico que essa política desempenha do ponto de vista econômico, cultural e social, configurado historicamente na sociedade brasileira, de acordo com o desenvolvimento do capitalismo, com as contradições próprias desse processo, portanto, espaço de luta entre hegemonia e contra-hegemonia.

Considerando essas características peculiares, e as transformações pelas quais a escola vem passando nos últimos tempos quanto à sua função política, econômica e social, consequência das mudanças societárias, as instituições educacionais necessitam de aportes sociais e profissionais para desempenhar sua função educativa. Por sua vez, as instituições sociais públicas e privadas, pertencentes à rede de proteção social de atendimento à criança, ao adolescente e às famílias, necessitam da escola para efetivação de ações socioeducativas.

Ou seja, a instituição escolar é o espaço adequado para desencadear ações preventivas, educativas, relacionadas a diversas situações socioculturais, que afetam o cotidiano da população de bairros periféricos, que muitas vezes possuem apenas a escola como equipamento social.

Para o cumprimento dessa função social, tarefa exigida hoje da escola, há necessidade de um profissional que tenha conhecimento das diversas políticas sociais e suas diferentes formas de operacionalização, que articule a relação escola-sociedade contribuindo nos dois ângulos da questão, ou seja, facilitando a articulação entre os projetos e ações das demais políticas que atendem crianças e adolescentes, e a escola.

Dessa forma, independentemente do nível educacional abordado, dar visibilidade às instituições educacionais como *lócus* privilegiado da prática profissional é essencial, pois elas são espaços estratégicos para o serviço social, considerando a natureza política da profissão, cuja função social é a luta pela conquista da cidadania por meio da defesa intransigente dos direitos sociais, conforme afirma um dos princípios do Código de Ética Profissional "ampliação e consolidação da cidadania, considerada tarefa primordial de toda sociedade, com vistas à garantia dos direitos civis, sociais e políticos das classes trabalhadoras".

Assim, o espaço educacional é propício para desencadear uma reflexão crítica de homem e de mundo, além de mobilizar vários elementos da comunidade escolar para a luta por direitos sociais, construindo elementos para uma ação política.

A política de educação desenvolvida nas instituições educacionais constitui-se em direito social, instituído na Constituição Federal de 1988 e regulamentado pela Lei de Diretrizes e Bases da Educação Nacional – LDB n.9.394 de 20/12/1996; porém, historicamente, é marcada pelo processo de exclusão social. Esse fato, evidenciado pelas inúmeras estatísticas que periodicamente ilustram as condições do não acesso à escola, a evasão, a repetência, além da exclusão constatada no fluxo escolar, que demonstram que, em cada etapa do processo educacional, ampliam-se as dificuldades de acesso, permanência e sucesso na rede pública educacional, que deveria atender desde a creche até o ensino universitário.

As estatísticas governamentais são parciais, pois apontam apenas a ampliação do acesso à escola sem elaborar uma análise mais consistente que retrate a real situação da escola pública, que continua excluindo grande contingente de jovens do direito à educação, considerando a focalização da atenção governamental apenas no Ensino Fundamental. Sem falar ainda da questão da qualidade do ensino, que tem gerado "analfabetos escolarizados", ou seja, crianças e adolescentes inseridos na escola, mas que não sabem ler e escrever.

De acordo com o estudo bibliográfico referente à atuação do serviço social na política de educação, e especialmente a experiência vivenciada por esta pesquisadora e os resultados desta pesquisa, a configuração do serviço social nesse universo, para atender as demandas suscitadas, deve considerar três eixos que norteiam a prática profissional desenvolvida na política de educação, que serão descritos a seguir, destacando as demandas pertinentes a cada eixo.

O processo de democratização da educação

Neste eixo estão implícitas as seguintes demandas:
- dificuldade na organização e efetivação de uma gestão democrática na escola (conselho de escola, grêmio estudantil, associação de pais e mestres etc.);
- dificuldade na relação escola-família-comunidade;
- dificuldade da participação efetiva da família nos processos decisivos da escola;
- dificuldade na realização de uma ação interdisciplinar.

O processo de efetivação da gestão democrática na escola pública está sedimentado na regulamentação jurídica que trata sobre a educação, ou seja, na própria Lei de Diretrizes e Bases da Educação Nacional de 1996, afirmando que:

> [...] os sistemas de ensino definirão as normas de gestão democrática do ensino público na educação básica de acordo com suas peculiaridades e conforme os seguintes princípios:

- participação dos profissionais da educação na elaboração do projeto pedagógico da escola;
- participação da comunidade escolar e local em conselhos escolares ou equivalentes [...] os sistemas de ensino assegurarão às unidades escolares progressivos graus de autonomia pedagógica e administrativa e de gestão financeira... (artigos 14 e 15 da LDB n.9.394/96)

A mesma questão é ratificada no Estatuto da Criança e do Adolescente, Capítulo IV, que trata do direito à educação, à cultura, ao esporte e ao lazer, garante que "é direito dos pais ou responsáveis ter ciência do processo pedagógico, bem como participar da definição das propostas educacionais" (ECA, artigo 53, parágrafo único).

O respaldo jurídico dessas legislações deve ser a estratégia principal para o assistente social intervir junto aos conselhos de escola,[7] grêmios estudantis, associações de pais e mestres[8] e outras instâncias que se organizarem em torno da implementação do projeto sociopedagógico da escola, fortalecendo o processo organizativo de toda a comunidade escolar, implementando a participação de todos, viabilizando a gestão democrática na escola.

---

7 Conselho de escola é resultado de uma longa trajetória histórica de luta dos educadores, passando por diversas formas de organização e intensidade de autonomia, tendo iniciado por Congregação (1953), Conselho de Professores (1961), Conselho de Escola Consultivo (1977), Conselho de Escola (1978) e o Conselho de Escola Deliberativo (1985), que foi alterado várias vezes em sua estrutura. De acordo com a lei Complementar 444/85, o conselho de escola é um colegiado de natureza consultiva e deliberativa, constituído por representantes de pais, professores, alunos e funcionários. O conselho de escola tem a função de atuar articuladamente com o núcleo de direção no processo de gestão pedagógica, administrativa e financeira da escola. Para maiores informações, descritas na lei, consultar o endereço na internet <www.imesp.com.br>.

8 Associação de pais e mestres é entidade jurídica de direito privado, criada com a finalidade de colaborar para o aperfeiçoamento do processo educacional, para a assistência ao escolar e para a integração escola-comunidade. Sua principal função é atuar, juntamente com o conselho de escola, na gestão da unidade escolar nos aspectos administrativos, pedagógicos e financeiros. É regulamentada pelo Decreto n.12.983, de 15 de dezembro de 1978, e alterado pelo Decreto n.50.756 de maio de 2006. Para acessar esse decreto, verificar o endereço na internet <www.imesp.com.br>.

É evidente que a democratização da educação e a construção da cidadania, princípios assumidos nos textos legais, encontram entraves e limites relacionados à própria estrutura institucional da educação, pois a viabilização da universalização do acesso à educação básica não garante, de forma efetiva, a qualidade da educação, nem a efetivação da democratização das relações internas e externas à escola.

O assistente social inserido nesse contexto educacional pode contribuir para a efetivação da democratização da educação em vários sentidos, ou seja, desde a luta pela ampliação do acesso da população à escola pública; a participação de toda a comunidade escolar nas instâncias de poder decisório existentes no âmbito da escola, até na relação da escola com a família, a comunidade e a sociedade.

Essa democratização inicia-se nas relações estabelecidas entre os indivíduos presentes na instituição educacional rompendo com práticas tradicionais de controle e tutela, como estabelecendo ações que viabilizem o alargamento dos canais de participação de todos os representantes da comunidade escolar nas decisões institucionais, por meio de ampla socialização de informações.

Alguns depoimentos exemplificam como ocorre o processo de mobilização dos sujeitos nas instâncias de poder decisório existentes no espaço educacional:

> Começamos há algum tempo a discutir sobre os conselhos, inclusive existe um livro intitulado Que Conselho é esse?, muito interessante. Mas aqui tem uma coordenadora pedagógica que trabalha esta questão, então fica difícil o Serviço Social atuar nesta área. Estamos tentando estrategicamente contribuir com a questão da participação da família. Refletimos que participação é essa? É chamar para festinhas, costurar a cortina. É preciso que a família também discuta a questão pedagógica, claro que elas não irão falar como o professor deve trabalhar, mas quem conhece os seus filhos são elas, esta é uma grande contribuição para a prática pedagógica. (AS – P. Prudente)

Em outro depoimento identifica-se que a participação das famílias nas unidades escolares de Ensino Fundamental é inferior àquelas de

Educação Infantil; portanto, a intervenção do serviço social nessa etapa de ensino é muito significativa no sentido de estimular, mobilizar a efetiva participação das famílias na escola.

> Quando começamos a atender o ensino fundamental percebemos que a presença dos pais, a participação da família na escola neste nível de ensino é muito menor que na educação infantil. As crianças, muitas vezes, vão para a escola sozinhas, pois a escola é próxima da casa, então os pais entregam as crianças para escola. É preciso muito empenho para mobilizar a participação dos pais, as reuniões precisam ser interessantes. (AS – Franca)

A mobilização social, desencadeada pelo assistente social no âmbito das instituições educacionais, é estratégia de organização de espaços de luta, por melhores condições educacionais, constituindo-se também num exercício democrático que pode ser ampliado para a comunidade visando fortalecer seus interesses.

Outra forma de contribuir para a democratização da escola é a inclusão do assistente social nas equipes interdisciplinares, efetivando ações de acompanhamento e assessoria aos educadores, elaborando ações conjuntas para resolver um determinado problema e até a participação na construção do projeto político-pedagógico da unidade educacional, em sua totalidade.

Nesse sentido, é primordial para o assistente social conceber a realidade como totalidade, e dessa forma desvendar suas contradições, reconhecendo que ela é constituída por mediações, processos e estruturas.

Essa intervenção deve ser fundamentada na perspectiva da interdisciplinaridade, articulando o saber, a vivência, a escola e a comunidade, com o objetivo de interação que se traduz na prática por um trabalho coletivo. Nesse processo, a interpretação dos fatos cotidianos, vinculados a uma análise de conjuntura, reconhecendo a singularidade, particularidade e universalidade das situações enfrentadas pelos docentes e discentes, torna-se imprescindível.

A esse respeito, a fala desse profissional esclarece a peculiaridade da contribuição do assistente social envolvido na educação:

Eu acredito que o assistente social tem uma grande contribuição na equipe técnica, é a leitura diferenciada dos fatos ocorridos, ou seja, é a visão de totalidade do profissional, nós demonstramos firmeza naquilo que fazemos. A psicologia, a pedagogia cada qual faz a sua leitura, mas o Serviço Social consegue ver o todo, penso que isto faz parte da nossa formação. Nós conseguimos articular recursos para responder àquele determinado problema, a gente "briga" por aquilo e consegue. (AS – Franca)

É importante evidenciar o:

[...] quão fecunda é a relação entre as áreas do saber quando pensada como espaço heterodoxo de encontro de signos, como construção coletiva a partir de finalidades socialmente determinadas tanto pelos agentes institucionais como pela população usuária. (Martinelli et al., 1995, p.146)

A participação do serviço social, integrado à equipe de educação no planejamento do projeto sociopedagógico, contribui com uma visão diferenciada das expressões da questão social, que, apesar de não estarem diretamente relacionadas ao processo pedagógico, incidem sobremaneira nele, auxiliando a escola a atingir sua função social e educativa.

É notório que na gestão democrática, que implica relações estabelecidas com educadores, famílias e comunidade, incidem dificuldades que podem ser consideradas exógenas e endógenas à instituição escolar, que se projetam, especialmente, nas instâncias de poder decisório. Marcados pela cultura da não participação, traço histórico e ideológico imprimido aos brasileiros, os sujeitos envolvidos com a escola pública permanecem no imobilismo, cristalizando preconceitos, fatalismos e omissões. Eles não se veem como sujeitos capazes de intervir nos rumos da educação. Dessa forma, raramente discutem a função social da escola e os papéis que cada um exerce no processo educativo.

Ressalta-se nesse contexto a ausência da participação das famílias tanto nas instâncias de poder decisório quanto no acompanhamento do processo educativo de seus filhos, queixa sempre presente no discurso dos educadores[9] que deve ser considerada como uma demanda para o assistente social, que deve intervir de forma interativa com todos os elementos da comunidade escolar por ser uma questão complexa, que envolve dificuldades de ambos os lados: escola e família.

É preciso, ainda, conectar essa realidade particular a um contexto mais amplo, visualizando os determinantes que incidem sobre aquela comunidade, e só assim será possível romper a alienação que a lógica capitalista impõe às pessoas e instituições, conforme um dos princípios do Código de Ética Profissional de 1993: "Defesa do aprofundamento da democracia, enquanto socialização da participação política e da riqueza socialmente produzida".

Diante de uma visão crítica desse processo, é possível encontrar opções, especialmente para a reestruturação do poder de decisão nas comunidades educacionais, envolvendo todos os elementos da comunidade escolar, visando problematizar e redimensionar os procedimentos decisórios, construindo uma gestão democrática que realmente atente para os interesses públicos e a construção de uma escola mais democrática e de qualidade.

É evidente que não bastam os instrumentos legais para que uma entidade associativa funcione. É preciso qualificar o processo participativo dessas instâncias decisórias, considerando seu conteúdo e suas práticas, como as maiores expressões de sua verdadeira identidade. A avaliação contínua do processo, efetivada pelas instâncias de poder decisório existente na escola, é fundamental e deve ter como parâmetros principais a análise da representatividade, isto é, representantes eleitos num autêntico processo democrático e de legitimidade reconhecida pelos direitos e deveres de todos, estabelecidos por regimentos. Não basta existirem formalmente, é preciso criar condições concretas para que essas entidades representativas existentes no ambiente escolar exercitem práticas realmente democráticas.

---

9 De acordo com pesquisa de mestrado intitulada *Serviço Social: mediação escolar--sociedade* (Martins, 2001), um dos dados constatados foi a constante afirmação dos educadores da falta de participação da família na vida escolar dos filhos, e especialmente nas instâncias de poder decisório existentes na escola pública.

Não basta, portanto, decretar por intermédio de leis a gestão democrática da escola pública, concedendo-lhe autonomia pedagógica, administrativa e financeira, se diretor, professor, alunos e demais atores do processo desconhecem o significado político da autonomia. É preciso saber que a escola está em processo de construção contínua, que precisa ser compreendido e exercido de forma individual e coletiva.

Faz-se necessário ressignificar as práticas pedagógicas e administrativas existentes no contexto das unidades educacionais, rompendo com tendências fragmentadas e desarticuladas reprodutoras do posicionamento cartesiano que predomina nessas instituições.

Entende-se que o serviço social poderá contribuir significativamente nesse processo, considerando até mesmo o arcabouço teórico-metodológico construído na profissão a partir de sua luta para ampliação da participação da população nos processos decisórios, especialmente na implementação dos conselhos de direito das políticas sociais, exercitando a dimensão política da prática profissional.

Faz-se necessária a instrumentalização de todos os conselheiros das diferentes instâncias representativas por meio de um processo contínuo de capacitação e acompanhamento visando a reflexão sobre as atribuições do conselho, o significado da participação, a questão do poder entre outros temas na perspectiva da discussão da educação como política pública, direito do cidadão, fortalecendo a luta dos educadores em prol da educação pública.

Salienta-se que essa perspectiva da prática profissional do assistente social na área da educação relaciona-se ao projeto ético, político e profissional, retratado no Código de Ética Profissional de 1993, que afirma a democracia como valor ético-político central.

> A democracia é tratada como padrão de organização política capaz de favorecer a ultrapassagem das limitações reais que a ordem burguesa impõe ao desenvolvimento pleno da cidadania, dos direitos e garantias individuais e sociais e das tendências à autonomia e à autogestão social. (Barroco, 2001, p.203)

É notório que numa sociedade como a brasileira não é fácil conquistar a democracia, mas não podemos cair em um imobilismo, e sim acreditar nas possibilidades, conforme palavras de Chauí (1994, p.435): "os obstáculos à democracia não inviabilizam a sociedade democrática. Pelo contrário. Somente nela somos capazes de perceber tais obstáculos e lutar contra eles".

Em relação à questão do fortalecimento da gestão democrática, a pesquisa constatou que não há um efetivo empenho do serviço social, na área da Educação, referente à participação da comunidade escolar nas instâncias de poder decisório existentes na educação. Vários fatores podem ser considerados como determinantes desse posicionamento profissional, alguns descritos pelos próprios assistentes sociais e outros interpretados pela pesquisadora e descritos a seguir:
- A organização administrativa dos conselhos de escola, instância mais significativa de poder decisório organizada formalmente nas unidades educacionais, não possibilita a participação efetiva de todos os representantes da comunidade escolar. A direção da escola possui função de coordenação do conselho e, mesmo quando tem um posicionamento democrático, a identidade autoritária culturalmente construída dificulta a participação de todos. Essa situação é expressa no depoimento do assistente social a seguir transcrito:

> O conselho de escola é composto por diretor e demais representantes da comunidade escolar, como professores, pais, alunos; mas percebemos, ainda, que as decisões ficam muito centralizadas nas mãos do diretor. Ainda existe aquela questão da autoridade. Se o diretor está falando então está certo. (AS – Presidente Prudente)

- Os assistentes sociais não investem na mobilização popular como forma estratégica de organização dos usuários da escola pública para que seus interesses tenham visibilidade na cena pública e adquiram força de reivindicação;
- Os assistentes sociais não utilizam as formas estratégicas para que as instâncias de poder decisório sejam parte do processo de construção gradativa da democratização das relações sociais, visando

a coletivização das demandas e aglutinação de forças em prol dos interesses dos usuários;
• A família, uma das instâncias em que o serviço social intervém, cuja proximidade não é estrategicamente utilizada pelos assistentes sociais como elemento potencializador para o fortalecimento da democratização da escola.

É importante que os profissionais que atuam na área da Educação conheçam todos os meandros dessa política social para lançar mão de recursos disponibilizados e pouco utilizados.

Em relação aos conselhos de escola, existe um Programa Nacional de Fortalecimento dos Conselhos Escolares, que tem como função assessorar e capacitar os conselheiros.[10] O assistente social deveria mobilizar esse recurso com o intuito de inserir-se nessas instâncias, ocupando espaços que gravitam em outras esferas, não só de execução, mas de planejamento da política de educação.

O desafio é a construção coletiva do projeto sociopedagógico numa perspectiva interdisciplinar, articulando a realidade concreta vivida pela comunidade escolar com os objetivos a serem atingidos no processo educativo.

---

10 Programa Nacional de Fortalecimento dos Conselhos Escolares. Portaria Ministerial n.2.896/2004. A execução do programa é de responsabilidade da Secretaria de Educação Básica, por intermédio da Coordenação Geral de Articulação e Fortalecimento Institucional dos Sistemas de Ensino (Cafise) do Departamento de Articulação e Desenvolvimento dos Sistemas de Ensino (Dase). Objetivos: ampliar a participação da comunidade escolar e local na gestão administrativa, financeira e pedagógica das escolas públicas; apoiar a implantação e o fortalecimento de conselhos escolares; instituir políticas de indução para implantação de conselhos escolares; promover em parceria com os sistemas de ensino a capacitação de conselheiros escolares, utilizando inclusive de metodologias de educação a distância; estimular a integração entre os conselhos escolares; apoiar os conselhos escolares na construção coletiva de um projeto educacional no âmbito da escola, em consonância com o processo de democratização da sociedade e promover a cultura do monitoramento e avaliação no âmbito das escolas para garantia da qualidade da educação (Portaria Ministerial MEC n.2.896/2004, *Diário Oficial da União*, n.180, Seção 2, p.7, em 17/9/2004).

Prestação de serviços socioassistenciais e socioeducativos

Nesse aspecto, são dimensionadas as seguintes demandas:
- dificuldades socioeconômicas;
- dificuldades relacionadas à dinâmica familiar, entre elas a questão da violência doméstica;
- uso e tráfico de drogas nas escolas;
- dificuldades dos educadores na compreensão do contexto socioeconômico-cultural das famílias dos alunos;
- dificuldades nas relações interpessoais entre os sujeitos da comunidade escolar e destes com as famílias de alunos;
- preconceitos e concepções deturpadas em relação à: família, pobreza, participação etc.;
- gravidez precoce de adolescentes;
- desconhecimento das legislações sociais que facilitam o atendimento das necessidades dos usuários da escola pública.

Esse eixo apresenta questões que se referem a dois aspectos interligados, ou seja: as ações de cunho socioeducativo e a prestação de serviços assistenciais incluindo nessas atividades três grupos de sujeitos pertencentes à comunidade escolar: educadores (considerados todos os funcionários da unidade escolar que participam direta ou indiretamente do processo educativo), famílias e alunos.

A dimensão educativa da intervenção do assistente social é constitutiva de processos mais amplos, não estritamente vinculados a essa área de atuação profissional, porém relacionada a várias práticas sociais. Portanto, pode não se configurar como um elemento justificador da intervenção profissional na política de educação.

Por sua vez, existem situações reais que têm revelado a necessidade de atuação dos assistentes sociais na educação, que são compreendidas a partir das expressões atuais da Questão Social que envolvem a sociedade no sentido mais amplo, e especificamente o ambiente educacional, de forma particular.

Depara-se aqui com mais um princípio do projeto ético-político profissional, a luta da população usuária dos serviços em prol da universalidade de acesso ao atendimento e a cobertura social nas diversas áreas da saúde, previdência, assistência social entre outras, ou seja, "o posicionamento em favor da equidade e justiça social, de modo a assegurar a universalidade de acesso aos bens e serviços relativos aos programas e políticas sociais, bem como sua gestão democrática" (Cfess, 1993).

Complementares à questão descrita estão as atividades socioeducativas aqui relacionadas, que se constituem uma das funções do assistente social na área da Educação, que devem ser reconhecidas como uma das formas de intervenção que o profissional assistente social pode oferecer também nessa política social. Destaca-se que a abordagem socioeducativa deve se constituir especialmente na reflexão conjunta com os usuários no sentido de desmistificar a ideologia dominante expressa nas representações cotidianas das classes subalternas.

Conforme afirma Gramsci (1977, p.27), é preciso:

> [...] repetir constantemente e didaticamente (de forma variada) os argumentos que concorrerão para a ampliação da visão das massas; e a elevação cada vez maior da cultura da massa, fazendo surgir dela mesma a elite de seus intelectuais, capazes de uma ligação teórica e prática.

É importante refletir sobre a visão de homem e de mundo, dos educadores, que direcionam a prática educativa desencadeada nas unidades escolares, e sua coerência com a proposta pedagógica da perspectiva crítica. Interpretar para a comunidade escolar as concepções cristalizadas, mistificadas que estão impregnadas na cultura popular, impostas pela ideologia dominante e que atingem o cotidiano das diferentes atividades desenvolvidas nas instituições escolares, efetivando atividades que proporcionem o processo de formação ampliada da população é uma das atribuições do serviço social na política de educação.

Dessa forma, conforme o pensamento de Gramsci (1977), a elevação cultural das massas assume importância decisiva no processo de luta contra a hegemonia, libertando-se da pressão ideológica das classes dirigentes, contribuindo para a conquista do consenso e da direção político-ideológica das classes subalternas.

A dimensão socioeducativa da intervenção profissional visa também "a defesa intransigente dos direitos humanos e recusa do arbítrio e do autoritarismo" (Código de Ética Profissional de 1993), que muitas vezes perpassam, mesmo que de forma camuflada, o cotidiano das instituições educacionais, ocorrendo situações que ferem a integridade dos indivíduos por meio de hostilidades étnicas, religiosas, sociais etc. que impregnam o senso comum, informado pela ideologia dominante.

Ressalta-se que o aspecto educativo diz respeito teoricamente a duas perspectivas: controle ou emancipação dos sujeitos. A perspectiva de emancipação está relacionada à necessidade de desenvolver o senso crítico da população, aglutinando forças, estabelecendo estratégias de pressão popular, fortalecendo as ações coletivas para viabilizar direitos. Portanto, a direção social que o assistente social imprime ao seu trabalho definirá a perspectiva educativa que irá implementar nas ações desenvolvidas no âmbito da educação.

Salienta-se que o trabalho educativo tem como um de seus objetivos lutar pela eliminação de qualquer forma de preconceito de classe social, gênero, etnia, religião, nacionalidade, idade, condição física, opção sexual etc., aprendendo a conviver com as diferenças, conforme previsto em um dos princípios do Código de Ética Profissional que se refere "ao empenho na eliminação de todas as formas de preconceito, o respeito à diversidade, a participação de grupos socialmente discriminados e à discussão das diferenças" (Código de Ética Profissional do Assistente Social, 1993).

Essa dimensão socioeducativa é complementar à ação educativa exercida pela escola, contribuindo para ampliar sua abrangência sobre os funcionários em geral, as famílias e a comunidade local.

Dessa forma, o rompimento com a visão de mundo imposta ideologicamente pelo capitalismo requer a elaboração de uma nova forma de pensar, crítica e coerente; nesse sentido, a contra-hegemonia é um campo de lutas, de construção e desconstrução de saberes, pois "toda relação de hegemonia é necessariamente uma relação pedagógica" (Gramsci, 1977, p.332).

As expressões dos assistentes sociais explicitando a intervenção que realizam nesse aspecto são significativas, conforme exposto a seguir:

Fazemos reuniões com as famílias nas quais abordamos várias questões. Percebemos que hoje as famílias estão confusas em relação à educação dos filhos, à questão de limites, de valores, à valorização da educação. Então precisamos discutir coisas que às vezes podem ser óbvias para nós. (AS – Presidente Prudente)

Trabalhamos também com os educadores a questão da concepção de família – sempre discutimos sobre família pensada e família vivida. Refletimos muito sobre os vários arranjos de família. Os professores falam muito de família desestruturada como causa dos problemas vividos pelos alunos. Trabalhamos muito para desmistificar a concepção de família e eliminar os preconceitos existentes. (AS – Presidente Prudente)

Eu percebo que às vezes o educador vê o aluno como um marginal em potencial, porque lá dentro da sala de aula não se comportou adequadamente, porque ele tem um vocabulário meio pesado, porque ele vem com histórias de violência, enfim, coloca uma tarja nele... Então, nós procuramos trazer o contexto do aluno, a vida do aluno, a vida da família para dentro da escola, para o conhecimento deste professor. Discutindo com toda a comunidade escolar, socializando-se, ampliando o conhecimento, cada um pode desenvolver a sua parte. Então o professor vai compreender o aluno, o coordenador pedagógico vai subsidiar o professor tecnicamente, indicando textos próprios para aqueles alunos, orientando-os pedagogicamente. (AS – Limeira)

Ressalta-se nessa dimensão da prática profissional o trabalho desenvolvido por um dos municípios pesquisados – Presidente Prudente. Foi desenvolvido, no ano de 2001, um projeto em parceria com a Secretaria de Estado de Assistência Social, denominado Projeto Familiação em uma Escola Municipal de Educação Infantil e Fundamental (Emeif) localizada em uma área de exclusão do município, desprovida de projetos sociais. O trabalho está constituído em ações socioeducativas de apoio às famílias, que foram divididas em três grupos desenvolvendo várias atividades no período de um ano.

Neste projeto foram priorizadas cem famílias em situação de extremo risco (famílias de detentos ou ex-detentos, famílias com membros portadores do vírus HIV/Aids) em situação de desemprego e aquelas com renda familiar inferior a um salário mínimo. O trabalho efetivou-se através de grupos com discussão de temas sobre auto-estima, relações pais e filhos, além de oficinas de pães e salgados etc. Visava tanto o apoio material como educativo, além de aproximar a família da escola. No final a avaliação foi muito positiva. (AS Prudente)

Essa experiência demonstra uma das inúmeras opções de trabalho, que podem ser desenvolvidas no âmbito da educação pelo serviço social, contribuindo para que o espaço escolar seja expandido como espaço educativo também da família e da comunidade, pois ambas, embora não sejam as únicas, desempenham um importante papel na sociedade na formação dos indivíduos, futuros cidadãos.

A compreensão da esfera da cultura é fundamental para os assistentes sociais à medida que as suas ações profissionais, travadas na relação direta com as formas de vivência cotidiana dos sujeitos sociais, permitem identificar os modos como se forma a identidade social, o senso comum, a função das ideologias, dos mitos, ou seja, aquilo que Gramsci chamou de conformismo e, ao mesmo tempo, a forma de superá-lo, uma vez que este, também, é o terreno para a criação de uma vontade política capaz de romper com a razão instrumental que funda a ordem capitalista. (Simionato, 2001, p.12)

A prestação de serviços assistenciais na educação pública municipal está relacionada à situação socioeconômica dos alunos e famílias que necessitam da intervenção profissional do assistente social visando proporcionar o acesso a diversos serviços, incluindo auxílio material, estabelecendo uma interface com a política da assistência social, uma das atribuições do serviço social em qualquer política social. É nesse processo que "o Assistente Social participa tanto da criação de condições para a sobrevivência material das classes subalternas como de uma ação socioeducativa tensionada pela dinâmica contraditória dos interesses em confronto no espaço em que se movimenta" (Yasbek, 1999, p.95).

É na execução de ações de prestação de serviços assistenciais que o assistente social interfere nas relações sociais que fazem parte do cotidiano da população usuária. Nesse contexto também ocorre a dimensão socioeducativa, que pode assumir um caráter de enquadramento disciplinado, fazendo que as pessoas aceitem e se acomodem na situação imposta pela vida social, ou pode decifrar para a população usuária a perspectiva de direitos do acesso aos serviços sociais prestados pelas políticas sociais, fortalecendo os projetos e lutas da classe subalterna nessa direção, como foi citado anteriormente. Nesse sentido, o assistente social poderá facilitar o acesso da comunidade escolar aos recursos existentes nas demais políticas sociais, propiciando ações interinstitucionais dirigidas para a mobilização da rede de proteção local, com diversos serviços, tais como: saúde, transporte, habitação, assistência social etc.

Reforça-se, nessas atribuições profissionais, a dimensão política da prática profissional, coletivizando as demandas apresentadas, assegurando a passagem do estatuto de carências ou necessidades individualizadas para o estatuto de demandas sociais por direitos mais amplos, desvelando as desigualdades sociais produzidas pela sociedade.

Explicita-se, nessa ação, o princípio estabelecido no Código de Ética Profissional do Assistente Social, "compromisso com a qualidade dos serviços prestados à população e com aprimoramento intelectual, na perspectiva de competência profissional", efetivando estratégias que permitam a criação e/ou ampliação do atendimento às necessidades dos usuários do próprio sistema educacional e por meio das diversas instâncias de prestação de serviços de outras políticas sociais.

É mister que a ação do serviço social acione um conjunto de mecanismos das políticas sociais, relacionados a dois aspectos da vida social que se complementam: o suprimento das necessidades básicas e o fortalecimento dos processos organizativos e reivindicatórios das classes populares. Dessa forma, inferindo na objetividade e subjetividade da vida humana, o serviço social contribui para alterar as trajetórias de vida dos usuários, tanto pela prestação de serviços sociais quanto pela produção da desalienação, envolvendo a reflexão sobre valores éticos emancipatórios.

Esse é um dos aspectos mais evidenciados na pesquisa. Incluídos nesse mote estão intervenções que são dialeticamente intrínsecas, mas que serão didaticamente separadas, possibilitando a melhor compreensão da dimensão de cada uma.

O acesso aos recursos materiais atendendo as necessidades dos mais variados espectros que englobam a vida da população está estreitamente relacionado ao conhecimento e à facilidade que o assistente social possui para lutar pela garantia ao acesso a esses serviços que fazem parte de outras políticas sociais públicas e/ou privadas. Essa é uma das particularidades do serviço social, operacionalizar a política de assistência social, como direito de todos que necessitarem dela, resgatando esse traço nas políticas setoriais. Recursos concretos, tais como transporte, vestuário, alimentação, medicamentos, atendimento médico, habitação, entre outros, se constituem como meios essenciais para garantir, muitas vezes, a permanência da criança e do adolescente na escola.

A declaração do assistente social exemplifica essa questão, de acordo com o exposto:

> A assistência social é extremamente importante. É preciso compreender as necessidades dos usuários e encaminhá-los para os recursos necessários e ainda fazer o acompanhamento. Isto é, voltamos naquela unidade escolar para saber como isso impactou naquela criança, e a gente sabe como muda o rendimento da criança depois que ela foi atendida nas suas necessidades básicas. (AS – Limeira)

Em relação à ação socioeducativa, é marcante a atuação do assistente social, especialmente com famílias, demanda institucional que muitas vezes é solicitada ao assistente social com uma visão reducionista, parcial, da situação da realidade dos alunos e de suas famílias e do contexto político-econômico-social da população brasileira no geral, e também da função social da escola nesse processo. Dessa forma, os educadores focalizam os problemas da família/aluno com uma visão moralista, individualista, e solicitam que o assistente social efetive uma ação educativa disciplinadora que integre a família às regras e normas sociais. A fala do assistente social a esse respeito explicita isso:

Nós trabalhamos com os professores a questão da família, porque o professor reclama: "esta mãe não tem higiene, ela tem um filho de cada marido", então os professores solicitam que o Serviço Social dê um jeito naquela família. Então nós procuramos trabalhar com os professores e com as famílias, desmistificando os preconceitos. (AS- Franca)

Essa é uma oportunidade estratégica do serviço social para responder às demandas institucionais e, ao mesmo tempo, as legítimas, de interesse das famílias, articulando essa atividade com toda comunidade escolar, desencadeando um debate sobre a concepção de família que permeia o imaginário coletivo de todos os sujeitos presentes na escola.

Redimensionar a participação da família na escola, no processo educativo dos filhos é uma das atribuições do serviço social, envolvendo nas reflexões realizadas temas que possibilitem a politização dessas famílias, incluindo a participação comunitária.

Esse dever da família no processo de escolaridade, ressaltando a importância de sua presença no contexto escolar, é reconhecido na legislação nacional e nas diretrizes do MEC, aprovadas no decorrer dos anos 1990, reforçando a posição central que a família vem assumindo na operacionalização das políticas sociais.[11]

Outra contribuição com grande incidência nos municípios é a efetivação de um trabalho socioeducativo com os educadores, organizando capacitações, treinamentos, visando transmitir conhecimentos referentes às expressões da questão social, ao contexto da realidade vivenciada pelo aluno/família e situações específicas como violência doméstica, interpretação do ECA e as implicações que traz para a educação esse novo paradigma da Doutrina de Proteção Integral à

---

11 ECA (Lei n.8.069/90), nos artigos 4° e 55; Política Nacional de Educação Especial (Lei de Diretrizes e Bases da Educação Nacional, Capítulo V – Da educação especial, artigos 58 a 60; e Resolução CEB/CNE n.2 de 11/9/2001 que institui diretrizes nacionais para a educação especial na educação básica), que adota mecanismos de participação efetiva da família no desenvolvimento do educando; LDB/96 (Lei n.9.394/96 artigos 1°, 2°, 6° e 12°); Plano Nacional de Educação (Lei n.10.172 de 9/1/2001) define a implantação de conselhos escolares e outras formas de participação da família, além da iniciativa recente do MEC que instituiu a data de 24 de abril como o Dia Nacional da Família na Escola.

Criança e ao Adolescente. De acordo com depoimentos de alguns assistentes sociais, essa ação é extremamente importante para garantir o bom desenvolvimento do processo educativo dos alunos e que não vem sendo realizada na formação dos educadores.

Esse trabalho é relevante, pois possibilita a aproximação dos sujeitos envolvidos no processo educativo dos alunos, especialmente desvelando a realidade social e motivando nas unidades escolares a importância da interdisciplinaridade.

Articulação da política de educação e sociedade

Nesse aspecto, foram levantadas as seguintes demandas:
- dificuldade de acesso das famílias aos serviços prestados por outras políticas públicas;
- desarticulação de ações e projetos sociais desenvolvidos na escola por iniciativa de outras políticas sociais tais como: Bolsa Escola, Renda Mínima, Amigos da Escola, prevenção ao uso de drogas, entre outros;
- dificuldade de articulação da política de educação com outras políticas sociais;
- dificuldade de relacionamento escola comunidade.

Outra frente de trabalho em que o assistente social atua, talvez a principal, é a articulação da escola com a sociedade, isto é, as demais instituições governamentais e não governamentais, para que os interesses da maioria se tornem públicos e possam ter lugar nas discussões e negociações nas instâncias das decisões sociopolíticas. Essa articulação prescinde do trabalho efetivado em rede,[12] inserindo a instituição escolar na ampla rede de proteção à família, à criança e ao adolescente.

---

12 Concepção de rede social: "Rede interconecta agentes, serviços, mercado, governo e não- governo, movimentos sociais, comunidades locais, regionais, nacionais e até internacionais. Estes agentes e organizações se conectam com várias redes que processam informações tecnológicas ou serviços de interesse comum" (Guará et al., 1998, p.13).

EDUCAÇÃO E SERVIÇO SOCIAL 241

Após o advento do Estatuto da Criança e do Adolescente, em 1990, que é fundamentado na Doutrina de Proteção Integral, cuja premissa principal é a centralidade da família e da escola na formação das crianças e adolescentes, a relação das unidades educacionais com os projetos sociais nessa área alterou-se substancialmente. A determinação legal descrita no artigo 56 da daquela lei[13] e do artigo 101, inciso III, que garante a "matrícula e frequência obrigatória em estabelecimento oficial de ensino fundamental" a crianças e adolescentes que necessitam de medidas de proteção quando seus direitos forem ameaçados ou violados por "ação ou omissão da sociedade ou do Estado; por falta, omissão ou abuso dos pais ou responsáveis ou em razão de sua própria conduta" (artigo 98 do ECA), estreita a relação entre as unidades educacionais e os conselhos tutelares.

Essa aproximação gera demandas sociais pertinentes à intervenção profissional do assistente social, relacionadas ao acesso e à permanência de crianças e adolescentes na escola, incluindo aquelas que precisam de medidas de proteção.[14]

Os conhecimentos do assistente social acerca dos direitos sociais emanados das políticas sociais facilitam o atendimento das múltiplas expressões da questão social, base material da intervenção profissional nas mais diferentes políticas, incluída a política de educação. As ações efetivadas nesse sentido incidem sobre as condições objetivas da vida da população contribuindo para o acesso, regresso e permanência dos alunos na escola.

Os relatos dos profissionais nesse aspecto, exemplificando essa articulação entre escola e outras políticas sociais, devem ser registrados:

---

13 Artigo 56 do Estatuto da Criança e do Adolescente: "Os dirigentes de estabelecimentos de ensino fundamental comunicarão ao Conselho Tutelar os casos de:
I – maus-tratos envolvendo seus alunos;
II – reiteração de faltas injustificadas e de evasão escolar, esgotados os recursos escolares;
III – elevados níveis de repetência".
14 Título II – Das Medidas de Proteção – artigos 98 e 99; e Das Medidas Socioeducativas – artigos 112 ao 125 do Estatuto da Criança e do Adolescente, Lei n.8.069 de 13 de julho de 1990.

> A criança e/ou a família está ali na escola, mas está precisando de atendimento em outras políticas sociais... da saúde, da assistência social, então o assistente social é o profissional que conhece estas políticas e a forma de acessá-las. Sabemos das deficiências das outras políticas, por exemplo, a demora para uma consulta oftalmológica, então o professor às vezes não entende. Sabemos como é difícil articular outras políticas. Penso que pelo menos os secretários municipais deveriam se reunir e discutir esta articulação senão fica tudo desvinculado. Já sugerimos isto. (AS – P. Prudente)

Ampliar as relações das unidades educacionais com as mais variadas instâncias governamentais e não governamentais é um esforço necessário tanto para a escola como para a sociedade, e a escola é um importante *lócus* do processo educativo, ancorando a esperança de efetivar e ampliar os direitos inerentes à cidadania, por meio do conhecimento crítico da realidade.

A luta pela efetivação da democracia e da cidadania é indissociável da ampliação progressiva da esfera pública, em que se retratam interesses sociais distintos, enquanto ultrapassa a lógica privatista no trato social em favor dos interesses da coletividade. Ao alcançar a cena pública, os interesses das maiorias adquirem visibilidade tornando-se passíveis de ser considerados e negociados no âmbito das decisões políticas. (Iamamoto, 1998, p.11)

Partindo desses pressupostos e considerando a complexidade das relações sociais nesse universo acelerado de modificações estruturais e conjunturais, evidencia-se que somente o esforço e desempenho isolado dos interlocutores presentes no âmbito da educação não são suficientes para efetivar a função social da escola, de acordo com a expectativa e demanda da sociedade nesta virada de século.

O serviço social poderá contribuir nessa tarefa de articulação entre a escola e a sociedade e especificamente com as demais políticas sociais, visando aglutinar forças progressistas comprometidas com a formação de projetos societários de interesse da população, criando propostas alternativas de ação conjunta escola e demais políticas sociais, efetivando uma ponte entre essas instâncias.

Em relação à articulação entre a educação e a política da assistência social, constatou-se que existe uma tendência dos programas e projetos de enfrentamento à pobreza, visando garantir o acesso e a permanência das crianças e dos adolescentes, das famílias atendidas por esses programas na escola.

Tal condição básica, imposta por esses programas, gera uma demanda visando gerenciar o intercâmbio entre escola e rede de proteção social. Com a necessidade de criar vínculos entre a escola e as diferentes instâncias da área social, especialmente aquelas com as quais a rede de ensino estabelece uma relação próxima em decorrência da implementação de projetos socioeducativos, a escola tem sido sobrecarregada.

É importante salientar que a assistência social como política pública tem o objetivo de garantir a oferta mínima de proteção social àqueles segmentos específicos da população que dela necessitam; portanto, a assistência social aparece em diferentes áreas da atuação do Estado permeando horizontalmente todas as políticas sociais.

Na política de educação brasileira, a assistência social se expressa por meio de vários programas e projetos que visam atender às necessidades específicas dessa área,[15] e atualmente ocorre uma ampliação dessa intersetorialidade entre educação e assistência social por meio dos projetos sociais. Fato que confirma a importância da escola (e da família) como uma das instituições que exercem maior influência na formação social das crianças e dos adolescentes, e em decorrência desse

---

15 Os programas do Fundo Nacional de Desenvolvimento da Educação, autarquia vinculada ao MEC, criada em 1968, têm a finalidade de captar recursos financeiros para projetos educacionais e de assistência ao estudante. Conforme Libâneo et al. (2002, p.183-8), desenvolve os seguintes projetos: Programa Nacional de Alimentação Escolar, suplementação alimentar aos alunos da educação pré-escolar e do Ensino Fundamental; Programa Nacional do Livro Didático: distribui livros didáticos aos alunos de 2ª à 8ª séries do Ensino Fundamental e devem ser reutilizados nos anos subsequentes; Programa Nacional Saúde do Escolar, prevê atividades educativas, preventivas e curativas de saúde para escolas de Ensino Fundamental. Esse programa também prevê a distribuição de materiais de higiene pessoal e primeiros socorros para alunos de 1ª à 4ª séries do Ensino Fundamental. E também o Programa de Transporte Escolar, que repassa recursos para os municípios objetivando ampliar o Ensino Fundamental das escolas rurais garantindo o acesso e a permanência dos alunos na escola.

princípio é garantido, nas legislações vigentes, o direito à convivência familiar e o acesso à escola. Esses projetos prestam assistência social às famílias dos alunos tentando minimizar os problemas sociais que afastam as crianças e os adolescentes da escola, dados os altos índices de evasão escolar que repercutem negativamente na imagem do Brasil em relação aos organismos internacionais.

A existência de projetos sociais de outras políticas sociais, especialmente saúde e assistência social interligados à política de educação, explicita integração necessária entre diferentes áreas que atuam com esse segmento – criança e adolescente – para garantir um atendimento integral tendo como pressuposto que a criança e o adolescente são seres genéricos com necessidades físicas, sociais, emocionais, que precisam ser atendidas visando sua formação como sujeitos de direitos.

O Estatuto da Criança e do Adolescente,[16] especificamente no Capítulo IV (que se refere ao direito à educação, à cultura, ao esporte e ao lazer), aponta a necessidade de articulação da escola com a sociedade como parâmetro básico para garantir o acesso e a permanência da criança e do adolescente na escola pública. Os artigos afirmam que a escola, juntamente com os pais ou responsáveis, deverá zelar pela frequência dos alunos, eliminando quaisquer entraves que possam interferir nesse processo.

A família e a escola assumem, portanto, posição central no que tange ao atendimento à criança e ao adolescente, como instituições educacionais essenciais no processo de socialização desse segmento populacional, como sujeitos de direitos e deveres perante a sociedade.

Considerando o arcabouço jurídico concernente à criança e ao adolescente, fica explícito que os projetos sociais que atendem essa faixa etária possuem como critério primordial o acesso, o ingresso e a perma-

---

16 O ECA, fundamentado em princípio básico da Doutrina de Proteção Integral, que considera a criança e o adolescente pessoas em processo de desenvolvimento e sujeitos de direitos civis, humanos e sociais (artigo 15, ECA), responsabiliza a família, a comunidade, a sociedade e o poder público, a função de assegurar, com absoluta prioridade, a efetivação dos direitos inerentes à vida, à saúde, à alimentação, à educação, ao esporte, ao lazer, à profissionalização, à cultura, à dignidade, ao respeito, à liberdade e à convivência familiar e comunitária (ECA, artigo 4°).

nência com sucesso da criança e do adolescente na escola. Acredita-se que a família e a escola realmente sejam instituições importantes para a construção da autonomia e da cidadania das crianças e dos jovens, porém essa pode ser uma estratégia política para melhorar a condição da educação brasileira, que está aquém da expectativa dos organismos internacionais que monitoram a educação em escala mundial, defendendo, em última instância, os interesses do capital internacional.

Por sua vez, a Lei Orgânica da Assistência Social, regulamentada em 1993,[17] traz em suas diretrizes a matricialidade sociofamiliar que, segundo a Política Nacional de Assistência Social de 2004, é o reconhecimento das pressões socioculturais que as famílias brasileiras têm vivenciado nos últimos anos, acentuando suas fragilidades e contradições. Dessa forma, a proposta do Sistema Único de Assistência Social (Suas) é a centralidade da família no âmbito da assistência social "como espaço privilegiado e insubstituível de proteção e socialização primária, provedora de cuidados aos seus membros, mas precisa ser cuidada e protegida" (Brasil, 2004, p.42).

Dessa forma, a família, na condição de sujeito de direitos, é requisitada como fundamental alicerce das políticas sociais, conforme estabelece a Constituição Federal de 1988, o Estatuto da Criança e do Adolescente, o Estatuto do Idoso, a Lei Orgânica de Assistência Social e a Lei de Diretrizes e Bases Nacional.[18]

---

17 Na Lei Orgânica da Assistência Social (Loas) de 1993 – a assistência social é garantida como direito do cidadão e dever do Estado, é política de Seguridade Social não contributiva, que prevê os mínimos sociais realizados através de um conjunto integrado de ações de iniciativa do poder público e da sociedade, para garantir o atendimento às necessidades básicas de quem dele necessitar (Loas, artigo 1º). Atendendo os princípios e diretrizes apregoados pela Loas (Brasil, 2004, p.33), é organizado o Sistema Único de Assistência Social (Suas), cujo modelo de gestão é descentralizado e participativo, constitui-se na regulamentação e organização em todo território nacional das ações socioassistenciais. "O Suas define e organiza os elementos essenciais e imprescindíveis à execução da política de assistência social, possibilitando a normatização dos padrões nos serviços, qualidade no atendimento, indicadores de avaliação e resultado, nomenclatura dos serviços e da rede sócio--assistencial e ainda, eixos estruturantes e de substituição" (Brasil, 2004, p.42).
18 Em relação à centralidade da família nas políticas sociais, é importante registrar as análises efetuadas por Mioto e Campos (2003) apontando que essas políticas têm

Correspondendo a essas inovações ocorridas nos últimos anos nas políticas sociais e especificamente na política de assistência social, a partir de 1995 tem havido inserções de programas sociais, ações que priorizam o atendimento à família, especialmente por meio da concessão direta de benefício monetário e especialmente a vinculação com a educação. Os programas mais difundidos são: Programa Nacional de Renda Mínima; Bolsa Escola; Bolsa Alimentação; Programa Auxílio-gás; Cadastro Único do Governo Federal, e mais recentemente, o Programa Bolsa Família (Lei n.10.836 de 2004), que tem por finalidade a unificação dos procedimentos de gestão e execução das ações de transferência de renda do governo federal, que foram identificados na pesquisa.

Todos esses programas exigem contrapartida por parte dos beneficiários, relacionados em um termo de compromisso firmado por um membro da família. A contrapartida mais evidenciada refere-se à exigência do ingresso e permanência dos filhos em idade escolar obrigatória (Ensino Fundamental) na escola. É normalmente acompanhada pela exigência de uma frequência mínima de 80% nas atividades escolares.

Outro programa federal, com essa mesma diretriz, é o Programa de Erradicação do Trabalho Infantil (Peti), cujo objetivo central é a redução do trabalho infantil e o incremento da escolaridade das crianças de famílias de baixa renda, fortalecendo estruturas de proteção à criança e ao adolescente e favorecendo a integração social das famílias envolvidas. O público-alvo desse programa é constituído por famílias com renda *per capita* de até meio salário mínimo e com filhos na faixa etária de 7 a 14 anos.

---

uma orientação eminentemente "familista". Esclarecem que essa, não sendo uma característica nova, é "parte da lógica político-econômica pautada nas agências internacionais, e há expectativa de que a família exerça um papel decisivo, até substituto, em relação ao acesso, cada vez mais incerto, ao sistema de direitos sociais" (ibidem). Mioto e Campos (2003) alertam, ainda, sobre a diminuição da capacidade protetora das famílias vinculadas ao empobrecimento acelerado da população brasileira nas décadas após ajuste estrutural. De forma geral, a família se encontra muito mais na posição de um sujeito ameaçado do que de instituição provedora esperada. Essa questão deve ser alvo de reflexões, que ultrapassam o escopo deste estudo.

Ressalta-se outro aspecto relevante explícito no reordenamento jurídico das políticas sociais e especificamente na política de assistência social e da educação, que ocorre após o advento da Constituição Federal de 1988: a descentralização político-administrativa das políticas sociais, desencadeando o processo de municipalização, particularmente da Política de Educação. De acordo com a Constituição Federal e a Lei de Diretrizes e Bases da Educação, os municípios se incumbirão de oferecer Educação Infantil em creches e pré-escolas e o Ensino Fundamental, portanto, a gestão da educação referente a essas etapas de ensino estará sob a responsabilidade dos municípios.

De acordo com o cenário supracitado, a interface entre a política de educação e a política de assistência social ocorre por meio dos programas e projetos que atendem a crianças e adolescentes, constituindo-se em estratégias do governo que visem minimizar os altos índices de evasão escolar e de frequência irregular dos alunos. Destaca-se, porém, que esses projetos e programas, que têm como condicionalidade a escolaridade, incidem sobre o universo escolar de forma desarticulada e descolada do projeto pedagógico da escola.

Concomitantemente a esse processo, a ampliação do acesso das crianças e dos adolescentes à escola pública, em decorrência de todos esses fatores, acirra a presença das expressões da questão social que invadem o universo das instituições educacionais. Esse fato determina a aproximação dessas instituições com outras instâncias das políticas sociais e outros profissionais, entre eles o assistente social, com a finalidade de encaminhar possíveis soluções para as demandas sociais apresentadas no âmbito da educação.

A escola atualmente vem, portanto, se tornando uma instituição aberta, palco de vários projetos sociais de iniciativa governamental e não governamental, que propõem ações para responder à enorme gama de situações sociais. Situações essas que, apesar de não estarem circunscritas à educação, influenciam e determinam o desenvolvimento do processo pedagógico.

Dessa forma, encontram-se nas instituições educacionais profissionais da área da Saúde, da Assistência Social, da Segurança Pública, das Organizações Não Governamentais, além de voluntários e dos próprios pais que são chamados a participar do processo de gestão da escola, mas que acabam assumindo diversas atividades, complementando as funções dos funcionários da escola. Esses profissionais e/ou voluntários desenvolvem ações para a prevenção e encaminhamento de diversas refrações da questão social tais como, entre outras, uso e tráfico de drogas; gravidez na adolescência; prevenção contra Aids e doenças sexualmente transmissíveis; prevenção contra o trabalho infantil e a violência doméstica; acompanhamento de crianças e adolescentes em conflito com a lei que cumprem medidas socioeducativas ou estão em liberdade assistida.

A fala dos assistentes sociais sobre a questão descrita demonstra o quanto é necessário que o processo de articulação ocorra nas unidades escolares, conforme exposto:

> Na escola, atualmente, existe uma avalanche de projetos, de ações, parece que a escola virou um corredor de passagem. A escola tem de lidar com campanhas disso e daquilo, desde as questões preventivas na área da saúde até drogas e violência doméstica e urbana. A gente sabe que, esclarecendo a criança, ela realmente leva muitas informações para casa. Tudo isso é importante, mas é preciso que haja uma coordenação, uma articulação destas ações para que realmente elas atinjam os seus objetivos. Neste aspecto, a contribuição do assistente social é essencial. (AS – P. Prudente)

Atualmente existe uma linha de mão dupla: tanto a escola precisa do apoio da rede de proteção social para atender seus usuários e responder efetivamente à sua função educativa, como as instituições que atendem a criança e o adolescente, nas mais variadas atividades de cunho socioeducativo ou de prestação de serviços assistenciais, precisam sintonizar-se com o processo educativo desencadeado pela instituição escolar.

Na perspectiva da totalidade, a interface entre as políticas sociais dos mais variados espectros, as quais são estrategicamente planejadas e operacionalizadas de forma fragmentada, deveria estar articulada. Nesse sentido, vislumbram-se nos textos jurídicos a relação da política de educação com as políticas de assistência social e de atendimento a crianças e adolescentes, sendo a recíproca verdadeira.

Há várias questões nesse enlace, considerando a capacidade da educação de construir hegemonia e contra-hegemonia, num processo dialético, de acordo com o projeto político dos profissionais que operacionalizam as políticas sociais e as determinações da conjuntura sociopolítica do tempo presente.

Como já foi analisada, essa interface ocorre para responder às demandas do capital, possibilitando a ampliação da educação com a finalidade de preparar funcional e ideologicamente a força de trabalho de acordo com as exigências do "novo" mercado de trabalho. Mas, na trajetória histórica das políticas sociais, as contradições, os embates políticos de projetos societários opostos estão sempre em disputa e podem ser redimensionados, valorizando a educação como fundamental para a organização da cultura no espectro dos direitos, pois a escola sempre foi, e sempre será, um espaço contraditório, dinâmico e pode favorecer a formação de sujeitos individuais e coletivos numa perspectiva de protagonismo, emancipação e autonomia, conforme afirma o Código de Ética Profissional de 1993. O referido código :

> [...] reafirma a conexão entre o projeto ético-político profissional e os projetos societários cuja teleologia comporta uma ética de emancipação humana, sua projeção ideal é orientada na direção da construção de uma sociedade que "propicie aos trabalhadores um pleno desenvolvimento para a invenção e vivência de novos valores, o que, evidentemente, supõe a erradicação de todos os processos de exploração, opressão e alienação" (Cfess, 1993). (Barroco, 1999, p.130)

A prática profissional do assistente social encontra condições adversas impondo limites à efetivação dessa ética profissional, porém "essa questão não é exclusiva do Serviço Social: seu enfrentamento demanda uma articulação com outras profissões e com o conjunto dos trabalhadores, pois se trata de uma questão política" (ibidem, p.132).

A interface da educação com as demais políticas sociais e, especificamente, com a política de assistência social pode ser considerada um avanço e um espaço de luta visando viabilizar a educação como direito social para um grande contingente da população que sofre as desigualdades e a exclusão que permeiam o ambiente escolar.

Partindo da perspectiva de atendimento integral a essa faixa etária, a articulação das políticas sociais, que se apresentam de forma dicotômica, é uma das atribuições do assistente social no sentido de garantir a qualidade dos serviços prestados pela política de educação para que o trabalho oferecido não fique aquém do arcabouço jurídico-político que sustenta o sistema regular de ensino atualmente.

A experiência vivida por um município exemplifica a importância do processo de articulação entre as políticas sociais, visando atendimento integral aos alunos e suas famílias, conforme exposto neste depoimento:

> A educação tem que trabalhar articulada com as outras políticas sociais do município, considerando que a população atendida pela educação é a mesma atendida por outras políticas; os usuários percorrem os mesmos serviços. Aqui no município, nós, assistentes sociais, conseguimos a Rede Criança, que é uma parceria do município com o BNDS. Este trabalho existe desde 2000 e capacitou todas as pessoas que atuam com crianças e adolescentes das ONGs, visando uma articulação entre todos os serviços governamentais e não-governamentais. Existe inclusive um Conselho Gestor e nós – assistentes sociais da educação – fazemos parte deste comitê. (AS – Presidente Prudente)

Outro depoimento que complementa essa questão refere-se especificamente à integração da rede de ensino ao trabalho desenvolvido no município em relação à prevenção da violência doméstica, conforme descrito a seguir:

> Alguns assistentes sociais que trabalham na secretaria da educação fazem parte da Comissão de Enfrentamento à Violência Infanto-juvenil que é uma iniciativa da promotoria, um trabalho realizado em parceria com as universidades e as secretarias municipais. Todas as secretarias que trabalham com este segmento – população infanto-juvenil – apresentam os projetos e ações que desenvolvem no sentido de prevenir a violência.

Há sempre debates e trocas de ideias. Aqui na secretaria nós também desenvolvemos ações neste sentido, em conjunto com os coordenadores pedagógicos. Isso demonstra a contribuição do assistente social no envolvimento com outras instâncias, fora da escola. (AS – Presidente Prudente)

Administrar a articulação desses diferentes programas e projetos sociais que incidem sobre o cotidiano das unidades educacionais, portanto, realmente foge à especificidade pedagógica, tornando-se uma das requisições postas para o serviço social na área da Educação Pública.

Evidencia-se na pesquisa a existência de inúmeros projetos sociais que são desenvolvidos no espaço escolar, o que, por si só, demonstra que a função social da escola tem sido redimensionada nos últimos anos, sendo considerada um importante e estratégico espaço para consolidar ações de cunhos preventivo e socioeducativo que protejam as crianças e adolescentes dos riscos sociais que emergem na sociedade contemporânea. Além disso, há projetos sociais que viabilizam a permanência dos alunos na escola, visando, em termos governamentais, garantir a mudança nos padrões da educação brasileira, que estava aquém dos índices mínimos internacionais, com estatísticas registrando elevado número de crianças e adolescentes fora da escola, evasão escolar e repetência.

Outro fator que desencadeou a necessidade de articulação da escola com a comunidade foi o novo paradigma da política de atendimento à criança e ao adolescente no Brasil, regulamentada pelo ECA, tendo como premissa a proteção integral, como foi visto anteriormente. De acordo com essa perspectiva, o foco dessa política é a família e a escola, conforme afirmam os artigos 19 e 53 daquele estatuto. Portanto, a família e a escola passam a ser instituições essenciais em qualquer ação que envolva o atendimento de crianças e adolescentes.

O espaço escolar é propício para intervenções preventivas relacionadas ao universo infantojuvenil tais como sexualidade, drogas, violência doméstica e urbana, discriminações, incluindo as crianças e adolescentes que sofrem algum risco pessoal ou social, e adolescentes que estão em conflito com a lei em razão do seu comportamento perante a sociedade e precisam ser reeducados, processo que engloba a família e a escola.

É notória, por sua vez, a desarticulação existente entre as políticas sociais, que fragmentam os indivíduos de acordo com suas necessidades específicas, desvinculadas de uma visão de totalidade da vida humana. Nesse aspecto, o profissional assistente social tem como uma de suas especialidades o acúmulo histórico de conhecimento a respeito das políticas sociais além de uma formação generalista que lhe possibilita a visão da totalidade; portanto, pode facilitar a articulação das políticas sociais públicas e privadas intervindo nas mais variadas expressões da questão social, que possam estar influenciando o processo educativo desenvolvido na instituição educacional e na vida dos alunos.

Deve-se salientar que a articulação da política de educação e da assistência social é essencial especialmente no que tange aos projetos sociais que envolvam famílias, foco da assistência social, visando efetivar uma ação conjunta que incida sobre os resultados na melhoria de condições de vida dessas famílias.

Em última instância, essa perspectiva de intervenção profissional visa "a defesa intransigente dos direitos humanos e recusa do arbítrio e do autoritarismo" (Cfess,1993).

TECENDO CONSIDERAÇÕES: LIMITES E POSSIBILIDADES DO SERVIÇO SOCIAL NO ÂMBITO DA POLÍTICA DE EDUCAÇÃO

> "*Eu tropeço no possível, e não desisto de fazer a descoberta do que tem dentro da casca do impossível.*"
>
> (Carlos Drummond de Andrade, 1983)

O processo de construção deste estudo permitiu identificar alguns limites e possibilidades do serviço social no âmbito da política de educação, contradição presente nos espaços sócio-ocupacionais e especificamente nessa área de atuação.

A interpretação da política de educação, seu ordenamento jurídico, suas diretrizes governamentais e as mediações estabelecidas entre sua formulação e a efetivação na prática concreta suscitaram a identificação de espaços potenciais, que podem ser alternativas estrategicamente utilizadas pelo serviço social para a efetivação da educação como direito social.

Os eixos identificados nos aportes jurídicos relacionam-se ao processo de democratização da educação; à prestação de serviços socioassistenciais e socioeducativos; além da articulação da política de educação com as demais políticas sociais.

Diante dessa evidência, a pesquisa teve como objetivo conhecer a prática profissional dos assistentes sociais na política de educação municipal paulista, para constatar se os assistentes sociais vislumbram essas possibilidades de intervenção e de que forma são concretizadas na prática objetiva.

Deve-se ressaltar que a pesquisa não teve a pretensão de analisar os motivos de cada município para que a experiência do serviço social ocorresse conforme se configuram. Esse tipo de análise, na perspectiva da teoria crítica, envolve o conhecimento dos determinantes políticos, econômicos, sociais do município, o contexto cultural, as instituições; enfim, as condições objetivas, os diferentes determinantes, as mediações e, ainda, o posicionamento ético-político e teórico-metodológico que também incidem sobre a análise, como determinações profissionais.

A pesquisa possibilitou mapear quem são e o que estão fazendo os assistentes sociais que atuam na área da educação pública paulista, retratando um panorama dessa realidade, rompendo com o isolamento desses profissionais e dessas práticas, contribuindo para a constituição de espaços de debate e afirmação da necessidade da intervenção do serviço social nessa política social.

Considerando que ainda não há produção de conhecimentos suficientes sobre a prática profissional do serviço social na área da Educação, na exposição das informações obtidas pela pesquisa deu-se ênfase às experiências exitosas, visando socializar os conhecimentos teórico-práticos, os avanços conquistados pela categoria profissional ao longo do tempo, mesmo que não seja a tônica quantitativamente mais marcante.

Constatou-se que a maior incidência do serviço social na área da Educação paulista concentra-se na educação infantil em decorrência, especialmente, da transferência da creche da política de assistência social para a educação, trazendo consigo os profissionais, assistentes sociais que já atuavam nessa área. Porém, evidenciou-se também que a presença do assistente social na educação infantil facilitou a ampliação do âmbito da intervenção para o ensino fundamental.

O Ensino Fundamental, em consequência de sua obrigatoriedade constitucional, abarca um contingente maior de alunos, além de possuir uma dinâmica institucional mais complexa em decorrência de suas peculiaridades, condições que exigem dos assistentes sociais uma intervenção articulada com a comunidade. Em menor proporção, há experiências significativas do serviço social na Educação Especial, fazendo parte de equipes multidisciplinares, exemplificando a contribuição que esse profissional pode oferecer no que tange a essa modalidade de ensino.

Com o fenômeno da municipalização das políticas sociais, em consonância com uma das diretrizes apregoadas pela Constituição vigente – descentralização política e administrativa das políticas públicas –, a atuação do serviço social no *lócus* municipal tem sido uma tendência dominante. Evidenciou-se na pesquisa que o processo de municipalização da educação, acelerado nas últimas décadas, contribuiu para a inserção do serviço social nessa política social, respondendo a uma gama de situações sociais que afloram no cenário educacional, que é de responsabilidade do município.

Constatou-se haver um descompasso entre os potenciais espaços engendrados no ordenamento jurídico e a prática profissional efetivamente realizada pelos assistentes sociais nos diversos níveis da política de educação municipal que contam com esse profissional.

No que tange ao eixo: *processo de democratização da educação*, a pesquisa evidenciou que há pouco investimento profissional no fortalecimento da participação da comunidade escolar nas instâncias de poder decisório existente na escola pública.

Potencializar ações que visem mobilizar a organização dos sujeitos coletivos representa ampliar as bases de legitimação de um projeto contra-hegemônico a favor dos interesses da maioria. É sabido que os espaços de participação popular existentes nas instituições públicas – no caso da educação, os conselhos de escolas, grêmios estudantis, associações de pais e mestres –, não estão definidos *a priori*, são espaços a serem conquistados, que podem traduzir experiências democráticas, de partilha de poder ou experiências autoritárias.

Os assistentes sociais não exploram suficientemente a proximidade que possuem com as famílias e funcionários para instrumentalizá-los na conquista de seus direitos, por meio da participação efetiva nessas instâncias de poder decisório.

A possibilidade de intervenção do serviço social na relação escola-família, compartilhando decisões e responsabilidades no processo educativo dos alunos, mobilizando mecanismos de cogestão para a construção de uma escola mais democrática, ainda não é, portanto, totalmente explorada pelos assistentes sociais.

A participação democrática, especialmente das famílias e alunos na gestão da escola pública, é uma oportunidade de concretizar um projeto sociopedagógico que corresponda à realidade e aos interesses dos usuários desse serviço público, sendo essa uma das atribuições do assistente social, correspondendo ao projeto ético-político profissional que tem como um de seus princípios a defesa da democracia.

É notório que a gestão democrática das unidades educacionais é um processo em movimento que só se concretizará quando forem rearticuladas e repensadas por instâncias administrativas, financeiras e pedagógicas, que reconheçam o significado político da autonomia como construção contínua individual e coletiva.

Referente ao eixo *prestação de serviços socioassistenciais e socioeducativos*, constatou-se a relevância da dimensão socioeducativa da prática profissional do assistente social no contexto da política de educação, envolvendo todos os segmentos da comunidade escolar, destacando-se os educadores e as famílias.

A capacitação dos educadores é uma demanda não só profissional, mas especialmente institucional, visando decodificar o social em seus variados espectros, além das leis e diretrizes que fundamentam a política de atendimento à criança e ao adolescente.

Parcela significativa de educadores reconhece que não está preparada para lidar com o novo perfil de alunos e de suas famílias, de diversos segmentos sociais da escola pública e que traduzem grande diversidade cultural e social; portanto necessitam do aporte teórico para interpretar essa nova realidade social. Além disso, não conseguem efetivar a função social da escola, conforme exigência da política de atendimento à criança e ao adolescente, garantindo a reinserção de alunos vitimizados por questões de abandono ou omissão dos pais ou responsáveis, ou do próprio Estado, e que também expressam por meio da indisciplina e da violência as situações às quais foram expostos ainda tão jovens.

Por sua vez, também tem sido exigido das famílias o desempenho de sua função socializadora, educadora, protetora, passando a ser um ator social central no desenvolvimento dos projetos sociais e especialmente no processo escolar. De acordo com a perspectiva sócio-histórica, a família, inserida no contexto social, sofre modificações objetivas/subjetivas e também encontra-se despreparada, necessitando de suporte para exercer sua função protetora.

A pesquisa identificou que a relação escola-família-comunidade suscita várias questões peculiares ao universo educacional e que demandam a intervenção do assistente social, tornando-se essa uma das particularidades da prática profissional no âmbito da educação, utilizando-se de seus conhecimentos teóricos, metodológicos, éticos e políticos.

Construir a relação de diálogo mútuo entre família/escola nas diferentes etapas de ensino é uma das atribuições do assistente social nessa área, desmistificando concepções, preconceitos cristalizados, idealizados, compartilhando o processo educativo, resguardando as particularidades e especificidades de cada sujeito envolvido.

Essa dimensão educativa do trabalho do assistente social fortalece o processo de organização de uma nova cultura na comunidade escolar, fundamentada nos princípios e valores do pensamento crítico-humanista, que corresponde ao projeto ético-político do serviço social e dos educadores que concebem a educação numa perspectiva crítica.

O serviço social poderá contribuir, nas unidades educacionais, conectando essa realidade particular a um contexto mais amplo, na perspectiva da totalidade, dando visibilidade aos determinantes que incidem sobre aquela determinada comunidade. Só assim será possível romper a alienação que a lógica capitalista impõe aos indivíduos e às instituições.

A ampliação do conhecimento crítico sobre a realidade social desempenha um papel estratégico na luta pelo atendimento de necessidades e interesses das classes subalternas. Nesse sentido, acredita-se que o assistente social seja um:

> [...] intelectual que contribui, junto com inúmeros outros protagonistas na ação de consenso na sociedade. Falar em consenso diz respeito não apenas à adesão ao instituinte: é consenso em torno de interesses de classes fundamentais, sejam dominantes ou subalternas, contribuindo no reforço da hegemonia vigente ou criação de uma contra-hegemonia no cenário da vida social. (Iamamoto, 1998, p.48)

Compondo o trabalho coletivo com pedagogos, professores, famílias, alunos e demais participantes da comunidade escolar, o assistente social potencializa o projeto sociopedagógico daquela unidade educacional ou até da rede de ensino como um todo.

Considerando a desigualdade social presente na sociedade brasileira, a efetivação da ação socioassistencial, estabelecendo uma interface da educação com a assistência social, visando prover as necessidades básicas das famílias dos alunos, torna-se precondição para viabilizar o ingresso, regresso e permanência dos alunos provenientes de famílias empobrecidas na escola pública.

A assistência social concretizada pela prestação de serviços socioassistenciais está atrelada à necessidade de *articulação da educação com as demais políticas sociais*, por intermédio das instituições governamentais e não governamentais, sendo esse o outro eixo potencial de atuação do serviço social na educação.

É unânime a realização dessa atribuição do assistente social nas experiências pesquisadas; a diversificação está na intensidade e no grau de politização dessa articulação. Verificou-se que, inseridas no bojo do processo de articulação encontram-se ações que vão desde o encaminhamento aos recursos da comunidade até a efetivação de projetos/programas em parceria com outras políticas sociais.

O domínio que o assistente social possui referente às políticas sociais, sendo esse o espaço privilegiado da atuação profissional, e o amadurecimento teórico da profissão sobre essa temática propiciam ao profissional um cabedal de conhecimentos, os quais podem ser socializados e apropriados democraticamente por todos os elementos da comunidade escolar e politicamente articulados pelo assistente social.

Ressalta-se que essa articulação entre a política de educação e as demais políticas sociais são vias de mão dupla, visto que a nova diretriz da política de atendimento à criança e ao adolescente conclamada pelo Estatuto da Criança e do Adolescente estabelece que a educação, especificamente a instituição escolar, juntamente com a família são instituições de importância estratégica para efetivar a proteção integral do segmento supracitado.

Envolver, portanto, as instituições educacionais na rede de proteção integral à criança e ao adolescente, bem como a família é essencial para viabilizar a integralidade de ações a estes sujeitos de direito, conforme apregoa a Constituição Federal de 1988, o ECA e a Loas, por meio do Suas.

Nessa direção, salienta-se também a imperiosa necessidade de articular a instituição educacional ao Centro de Referência da Assistência Social (Cras),[1] proposta pelo Suas, que atua com famílias e indivíduos em seu contexto comunitário, "visando orientação e o convívio sociofamiliar e comunitário" (Brasil, 2004, p.36).

Reconhecer a dimensão política do exercício profissional é primordial, compreendendo "que não decorre apenas das intenções pessoais dos assistentes sociais, mas dos condicionamentos histórico-sociais dos contextos em que se insere e atua" (Iamamoto, 2004, p.11).

Tendo como referência a apreensão da dinâmica da vida social sob a perspectiva da totalidade, cabe aos assistentes sociais estabelecer estratégias coletivas com o objetivo de fortalecer as ações que visem conquistar os interesses da maioria.

Grande parte das práticas profissionais desenvolvidas nos municípios paulistas na área da educação ainda não contempla integralmente essas perspectivas. Pode-se inferir que um dos fatores que contribuem para tal fato é a insuficiência de uma análise mais crítica da política de educação, tanto do seu ordenamento jurídico e das diretrizes gerais

---

1 Centro de Referência da Assistência Social (Cras): "é uma unidade pública estatal de base territorial, localizado em área de vulnerabilidade social, que abarca um total de até mil famílias/ano. Executa serviços de proteção social básica, organiza e coordena a rede de serviços socioassistenciais locais da política de assistência social" (Brasil, 2004, p.36).

como na interpretação das formas como são objetivadas no contexto contraditório das instituições educacionais.

Outra questão complementar a essa é a necessidade de ampliar os debates entre os profissionais que atuam nessa área, oportunizando reflexões sobre as peculiaridades dessa política e desse espaço sócio-ocupacional, socializando experiências exitosas que ocorrem em diferentes níveis de ensino, relevando as particularidades de cada contexto.

Revelar os limites e as possibilidades do serviço social na política de educação mediante a realidade concreta vivenciada pelos sujeitos assistentes sociais que atuam nessa área tem a intenção de mobilizar o debate, a reflexão dessa temática, articulando coletivamente os profissionais imbuídos do interesse em unir esforços junto aos educadores na luta por uma educação – gratuita, democrática e de qualidade – para todos.

Os estudos sobre essa temática demonstraram que o serviço social no âmbito da educação deve inserir-se de forma ampla e efetiva. Para isso, precisa aprofundar seus conhecimentos em relação a essa política social visando compreender seus meandros, de modo a obter uma visão histórica do seu processo de construção e efetivação prática, facilitando assim o planejamento estratégico da intervenção do assistente social nas diferentes etapas e modalidades de educação.

A política de educação, especialmente a educação básica, é reconhecidamente um espaço que encerra uma amplitude de possibilidades de intervenção do assistente social, no sentido de efetivar juntamente com os outros sujeitos que atuam nessas instituições um trabalho coletivo dirigido à ampliação e conquista dos direitos sociais e educacionais.

Deve-se ressaltar que a pesquisa abarcou várias questões referentes à relação do serviço social com a educação que, por não serem centrais ao objeto de estudo, não foram aprofundadas, apesar da riqueza de informações, considerando os limites dessa tese. Portanto, fica lançado o desafio para a realização de novas pesquisas, identificando temas que estão implícita ou explicitamente expostos na tese e que demandam estudos mais aprofundados.

O mapeamento, realizado por esta pesquisadora, no âmbito deste estudo, dos profissionais que atuam na área da educação pública municipal no estado de São Paulo precisa ser divulgado com o intuito de organizar esse segmento na luta coletiva por esse espaço sócio-ocupacional, não apenas no sentido de ampliar o mercado de trabalho profissional, mas especialmente reconhecendo a posição estratégica que essa política social ocupa na construção da cultura como instrumento de emancipação política das classes subalternas.

Durante o processo de construção da pesquisa, a realidade interpretada suscitou algumas ideias "propositivas" que serão descritas a seguir:

- Uma questão fundamental refere-se à função dos órgãos representativos da categoria – conjunto Cfess/Cress – de mobilizar de forma mais incisiva o debate sobre o serviço social na área da Educação, realizando encontros regionais, estaduais, envolvendo a categoria profissional;[2]
- Ainda, esses órgãos representativos da categoria profissional dos assistentes sociais podem articular-se com os órgãos representativos dos educadores e de instituições que atuam na política de educação, como a União Nacional dos Dirigentes de Ensino Municipal (Undime), esclarecendo as atribuições do serviço social nessa política social, com vistas a ampliar esse espaço sócio-ocupacional do serviço social, e demonstrando ser mais um profissional a aglutinar forças em prol da educação pública de qualidade para todos;
- Refletir junto à Abepss sobre a importância de incluir no currículo mínimo dos cursos de serviço social a discussão da política de educação, em todas suas nuanças, além do estudo das concepções de educação, fundamentadas na visão crítica, com o intuito de preparar os profissionais para atuar de forma qualificada nas diversas instituições que operacionalizam essa política;
- Sugerir ao Cfess a realização de uma pesquisa nacional visando mapear a existência do serviço social inserido na política de educação,

---

2 Nesse sentido, houve a proposta indicativa de criação do Núcleo Serviço Social na Educação na sede do Cress/SP, surgida no II Encontro de Serviço Social na área de Educação, promovido por Limeira, em 29 de junho de 2006, proposta que está em consonância com a criação de uma Comissão Nacional, vinculada ao conjunto Cfess/Cress, para acompanhar aos diversos projetos de lei que tratam do assunto, porém a proposta aqui descrita tem o intuito de reforçar essa ação ampliando o espaço de debate e mobilização da categoria profissional.

nos diversos estados brasileiros, conhecendo o processo de inserção do assistente social nos diferentes espaços sócio-ocupacionais existentes nessa política social;
- Ação complementar, também pertinente ao Cfess e aos Cress estaduais, refere-se à pertinente discussão jurídica e especialmente política em relação à possibilidade de instituir o cargo de assistente social na estrutura das secretarias de educação estaduais para atender a rede oficial de ensino. Nesse aspecto, há registro de alguns estudos que refletem sobre essa possibilidade, porém o conhecimento e a participação da categoria, especificamente os profissionais que atuam nessa área, ainda são restritos. Portanto, o fomento dessa discussão precisa ocorrer, visando à apreciação e à ampliação desses estudos e contribuindo para a formulação de estratégias para a inserção do assistente social também nessa política pública;
- Considerando que a *Revista Serviço Social e Sociedade*, há mais de duas décadas, está presente no debate sobre a profissão e suas relações com a sociedade, e tem assumido a liderança na difusão dos conhecimentos de interesse do serviço social, sugere-se que organize uma edição específica sobre o serviço social na área da Educação, possibilitando a socialização de reflexões teóricas e práticas sobre essa temática.

Essas proposições têm o sentido de explicitar as expectativas dos profissionais de fortalecer e ampliar o exercício profissional nesse espaço sócio-ocupacional, sublinhando o significado político dessa inserção na luta pela educação como um direito social.

É notório o fato de que a educação, no sentido amplo do termo, não é a redenção da desigualdade social, da miséria, da exclusão, pois vivemos numa sociedade capitalista. Porém, compartilha-se o pensamento de Gramsci (1999-2002, p.82) que enfatiza a importância da luta pela educação por meio da construção de uma escola:

> [...] que não hipoteque o futuro jovem e não constranja a sua vontade, a sua inteligência, a sua consciência em formação a mover-se dentro de um

trilho com direção pré-fixada. Uma escola de liberdade e de livre iniciativa e não uma escola de escravidão e mecanicidade.

Não há como ignorar a determinação da estrutura econômica na origem das desigualdades sociais, porém é preciso reconhecer o caráter contraditório das instituições sociais, e especificamente da escola, assumindo o desafio de elaborar, com todos os representantes da comunidade escolar, instrumentos necessários à conquista da cidadania daqueles segmentos majoritários na sociedade que precisam reconhecer-se como sujeitos de sua própria história.

É evidente que não é no âmbito de qualquer profissão que se encontram todas as respostas para a crise societária em que vivemos. Defrontamo-nos cotidianamente com o desrespeito à vida humana nas mais variadas formas. No entanto, "os assistentes sociais têm algo a dizer, visto que a defesa da igualdade, da liberdade e da justiça passa pela defesa da própria vida humana" (Iamamoto, 1996, p.104).

No que tange à contribuição do serviço social à política de educação, considera-se o assistente social um parceiro não suprimível na luta por uma educação emancipatória.

O fortalecimento das instituições educacionais visa, em última instância, garantir a elevação da vida cultural e política daqueles estratos sociais que, antes de obtê-la, são "massa de manobra" dos interesses das classes dominantes.

A posição assumida pela categoria profissional em relação à luta pela legitimação dos espaços institucionais da política de educação deve, portanto, ser, acima de tudo, intransigente, pois a intransigência:

> [...] é a única prova de que determinada coletividade existe como organismo social vivo, que possui um fim, uma vontade única, uma maturidade de pensamento. Porque a intransigência requer que cada parte singular seja coerente com o todo, que cada momento da vida social seja pensado e examinado em relação à coletividade. (Gramsci, 1999-2002, p.136)

Diante da sociedade presente, muitas vezes deparamos com o imobilismo, considerado por esta pesquisadora como a estratégia perfeita na manutenção da ordem estabelecida. Em resposta a essa omissão, finaliza-se com o pensamento de Paulo Freire (2002, p.85), do qual a pesquisadora compartilha plenamente: "[...] o mundo não é. O mundo está sendo [...]. Não sou apenas objeto da história, mas seu sujeito igualmente [...] caminho para a inserção, que implica decisão, escolha, intervenção na realidade".

A luta pela emancipação humana é, portanto, permanente, incessante, construída por sujeitos sociais que acreditam que as pessoas e a sociedade – parafraseando Guimarães Rosa (1995) – "estão sempre em processo de construção" e sempre haverá esperança.

REFERÊNCIAS BIBLIOGRÁFICAS

ABEPSS. Associação Brasileira de Ensino e Pesquisa em Serviço Social. Diretrizes Gerais para o Curso de Serviço Social (com base no currículo mínimo aprovado em Assembleia Geral Extraordinária de 8 de novembro de 1996). Formação, profissão, trajetória e desafios. São Paulo, *Cadernos Abepss*, n.7, p.58-76, 1996.

ABREU, M. M. *Serviço social e a organização da cultura*: perfil pedagógico da prática profissional. São Paulo: Cortez, 2002.

ALMEIDA, N. L. T. Parecer sobre os projetos de Lei que dispõem sobre a inserção do Serviço Social na Educação. *Caderno Especial n.26* – edição 4 a 25 nov./ 2005. Disponível em: <http://www.assistentesocial.com.br>. Acesso em: jan./ 2006.

ALMEIDA, N. T. Considerações para o exame do processo de trabalho do Serviço Social. *Revista Serviço Social e Sociedade*, São Paulo, n.52, p.24-47,1996.

_____. Serviço social e política educacional: um breve balanço dos avanços e desafios. In: I ENCONTRO ESTADUAL DE SERVIÇO SOCIAL NA ÁREA DA EDUCAÇÃO, 2004, Belo Horizonte. Anais... Belo Horizonte, 2004. (Mimeo).

ANDRADE, C. D. Procurar o quê. In: *Nova reunião:* 19 livros de poesia. Rio de Janeiro: José Olympio/INL, 1983.

ANTUNES, R. *Adeus ao trabalho?* Ensaio sobre as metamorfoses e a centralidade do mundo do trabalho. São Paulo: Cortez, 1998.

ANTUNES, R.; ALVES, G. Globalização e educação: precarização do trabalho docente. *Revista Educação e Sociedade*, Campinas, v.25, n.87, maio/ago. 2004.

ARANHA, M. S. F. Paradigmas da relação da sociedade com as pessoas com deficiência. *Revista do Ministério Público do Trabalho*, ano XI, p.162-73, 2001.

ARELARO, L. R. G. O ensino fundamental no Brasil: avanços, perspectivas e tendências. *Revista Educação e Sociedade*, Campinas, v.26, n.92, 2005.

ARRETCHE, M. *O processo de descentralização das políticas sociais no Brasil e seus determinantes.* 1998. Tese (Doutorado) – Faculdade de Ciências Políticas, Universidade Estadual de Campinas. Campinas, 1998.

_____. Políticas sociais no Brasil: descentralização em um estado federativo. *Revista Brasileira de Ciências Sociais*, v.14, n.40, jun. 1999.

_____. *Estado, federalismo e políticas sociais*: determinantes da descentralização. Rio de Janeiro: Revan; São Paulo: Fapesp, 2000.

AZEVEDO, F. *A cultura brasileira.* 5.ed. São Paulo: Melhoramentos, 1976.

AZEVEDO, J. C. Escola: construção coletiva e participação popular. In: SILVA, L. H. (Org.) *A escola cidadã no contexto da globalização.* 3.ed. Rio de Janeiro: Vozes, 1999.

AZEVEDO, M. A.; GUERRA, V. N. A. (Org.) *Infância e violência doméstica*: fronteiras do conhecimento. 3.ed. São Paulo: Cortez, 2000.

AZEVEDO, J. M. L. Implicação da nova lógica de ação do Estado para a educação municipal. *Educação & Sociedade*, Campinas, v.23, n.80, p.49-71, set. 2002

BARONE, R. E. M. Educação e políticas públicas: questões para o debate. *Boletim Técnico do Senac*, Rio de Janeiro, v.26, n.3, p.3-7, set./dez. 2000. Disponível em: <http://www.senac.br/informativo~bts/263/boltec263.htm>. Acesso em: jun. 2004.

BARROCO, M. L. Os fundamentos sócio-históricos da ética. In: *Capacitação em Serviço Social e Política Social.* Módulo 2. Brasília: Cead, 1999.

_____. *Ética e Serviço Social: fundamentos ontológicos.* São Paulo: Cortez, 2001.

BEHRING, E. R. *Brasil em contrarreforma – desestruturação do Estado e perda de direitos.* São Paulo: Cortez, 2003.

BOSCHETTI, I. Seletividade e residualidade na política de assistência social. In: CARVALHO, M. C. B.; BIRCHE, D. B.; DEMO, P. (Org.) *Novos paradigmas da Política Social.* Brasília: UnB, 2002. v.1, p.383-410.

BRANDÃO, C. R. *O que é educação.* São Paulo: Brasiliense, 1981. (Col. Primeiros Passos).

BRASIL. *Constituição Federal de 1988.* Disponível em: <http://www.planalto.gov.br/ccivil_03/Constituicao/Constituicao.htm>. Acesso em: 18 jun. 2008.

_____. Lei n° 8.069, de 13 de junho de 1990. Dispõe sobre o Estatuto da Criança e do Adolescente. *Diário Oficial da União*, Poder Executivo, Brasília, DF, 13 jul. 1990. Disponível em: <http://www.planalto.gov.br/ccivil_03/leis/L8069.htm> Acesso em: 14 jan. 2011.

_____. Ministério da Administração Federal de Reforma do Estado. *Caderno 1*. Agência Executiva. Brasília/DF, MARE, 1997.

_____. Lei n.9.394, de 20 de dezembro de 1996. *Lei de Diretrizes e Bases da Educação*. Secretaria de Estado da Educação. Brasília/DF: Associação Brasileira de Editores de Livros, 1998.

_____. Ministério da Previdência e Assistência Social (MPAS). *Ação compartilhada das políticas de atenção integral à criança de zero a seis anos*. Brasília-DF: SEAS, 1999.

_____. Ministério da Educação e do Desporto. Instituto Nacional de Estudos e Pesquisas da educação. *Informe dos Resultados comparativos do Saeb 1995, 1997, 1999*. Brasília-DF: Inep, 2000.

_____. Ministério da Educação. Secretaria da Educação Especial. *Diretrizes Nacionais para educação especial na educação básica*. Brasília-DF: MEC/SEESP, 2001.

_____. Ministério da Educação. Secretaria da Educação Especial. *Diretrizes nacionais para a educação especial na educação básica*. Brasília-DF: MEC/SEESP, 2001b.

_____. Ministério do Desenvolvimento Social e Combate à Fome. *Política nacional de assistência social*. Brasília-DF: SNAS, 2004.

_____. Ministério da Justiça. *Declaração de Salamanca* – sobre princípios, políticas e práticas na área das necessidades da educação especial. Brasília, 1994. Disponível em: <http://portal.mec.gov.br/seesp/arquipd/salamanca.pdf>. Acesso em: jan. 2005.

_____. Ministério da Educação. Secretaria da educação Básica. *Política nacional de educação infantil*: pelo direito das crianças de zero a seis anos à educação. Brasília: MEC/SEB, 2006.

_____. Lei n. 8.742, de 7 de dezembro de 1993. Dispõe sobre a organização da Assistência Social e dá outras providências. *Diário Oficial da União*, Poder Executivo, Brasília, DF, 7 dez. 1993. Disponível em: <http://www.planalto.gov.br/ccivil_03/leis/L8742.htm> Acesso em: 14 jan. 2011.

_____. Lei n.9424/1996. *Fundo de Desenvolvimento e Manutenção do Ensino Fundamental e Valorização do Magistério – Fundef*, 1996

_____. Resolução CNE/CBE n.2 de 11 de setembro de 2001. *Diretrizes Curriculares Nacionais*, 2001

CFESS. Conselho Federal de Serviço Social. *Resolução Cfess n.273, de 13 de março de 1993*. Institui o Código de Ética Profissional dos Assistentes Sociais e dá outras providências. Disponível em: <http://www.cfess.org.br/arquivos/resolucao_273-93.pdf> Acesso em: 10 abr. 2011.

_____. Serviço Social na Educação. In: _____. *Parecer Jurídico23/2000*. Disponível em: <http://www.cfess.org.br/arquivos/SS_na_Educacao(2001).pdf>. Acesso em: 31 jan. 2010.

CRESS. *9ª Região. Legislação brasileira para o Serviço Social: coletânea de leis, decretos e regulamentos para instrumentalização do Assistente Social*. São Paulo, 2004

BUFFA, E.; NOSELLA, P. *A educação negada: introdução ao estudo da educação brasileira contemporânea*. 3.ed. São Paulo: Cortez, 2002.

CHAUÍ, M. *Convite à filosofia*. São Paulo: Ática, 1994.

CHIZZOTTI, A. *Pesquisa em ciências humanas e sociais*. São Paulo: Cortez, 1991.

COSTA, S. F. *A política de assistência social no contexto da educação infantil:* possibilidades e desafios para um trabalho socioeducativo. 2004. Disponível em: <http://www.ssrevista.uol.br/c_v.6n.2_selma.htm>. Acesso em: jun. 2005.

DECLARAÇÃO Mundial sobre educação para todos. *Conferência Mundial de Educação para todos*. Jomtiem, Tailândia, 5 a 9 mar. 1990. Brasília: Unicef, 1991.

DINIZ, E. *Crise, reforma do Estado e governabilidade*. Rio de Janeiro: FGV, 2003

DIRETRIZES Gerais para o curso de Serviço Social (com base no currículo mínimo aprovado em Assembleia Geral Extraordinária de 8/novembro/1996). Formação Profissional: Trajetórias e Desafios. São Paulo, Cadernos ABESS, n° 7, p.58-76, 1997.

DRAIBE, S. M. As políticas sociais nos anos 90. In: BAUMANN, R. et al. (Org.) *Brasil: uma década em transição*. Rio de Janeiro: Campus, 1999.

DUTRA, C. P. *Diferentes olhares sobre a inclusão*. Palestra da reunião do Conade, 2005. Disponível em: <http://www. mj.gov.br/conade/arquivos/.../palestras_DiferentesOlhares.doc>. Acesso em: 24 jun. 2006.

FALEIROS, V. P. *Saber profissional e o poder institucional*. São Paulo: Cortez, 1985.

FAZENDA, I. *Integração e interdisciplinaridade no ensino brasileiro*: efetividade ou ideologia. São Paulo: Loyola, 1979.

FERNANDES NETO, E. *Lei de diretrizes e bases nacionais em sintonia com o plano decenal de educação para todos*, (Texto Mimeografado), 2007.

FONSECA, J. P. Pré-escola em busca do tempo perdido. In: FISCHMANN, R. (org.) *Escola brasileira: temas e estudos*. São Paulo: Atlas, 1997.

_____. A educação infantil. In: MENESES, J. G. de C. et al. *Estrutura e funcionamento da Educação Básica*. São Paulo: Pioneira, 1999.

FRANCO, M. L. E. B. O que é análise de conteúdo. *Cadernos Programa de Estudos de Pós-Graduação em Psicologia da Educação*, São Paulo, n.7, p.2-30, ago. 1986.

FREIRE, P. *Pedagogia da autonomia:* saberes necessários à prática educativa. 11ª ed. São Paulo: Paz e Terra, 2002

FREIRE, P.; FREIRE, A. M. (Orgs.). *Pedagogia dos sonhos possíveis*. São Paulo: Unesp, 2001

FREITAS, D. N. T. Modelo educacional brasileiro e referências político-ideológicas. *Cadernos de Educação*, Dourados, UFMS, 1999.

_____. *A concepção de educação básica no discurso político-normativo brasileiro.* Campus de Dourados: Universidade Federal de Mato Grosso do Sul, 2000. (Mimeografado).

_____. O princípio de equidade nas políticas de educação básica brasileira. In: ENCONTRO NACIONAL DE DIDÁTICA E PRÁTICA DE ENSINO, 11., 2003, Goiânia. *Anais...* Goiânia: Universidade Federal de Goiás, Universidade Católica de Goiás, Universidade Estadual de Goiás e Associação Educativa Evangélica de Anápolis, 2003.

FRIGOTTO, G. A. Trabalho, educação, tecnologia: treinamento polivante ou formação politécnica? In: SILVA, T. T. (Org.) *Trabalho, educação e prática social*. Porto Alegre: Artes Médicas, 1991. p.254-74.

_____. *Educação e crise do capitalismo real*. São Paulo: Cortez, 1995.

_____. *A produtividade da escola improdutiva*: um (re)exame das relações entre educação e estrutura econômico-social e capitalista. 6.ed. São Paulo: Cortez, 2001.

GADOTTI, M. *Concepção dialética da educação*: um estudo introdutório. São Paulo: Cortez, 2001.

_____. *Perspectivas atuais da educação*. Porto Alegre: Artes Médicas, 2000.

GATTI, B. A. *Grupo focal na pesquisa em ciências sociais e humanas*. Brasília/DF: Láber Livros Editora, 2005. (Série Pesquisa em Educação, n°10).

GENTILI, P. *Pedagogia da exclusão*. 3.ed. Petrópolis: Vozes, 1995.

_____. Educar para o desemprego: a desintegração da promessa integradora. In: FRIGOTTO, G. *Educação e crise do trabalho*: perspectivas de final de século. Petrópolis: Vozes, 1998.

GATTI, B. A. *Grupo Focal na pesquisa em Ciências Sociais e humanas*. Brasília/DF: Láber Livros, 2005. (Série Pesquisa em Educação, n.10).

GENTILI, P.; FRIGOTTO, G. A. (Org.) *A cidadania negada*. Políticas de exclusão na educação e no trabalho. 3.ed. São Paulo: Cortez, 2002.

GERMANO, J. W. *Estado militar e educação no Brasil (1964-1985)*. 2.ed. São Paulo: Cortez, 1994.

GOMES, A. L. Os conselhos de políticas e de direitos. *Cadernos de Capacitação em Serviço Social e Política Social* – Cfess-Abepss-Cead-UnB, módulo 4, 1999.

GRASMCI, A. *Quaderni del Cárcere*. Edição crítica de Valentino Gerratana. Toreno: Einaudi, 1977. 4v.

_____. *Concepção dialética da história*. Trad. Carlos Nelson Coutinho. 3.ed. Rio de Janeiro: Civilização Brasileira, 1978.

_____. *Os intelectuais e a organização da cultura*. 3.ed. Rio de Janeiro: Civilização Brasileira, 1979.

_____. *Cartas do cárcere*. Rio de Janeiro: Civilização Brasileira, 1987.

_____. *Os intelectuais e a organização da cultura*. 8.ed. Rio de Janeiro: Civilização Brasileira, 1991.

_____. *Cadernos do cárcere*. Trad. Carlos Nelson Coutinho. Rio de Janeiro: Civilização Brasileira, 1999-2002.

GRUPPI, L. *O conceito de hegemonia em Gramsci*. Trad. Carlos Nelson Coutinho. 4. ed. Rio de Janeiro: Edições Graal, 2000.

GUARÁ, I. M. F. da R.; CARVALHO, M. do C. B. de; BLANES, D. N. *Gestão municipal dos serviços de atenção à criança e o adolescente*. São Paulo: IEE/PUC/SP. Brasília-DF: SAS/MPAS, 1998.

GUERRA, V. Prevenção da violência doméstica contra crianças e adolescentes. In: I SEMINÁRIO REGIONAL DE COMBATE À VIOLÊNCIA DOMÉSTICA E EXPLORAÇÃO SEXUAL CONTRA CRIANÇAS E ADOLESCENTES, AÇÃO EM DEBATE. Uberaba/MG, 23 nov. 2004. Disponível em: <www.usp.br/ip/laboratorio/lacri>. Acesso em: jan. 2005. (Mimeo).

GUERRA, Y. Ontologia social e formação profissional. In: Ontologia social, formação profissional e política. *Cadernos Núcleo de Estudos e Aperfeiçoamento Marxista* PUC/SP – Programa de Estudos de Pós-Graduação em Serviço Social, 1997, n.1, p.45-64.

HAVEY, D. *A condição pós-moderna*. São Paulo: Loyola, 1995.

HELLER, A. *O cotidiano e a história*. Rio de Janeiro: Paz e Terra, 1972.

HOPLING, E. M. Estado e políticas (públicas) sociais. *Cadernos Cedes*, São Paulo, ano XXI, n.55, p.30-41, nov. 2001.

IAMAMOTO, M. V. *Relações sociais e Serviço Social no Brasil*: esboço de uma interpretação histórico-metodológica. São Paulo: Cortez, 1982.

_____. *Renovação e conservadorismo no Serviço Social*. Ensaios críticos. São Paulo: Cortez, 1992.

_____. O debate contemporâneo do Serviço Social e a ética profissional. In: BONETTI, D. A. et. al. (Org.). *Serviço social e ética*: combate a uma nova práxis. 4. ed. São Paulo: Cortez, 1996.

_____. *O serviço social na contemporaneidade*: trabalho e formação profissional. São Paulo: Cortez, 1998.

_____. *As dimensões ético-políticas e teórico-metodológicas no Serviço Social contemporâneo*: Trajetórias e desafios. Texto-base da Conferência Inaugural do XVIII Seminário Latino-americano de Escolas de Trabalho Social, São José, Costa Rica, jul. 2004.

_____. *Serviço Social no tempo do Capital Fetiche*. Texto apresentado para fins de inscrição em concurso público de provas e títulos para vaga de professor titular na UERJ. 2005. (Mimeo).

IBGE. Instituto Brasileiro de Geografia e Estatística. *Censo Demográfico 2000*. Disponível em: <http://www.ibge.gov.br/home/estatistica/populacao/censo2000/default.shtm> Acesso em: 10 nov. 2011.

JOVCHELOVITCH, M. *Municipalização e saúde:* possibilidade e limites. Porto Alegre: Ed. da Universidade, 1993.

_____. O processo de descentralização e municipalização no Brasil. *Revista Serviço Social e Sociedade*, ano XIX, n.56, 1998.

JUCÁ, M. C. M. Crise e reforma do Estado: as bases estruturantes do novo modelo. *Jus Navigandi*, Teresina, ano 7, n.61, jan. 2003. Disponível em: <http://www.jus.com.br/doutrina/texto.asp?ed=3598>. Acesso em: mar. 2004.

KAMEYAMA, N. Concepção da teoria e metodologia. *Cadernos ABESS*, São Paulo, v.3, n.1 / 2, p.99-104, 1989.

KRAMER, S. *A política do pré-escolar no Brasil*: a arte do disfarce. Rio de Janeiro: Achiamé, 1992.

LIBÂNEO, J. C. et al. (Org.). *Educação escolar: políticas, estruturas e organização*. 2.ed. São Paulo: Cortez, 2002.

_____. *Educação escolar: políticas, estruturas e organização*. 2.ed. São Paulo: Cortez, 2005.

LIMANA, A. O processo de descentralização política administrativa no Brasil. *Scripta. Nova Revista electrónica de Geografia y Ciências Sociales*. Universidade de Barcelona, Espanha, 1999. Disponível em: <http://www.ub.es/geocrit/sn-45-21.htm>. Acesso em: fev. 2005.

LUKÁCS, G. *Ontologia do ser social*: os princípios ontológicos de Marx. São Paulo: Ciências Humanas, 1979.

MANACORDA, M. A. Marx e a pedagogia moderna. In: GADOTTI, M. *Concepção dialética da educação*: um estudo introdutório. 14.ed. São Paulo: Cortez, 2003.

MANRIQUE. M. C. *História do Serviço Social na América Latina*. São Paulo: Cortez, 1993.

MARE. Organizações Sociais. *Cadernos Maré*, Brasília, n.2, 1998.

MARTINELLI, M. L. *O uso de abordagens qualitativas na pesquisa em Serviço Social*: um instigante desafio. Caderno do Núcleo de Estudos e Pesquisa sobre Identidade, São Paulo: Programa de Estudos Pós-Graduados em Serviço Social, PUC-SP, n. 1, p.1-18, 1994.

_____. *Serviço Social: identidade e alienação*. 6.ed. São Paulo: Cortez, 1989.

_____. *O uno e o múltiplo nas relações entre as áreas do saber*. São Paulo: Cortez, 1995.

MARTINS, A. M. Uma análise da municipalização do ensino no Estado de São Paulo. *Cadernos de Pesquisa*, n.120, p.221-238, nov. 2002.

MARTINS, E. B. C. *Serviço Social: mediação escola-sociedade*. 2001. Dissertação (Mestrado) – Faculdade de Serviço Social, Universidade Estadual Paulista "Júlio de Mesquita Filho". Franca, 2001.

MARX, K. *Para crítica da economia política e outros escritos*. São Paulo: Abril, 1974. (Col. Os Pensadores).

MEIRELLES, E. L. *Direito municipal brasileiro*. 6.ed. São Paulo: Malheiros, 1993.

MENDES, M. Descentralização do ensino fundamental: avaliação dos resultados do Fundef. In: WORKSHOP Descentralização Fiscal, Brasília/DF: Fundação Getúlio Vargas, 2001 (Mimeo).

MINAYO, M. C. S. *O desafio do conhecimento: pesquisa qualitativa em saúde*. 7.ed. São Paulo: Hucitec, 2000.

MIOTO, R. C. T.; CAMPOS, M. S. Política de Assistência Social e a posição da família na Política Brasileira. *Revista SER*, UnB, n.12, jan./jun. 2003.

MONTAÑO, C. *Terceiro setor e Questão Social*: crítica ao padrão emergente de intervenção social. São Paulo: Cortez, 2003.

MOROZ, M.; GIANFALDONI, M. H. *O processo de pesquisa: iniciação*. Brasília/ DF: Plano Ed., 2001.

MOURÃO, A. M. A. Ética e dimensão política da profissão. In: BONETTI, D. A. et al. (Org.) *Serviço social e ética*: convite a uma nova práxis. 4.ed. São Paulo: Cortez, 2001.

MRECH, L. M. *O que é educação inclusiva*. USP/SP. Disponível em: <http://www.inclusão.com.br/projetos_textos23.htm>. Acesso em: set. 2004

NETTO, J. P. O Serviço Social e a tradição marxista. *Revista Serviço Social e Sociedade*, São Paulo, n.30, p.89-102, 1989.

_____. *Ditadura e serviço social*: uma análise do Serviço Social no Brasil pós-64. São Paulo: Cortez, 1990.

_____. *Capitalismo monopolista e Serviço Social*. São Paulo: Cortez, 1992.

_____. Transformações societárias e Serviço Social – notas para uma análise prospectiva da profissão no Brasil. *Revista Serviço Social e Sociedade*, São Paulo, n.50, p.87-132,1996.

_____. A Construção do projeto ético-político do Serviço Social frente à crise contemporânea. *Cadernos de Capacitação em Serviço Social e Política Social*. Cfess-Abepss-Cead-UnB, módulo 1, 1999.

_____. O movimento de reconceituação 40 anos depois. *Revista Serviço Social e Sociedade*, São Paulo, n.84, p.5-19, 2005.

NETTO, J. P.; CARVALHO, M. C. B. *Cotidiano: conhecimento e crítica*. São Paulo: Cortez, 1987.

NEVES, G. H. O município no Brasil – marco de referência e principais desafios. Os municípios e as eleições de 2000. *Cadernos Adenauer*. São Paulo: Konrad Adenauer Stiflung, 2000.

NEVES, L. M. W. *Educação e política no Brasil de hoje*. 2. ed. São Paulo: Cortez, 1999.

NOGUEIRA, C. M. *A feminilização no mundo do trabalho*: entre a emancipação e a precarização. São Paulo: Autores Associados, 2004.

NOSELLA, P. *A escola de Grasmci*. Porto Alegre: Artes Médicas, 1992.

OLIVEIRA, C. *Estado, município e educação*: análise da descentralização do ensino no Estado de São Paulo. 1992. Tese (Doutorado em Educação) – Universidade Estadual de Campinas. Campinas, 1992.

OLIVEIRA, R. P. de; ADRIÃO, T. (Orgs.). *Gestão, financiamento e direito à educação*: análise da LDB e da Constituição Federal. São Paulo: Xamã, 2001.

PAIVA, B. A.; SALES, M. A. A nova ética profissional: práxis e princípios. In: BONETTE, D. A. et al. (Orgs.). *Serviço social e ética*: convite a uma nova práxis. 4.ed. São Paulo: Cortez, 2001.

PALMA, D. *A prática política dos profissionais*: o caso do Serviço Social. 2.ed. São Paulo: Cortez; Lima (Peru): Celats, 1987.

PINO, M. Del. Política educacional, emprego e exclusão social. In: GENTILI, P.; FRIGOTTO, G. (Orgs.) *A cidadania negada*: políticas de exclusão na educação e no trabalho. 3.ed. São Paulo: Cortez, 2002.

PONTES, R. N. *Mediação e Serviço Social*. São Paulo: Cortez, 1995.

PORTELA, R. O. *Educação e cidadania*: o direito à educação na Constituição de 1988. 1995a. Tese (Educação) – Faculdade de Educação, Universidade de São Paulo.

_____. *Política educacional*: impasses e alternativas. São Paulo: Cortez, 1995b.

POWELL, R. A; SINGLE, H. M. Focus groups. *International Journal of Quality in Health Care*, v.8, n.5, p.449-504, 2005.

QUEIROZ, M. I. P. de. *Variação sobre a técnica de gravador no registro de informações vivas*. São Paulo: T. A Queiroz, 1991.

RIBIERO, M. L.; RODRIGUES, M.V. Dermeval Saviani: notas para uma releitura da Pedagogia Histórico-crítica. Uniube/MG. Revista Profissão Docente Online. http:// ptscrild.com/doc/52 0314/. Acesso em: março de 2004

RODRIGUES, M. L. Caminhos da transdisciplinariedade: fugindo às injunções lineares. *Serviço Social & Sociedade*, São Paulo, n. 64, p.124-134, nov. 2000.

ROMANELLI, O. *A história da educação no Brasil*: 1930-1973. 9.ed. Petrópolis: Vozes, 1987.

ROSA, J. G. Grande Sertão: Veredas. In: _____. *Ficção Completa*. Vol. II, Nova Aguilar, 1995.

ROSSI, V. L. S. Desafio à escola pública: tomar em suas mãos seu próprio destino. *Cadernos Cedes*, Campinas, v.21, n.55, nov. 2001.

SADER, E.; GENTILE, P. (Org.) *Pós-neoliberalismo: as políticas sociais e o estado democrático*. Rio de Janeiro: Paz e Terra, 1998.

SÃO PAULO (Estado). Secretaria Estadual de Educação. *Política educacional do Estado de São Paulo*. São Paulo: CENP/SEE, 2003.

_____. Secretaria de Educação Estadual. Politica Educacional da Secretaria de Estado da Educação de São Paulo. Disponível em: <http://www.crmariocovas. sp.gov.br/pdf/ors/politicasse.pdf>. Acesso em: 24. Nov.2005

_____. *Resolução SE/7, de 18/01/2006*. Dispõe sobre a organização e funcionamento da Escola de Tempo Integral. São Paulo: CENP/SEE, 2006.

_____. Secretaria Municipal de Assistência Social. Observatório social. Mapas. *Mapa da vulnerabilidade social*. Disponível em: http://www.prefeitura.sp.gov.br/cidade/secretarias/assistencia_social/observatorio_social/mapas/index.php?p=2012 Acesso em: 12 dez. 2011.

SANT'ANA, R. S. O desafio da implantação do projeto ético-político do Serviço Social. *Revista Serviço Social e Sociedade*, São Paulo, n.62, p.73-91, 2000.

SARMENTO, H. M. Serviço Social das tradicionais formas de regulação sociopolítica ao redimensionamento de suas funções sociais. *Capacitação em Serviço Social e políticas sociais*. Módulo 4: o trabalho dos assistentes sociais e as políticas sociais. Brasília-DF: Unb, 2000.

SAVIANI, D. *Política e educação no Brasil*: o papel do Congresso Nacional na legislação do ensino. São Paulo: Autores Associados, 1987.

_____. *Pedagogia histórico-crítica*: primeiras aproximações. São Paulo: Autores Associados, 1991.

———. *A nova Lei da Educação – LDB, trajetória, limites e perspectivas*. 5.ed. rev. São Paulo: Autores Associados, 1999.

———. Educação brasileira: estrutura e sistemas – 1987. In: LIBÂNEO, J. C.; OLIVEIRA, J. F.; TOSCHI, M. S. (Org.) *Educação escolar: políticas, estrutura e organização*. São Paulo: Cortez, 2002.

SEVERINO, A. J. *Educação, ideologia e contraideologia*. São Paulo: EPU, 1986.

———. O poder da verdade e a verdade do saber. In: MARTINELLI, M. L. et al. (Org.) *O uno e o múltiplo nas relações entre as áreas de saber*. São Paulo: Cortez, 1995.

SILVA e SILVA, M. O. da. (Org.) Contribuições da revista para a construção do Serviço Social brasileiro. *Revista Serviço Social e Sociedade*, São Paulo, n.61, nov. 1999.

———. *O Serviço Social e o popular*: resgate teórico-metodológico do projeto profissional de ruptura. 2.ed. São Paulo: Cortez, 2002.

SILVA, A. A. Municipalização do ensino fundamental: de Anísio Teixeira aos embates contemporâneos. *Sitientibus*, Feira de Santana, n.21, p.143-157, jul.-dez. 1999a.

———. A trajetória histórica do processo de municipalização da Educação brasileira. In: XX REUNIÃO ANUAL DA ASSOCIAÇÃO NACIONAL DE PÓS-GRADUAÇÃO E PESQUISA EM EDUCAÇÃO – Anped. Caxambu-MG, Anped, 1999b.

SILVA, S. R. M. Visita/entrevista domiciliar. In: *O Serviço Social no poder judiciário. Santa Catarina: Construindo indicativos/organização da assessoria psicossocial*. Florianópolis: Divisão de Artes Gráficas, 2001. p.29-32.

SIMIONATTO, I. *Gramsci: sua teoria, incidência no Brasil, influência no Serviço Social*. São Paulo: Cortez, 1999.

———. A influência do pensamento de Gramsci no Serviço Social brasileiro. *Revista Trilhas*, Belém, v.2, n.1, p.7-18, jul. 2001.

———. *O social e o político no pensamento de Gramsci*. 2004. (Mimeo).

SINGER, P. Poder, política e educação. *Revista Brasileira de Educação*, São Paulo, n.1, 1996.

SOARES, R. D. Questões da escola média brasileira: dualidade escolar, politécnica, polivalência e escola unitária. *Revista Teoria e Prática da Educação*, Maringá, n.2, p.67-89, mar. 1999.

SOUZA, L. S. A. A entrevista, o imaginário e a instituição. In: GAUTHIER, J. H. et al. *Pesquisa em enfermagem:* novas metodologias aplicadas. Rio de Janeiro: Guanabara Koogan, 1998.

STEIN, R. H. A descentralização como instrumento de ação política e suas controvérsias. *Revista Serviço Social e Sociedade*, São Paulo, ano XVIII, n.54, 1997.

SZYMANSKI, H. *Trabalhando com famílias*. São Paulo: IEE/PUC-CBI, 1992.

TOMMASI, L., de et al. (Org.) *O Banco Mundial e as políticas educacionais*. São Paulo: Cortez, 1996.

TORRES MASCARENHAS, M. *A coruja e o camelo: a interlocução pelos assistentes sociais com as tendências teórico-metodológicas do Serviço Social*. 2006. Tese (Doutorado) – Faculdade de Serviço Social, Pontifícia Universidade Católica. São Paulo, 2006.

TORRES, R. M. Melhorar a qualidade da educação básica? As estratégias do Banco Mundial. In: TOMMASI, L. D. et al. (Orgs.). *O Banco Mundial e as políticas de educação*. São Paulo: Cortez, 1996a.

_____. No que consiste a visão ampliada da educação básica? In: TOMMASI, L. D. et al. *O Banco Mundial e as políticas de educação*. São Paulo: Cortez, 1996b.

TRIVIÑOS, A. N. S. *Introdução à pesquisa em ciências sociais: a pesquisa qualitativa em educação*. São Paulo: Atlas, 1992.

UGA, M. A Descentralização e democracia: o outro lado da moeda. Planejamento e políticas públicas. *Revista Ipea*, Brasília/DF, n.5, 1991.

VASCONCELOS, A. M. *A prática do Serviço Social*: cotidiano, formação e alternativas na área da saúde. São Paulo: Cortez, 2002.

VIEIRA, E. A política e as bases do direito educacional. *Cadernos Cedes*, ano XXI, n.55, p.9-29, nov. 2001.

WITIUK LOPES, I. *A trajetória sócio-histórica do Serviço Social no espaço da escola*. 2004. Tese (Doutorado) – Faculdade de Serviço Social, Pontifícia Universidade Católina. São Paulo, 2004.

YASBEK, M. C. *Classes subalternas e assistência social*. São Paulo: Cortez, 1992.

_____. A política social brasileira dos anos 90: a refilantropização da questão social. *Cadernos Abong* (subsídios à Conferencia Nacional de Assistência Social). São Paulo: Abong, 1995.

_____. O Serviço Social como especialização do trabalho coletivo. In: *Capacitação em Serviço Social e política social*. Módulo 2. Brasília: Cead, 1999.

_____. O programa de fome zero no contexto das políticas sociais brasileiras. *São Paulo em Perspectiva*, São Paulo, v.18, n.2, p.105, 2004.

ZIMMERMANN, C. R. *O programa bolsa-família sob a ótica dos direitos humanos*. Agência de Informações Frei Tito para América Latina – Adital. Disponível em: <http://www.adital.com.br/site/noticia.imp.asp?cód=19737&lang=PT>. Acesso em: 4 nov. 2005.

Endereços eletrônicos disponíveis na internet

CONSELHO ESTADUAL DA CONDIÇÃO FEMININA – SÃO PAULO. <http://www.conselhos.sp.gov.br/condiçãofeminina/estatisticas.html>.

FUNDAÇÃO SEADE (SISTEMA ESTADUAL DE ANÁLISE DE DADOS): <www.seade.gov.br>.

MÃO-DE-OBRA QUALIFICADA – O INTERIOR: <http://www.sp.gov.br/invista/ciência/mobra.htm>.

PESQUISA SOBRE PERFIL PROFISSIONAL DO ASSISTENTE SOCIAL NO BRASIL. Realização Cfess/gestão 2002/2005. Universidade Federal de Alagoas (Ufal). Brasília, 2005. Disponível em: <http://www.cfess.org.br/pdf/perfilas_edicaovirtual2006.pdf>.

PISO SALARIAL DO ASSISTENTE SOCIAL. Site Cress/SP: <http:www.cress-sp.org.br/index.asp?fuseation=faq.id_subseção=10#10>.

REGIÃO ADMINISTRATIVA DE GOVERNO: <biblioteca.virtual@.sp.br>.

SÃO PAULO EM NÚMEROS: <http://www.saopaulo.sp.gov.br/invista/numeros/index.htm>.

UM MUNDO CHAMADO SÃO PAULO: <http://www.sp.gov.br/saopaulo/index.htm>.

SOBRE O LIVRO
Formato: 14 x 21 cm
Mancha: 23,7 x 42,5 paicas
Tipologia: Horley Old Style 10,5/14
Papel: Offset 75 g/m² (miolo)
Cartão Supremo 250 g/m² (capa)
1ª edição: 2012

EQUIPE DE REALIZAÇÃO
Coordenação Geral
Marcos Keith Takahashi

Impressão e Acabamento:

psi 7

Printing Solutions & Internet 7 S.A